핵심만 **쏙쏙** 예제는 **빵빵**

DIAT
프리젠테이션 2016

초판 발행일 | 2021년 04월 30일
저자 | 해람북스 기획팀
펴낸이 | 최용섭
총편집인 | 이준우
기획진행 | 유효섭

㈜**해람북스** **주소** | 서울시 용산구 한남대로 11길 12, 6층
문의전화 | 02-6337-5419 **팩스** 02-6337-5429
홈페이지 | http://www.hrbooks.co.kr

발행처 | (주)미래엔에듀파트너 **출판등록번호** | 제2020-000101호

ISBN 979-11-6571-143-6

슬라이드 **4** **아래의 작성조건 및 출력형태에 알맞게 네 번째 슬라이드에 작업하시오.** 60점

출력형태

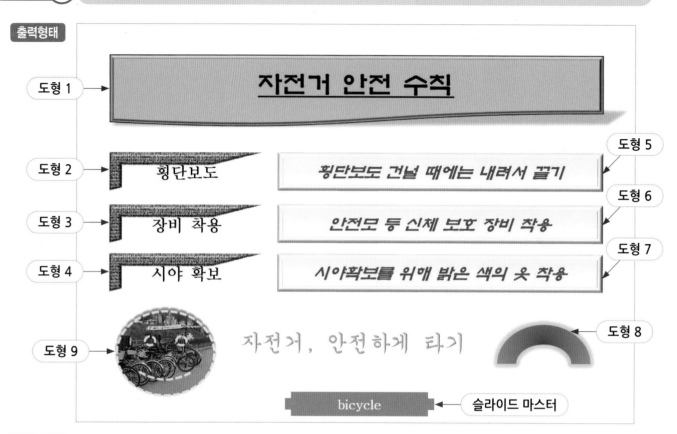

작성조건

(1) 제목
▶ 도형 1 ⇒ 순서도 : 문서, 도형 채우기('파랑, 강조 1, 40% 더 밝게'),
　　　　　　도형 윤곽선(실선, 색 : 진한 파랑, 너비 : 1pt, 겹선 종류 : 단순형),
　　　　　　도형 효과(그림자 – 원근감 대각선 오른쪽 위, 입체 효과 – 볼록하게),
　　　　　　글꼴(휴먼옛체, 35pt, 밑줄, 진한 파랑)

(2) 본문
▶ 도형 2~4 ⇒ 기본 도형 : 1/2 액자, 도형 채우기(질감 : 데님), 선 없음, 도형 효과(입체 효과 – 둥글게),
　　　　　　　글꼴(바탕체, 22pt, 굵게)
▶ 도형 5~7 ⇒ 사각형 : 직사각형, 도형 채우기(노랑, 그라데이션 – 선형 아래쪽), 선 없음,
　　　　　　　도형 효과(입체 효과 – 리블렛), 글꼴(휴먼옛체, 22pt, 기울임꼴, 파랑)
▶ 도형 8 ⇒ 기본 도형 : 막힌 원호, 도형 채우기(파랑, 그라데이션 : 가운데에서), 선 없음,
　　　　　　도형 효과(네온 – '녹색, 11 pt 네온, 강조색 6')
▶ 도형 9 ⇒ 기본 도형 : 웃는 얼굴, 도형 채우기(그림 또는 질감 채우기) 기능을 사용하여 그림 3 삽입,
　　　　　　도형 윤곽선(실선, 색 : 노랑, 너비 : 3pt, 겹선 종류 : 단순형, 대시 종류 : 사각 점선),
　　　　　　도형 효과(그림자 – 바깥쪽 – 오프셋 위쪽)
▶ WordArt 삽입(자전거, 안전하게 타기)
　　⇒ WordArt 스타일('채우기 – 황금색, 강조 4, 부드러운 입체'), 글꼴(궁서체, 30pt, 굵게)
▶ 지시사항이 없는 부분은《 출력형태 》와 동일하게 작성하시오.

01 DIAT 시험안내

▶ DIAT란?

- Digital Information Ability Test의 정보통신 관련 프로그램의 활용능력을 검정하는 자격시험입니다.
- **자격 종류 :** 국가공인자격
- **공인 번호 :** 제2016-2호
- **자격발급기관 :** 한국정보통신진흥협회
- **검정내용 변경 :** DIAT(디지털정보활용능력) 검정내용 변경공인 승인(제2013-006호, 2013.02.13)

▶ 도입 목적 및 필요성

- 디지털 경제시대에 범용의 방송통신 관련 기능의 활용 능력을 객관적이고 종합적으로 평가하여 문제해결 능력을 점수로 등급화하여 방송통신 실무 관리 능력을 인증하고자 도입되었습니다.
- 고급 수준의 정보 활용 능력을 갖출 수 있는 교육훈련 참여를 유도하고자 하는 필요성에 의해 만들어졌습니다.

▶ DIAT 특징

- 실무프로젝트 중심형 시험
- 공정성, 객관성, 신뢰성 확보
- 체계적이고 과학적인 관리 시스템
- 다양한 계층이 접근 가능한 평가시스템
- 다양한 시험과목 제공

▶ 시험과목별 문항수

구분	검정과목	검정내용	검정방법	문항수	제한시간	배점
1과목	정보통신상식	컴퓨터 이해 정보통신 이해 정보사회 이해	CBT (객관식 사지선다)	40	40분	100점
2과목	워드프로세서	한글, MS워드	실기 (작업형)	2	40분	200점
3과목	스프레드시트	MS엑셀		5	40분	200점
4과목	프리젠테이션	MS파워포인트		4	40분	200점
5과목	인터넷정보검색	정보검색		8	40분	100점
6과목	멀티미디어제작	이미지 제작 디지털 영상 편집		3	40분	200점

※ 총 6개 과목 중 한 회차에 최대 3개 과목까지 선택 응시가 가능합니다.

※ 입실완료시간 : 1교시(08:50), 2교시(10:00), 3교시(11:10), 4교시(12:20)
  ▶ 응시인원에 따라 운영교시 조정가능
  ▶ 입실완료시간 지각자 응시불가, 신분증 미지참시 응시 불가

※ 워드프로세서, 프리젠테이션, 스프레드시트 프로그램 버전은 2016, NEO 입니다.

※ 멀티미디어제작 프로그램 버전은 포토샵(CS5), 윈도우무비메이커 2012 입니다.
  (단, 시험장에 설치된 프로그램을 고려하여 포토샵 CS2~CS6 공통 출제)

※ 장애인 응시 편의 : 시험일 기준 10일전 사전연락하신 경우에 한하여 시험시간 추가, 시험지 확대가 제공 됩니다.

슬라이드 3 아래의 작성조건 및 출력형태에 알맞게 세 번째 슬라이드에 작업하시오. 60점

출력형태

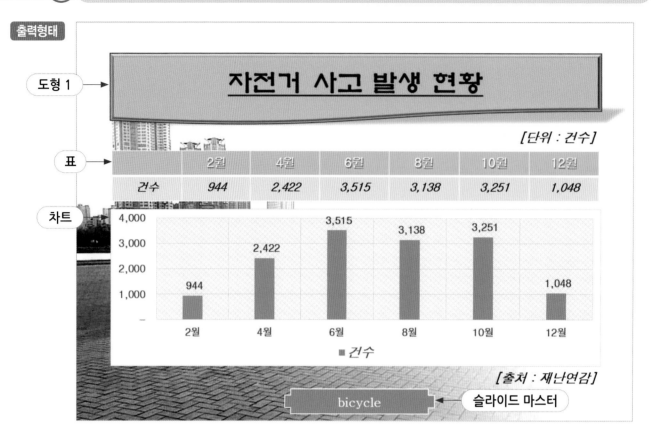

작성조건

(1) 제목

▶ 도형 1 ⇒ 순서도 : 문서, 도형 채우기('파랑, 강조 1, 40% 더 밝게'),
　　　　　　 도형 윤곽선(실선, 색 : 진한 파랑, 너비 : 1pt, 겹선 종류 : 단순형),
　　　　　　 도형 효과(그림자 – 원근감 대각선 오른쪽 위, 입체 효과 – 볼록하게),
　　　　　　 글꼴(휴먼옛체, 35pt, 밑줄, 진한 파랑)

(2) 본문

▶ 텍스트 상자 1([단위 : 건수]) ⇒ 글꼴(돋움, 18pt, 굵게, 기울임꼴)

▶ 표 ⇒ 표 스타일(보통 스타일 2 – 강조 4), 가장 위의 행 : 글꼴(굴림, 18pt, 굵게, 텍스트 그림자, 가운데 맞춤),
　　 나머지 행 : 글꼴(굴림, 16pt, 굵게, 기울임꼴, 가운데 맞춤)

▶ 텍스트 상자 2([출처 : 재난연감]) ⇒ 글꼴(돋움, 18pt, 굵게, 기울임꼴)

▶ 차트 ⇒ 세로 막대형 : 묶은 세로 막대형, 차트 스타일(색 변경 – '색상형 – 색 4', 스타일 8),
　　 축 서식/데이터 레이블 서식 : 글꼴(돋움, 14pt, 굵게), 범례 서식 : 글꼴(돋움, 18pt, 굵게, 기울임꼴),
　　 데이터는 표 참고

▶ 배경 ⇒ 배경 서식(채우기 – 그림 또는 질감 채우기)에서 그림 2 삽입(현재 슬라이드만 적용)

▶ 애니메이션 지정 ⇒ 차트 : 나타내기 – 회전

▶ 지시사항이 없는 부분은 《 출력형태 》와 동일하게 작성하시오.

▷ 검정기준

검정분야	검정기준
초급	컴퓨터와 방송통신 기반기술의 기초적인 지식 및 초급수준의 정보 처리 능력을 갖고 있으며, OA프로그램을 제한적으로 활용할 수 있는 능력의 유무
중급	상기지식과 기술 및 정보처리에 대한 일반적인 처리 능력과 웹페이지에 대한 기본적인 지식 보유, OA프로그램을 일상생활, 학습 활동 등에 무리 없이 사용할 수 있는 능력의 유무
고급	상기지식과 기술 및 정보처리에 대한 고급 수준의 능력과 OA프로그램을 이용한 정보처리/가공능력을 보유하고 전산업무를 원활하게 처리할 수 있는 능력의 유무

▷ 합격기준

- **고급** : 해당과제의 80% ~ 100% 해결능력
- **중급** : 해당과제의 60% ~ 79% 해결능력
- **초급** : 해당과제의 40% ~ 59% 해결능력

▷ 응시지역/응시자격

- **응시지역** : 전국(원서접수시 응시지역 선택 가능)
- **응시자격** : 제한 없음(학력, 연령, 경력)

▷ 검정일정

홈페이지(www.ihd.or.kr)에 접속 후 [검정안내]−[연간일정]을 참고하세요.

▷ 검정수수료

1과목	2과목	3과목
20,000원	36,000원	51,000원

※ 자격증 발급수수료 : 5,800원

※ 결재서비스 이용료 : 신용카드(650원), 계좌이체(650원), 가상계좌(300원)

※ 환불규정 : 시험일 10일전(사유없이 100% 환불), 이후 시험일까지(증빙서류 제출 시 100% 환불, 개인사유 불가), 이후 불가

▷ 기타안내

- **접수 방법** : 해당 자격시험 접수기간 중 협회 자격검정 홈페이지(http://www.ihd.or.kr)로 접속 후 On-Line으로 단체 및 개인별 접수
- **입금 방법** : 홈페이지에 고지된 입금기간 내에 신용카드/계좌이체/가상계좌 입금 방법 중 하나를 선택 후 검정 수수료 입금
- **조회 방법** : 수검번호, 입금 여부, 시험장, 합격 여부 등 각종 조회는 협회 자격검정 홈페이지 (http://www.ihd.or.kr) 접속 후 [자격시험]에서 [검정원서접수] − [접수/입금확인]

슬라이드 2 아래의 작성조건 및 출력형태에 알맞게 두 번째 슬라이드에 작업하시오. 50점

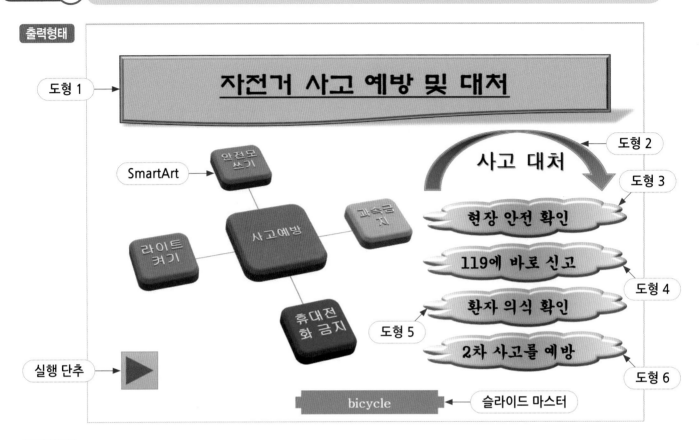

작성조건

(1) 제목

▶ 도형 1 ⇒ 순서도 : 문서, 도형 채우기('파랑, 강조 1, 40% 더 밝게'),
　　　　　　도형 윤곽선(실선, 색 : 진한 파랑, 너비 : 1pt, 겹선 종류 : 단순형),
　　　　　　도형 효과(그림자 – 원근감 대각선 오른쪽 위, 입체 효과 – 볼록하게),
　　　　　　글꼴(휴먼옛체, 35pt, 밑줄, 진한 파랑)

(2) 본문

▶ 도형 2 ⇒ 블록 화살표 : 아래로 구부러진 화살표, 도형 채우기(연한 파랑, 그라데이션 – 선형 아래쪽),
　　　　　　도형 윤곽선(실선, 색 : 녹색, 너비 : 3pt, 겹선 종류 : 이중), 글꼴(돋움체, 28pt, 굵게, 텍스트 그림자)

▶ 도형 3~6 ⇒ 기본 도형 : 구름, 도형 채우기(자주, 그라데이션 – 가운데에서), 선 없음,
　　　　　　도형 효과(입체 효과 – 비스듬하게), 글꼴(궁서, 22pt, 굵게, '검정, 텍스트 1')

▶ 실행 단추 ⇒ 실행 단추 : 앞 으로 또는 다음, 하이퍼링크 : 다음 슬라이드, 도형 스타일('미세 효과 – 주황, 강조 2')

▶ SmartArt 삽입 ⇒ 주기형 : 방사형 클러스터형, 글꼴(굴림, 20pt, 굵게, 가운데 맞춤),
　　　　　　SmartArt 스타일(색 변경 – '색상형 – 강조색', 3차원 – 조감도),
　　　　　　(반드시 SmartArt 기능을 이용하여 작성할 것)

▶ 애니메이션 지정 ⇒ SmartArt : 나타내기 – 실선 무늬

▶ 지시사항이 없는 부분은《 출력형태 》와 동일하게 작성하시오.

DIAT 스킬인증제도

한국정보통신진흥협회에서는 국가공인 DIAT 자격검정의 활용범위를 확대하고 글로벌 시대의 리더를 양성하고자 다음과 같이 DIAT 스킬인증제도 및 KAIT-CPI(공인강사) 제도를 실시합니다.

구분	대상	검정기준
DIAT-MASTER	DIAT 3과목 고급 취득자	− 증서 및 카드제공(15,000원)
DIAT-GOLD MASTER	DIAT 4과목 고급 취득자	− 증서 및 카드제공(15,000원) − 협회 자격검정 1차(온라인) 시험 무료
DIAT-EXPERT (예비강사)	DIAT 5과목 고급 취득자	− 증서 및 카드제공(15,000원) − 협회 자격검정 1차(온라인) 시험 무료 − 만 20세 이상 공인강사 신청시 자동 전환
KAIT-CPI 공인강사 (만 20세 이상)	DIAT 3과목 고급 + 강사재직증명서	− 증서 및 카드제공(20,000원) − 지역본부별 강사취업 알선 − 협회 자격검정 감독위원 활용

DIAT 취득 시 혜택

- 각 과목별 생활기록부(교육행정정보시스템: NEIS) 등재
- 대학의 교양필수, 선택과목으로 채택되어 학점인정 및 졸업인증
- 국가기술과 동등한 위치 확보에 따라 기업체, 기관, 행정기관 등의 채용, 승진 및 인사고과시 우대
- 대학입학 전형자료로 활용되는 학생정보소양인증 자격(한국교육학술정보원)

유의사항
- 《작성조건》을 준수하여 반드시 프리젠테이션 슬라이드로 작업합니다.
- 글꼴 및 기타 사항에 대해 별도의 지시사항이 없는 경우, 슬라이드 크기와 전체적인 균형을 고려하여 임의로 작성하되, 도형은 그룹으로 설정하지 않습니다.
- 모든 슬라이드 크기(A4), 방향(가로), 디자인 테마(Office 테마)로 지정합니다.
  ▶ 슬라이드, 크기, 방향 조정 시 '맞춤 확인'으로 지정하여야 합니다.
- 공통적용사항(슬라이드 마스터)
  ▶ 도형 ⇒ 기본 도형 : 십자형, 도형 스타일('밝은 색 1 윤곽선, 색 채우기 – 녹색, 강조 6'), 글꼴(바탕, 18pt, 굵게)
- 그림 삽입 시 다운로드 한 그림 파일을 반드시 사용하여야 합니다.
- ⬡───▶ 은 지시사항이므로 작성하지 않습니다.
- 슬라이드에 제시된 글자 및 숫자 오타는 감점처리 됩니다.

슬라이드 1   **아래의 작성조건 및 출력형태에 알맞게 첫 번째 슬라이드에 작업하시오.**   30점

출력형태

작성조건

▶ 도형 1 ⇒ 기본 도형 : 양쪽 중괄호, 도형 채우기(그라데이션 : 미리 설정 – '방사형 그라데이션 – 강조 6', 종류 – 방사형, 방향 – 왼쪽 아래 모서리에서), 도형 윤곽선(실선, 색 : 진한 빨강, 너비 : 3pt, 겹선 종류 : 단순형), 도형 효과(그림자 – 바깥쪽 – 오프셋 아래쪽), 글꼴(휴먼옛체, 44pt, 기울임꼴, 진한 파랑)

▶ 도형 2 ⇒ 별 및 현수막 : 이중 물결, 도형 채우기(주황, 그라데이션 – 가운데에서), 선 없음, 도형 효과(반사 – '1/2 반사, 터치', 입체 효과 – 아트 데코)

▶ 도형 3 ⇒ 순서도 : 논리합, 도형 스타일('밝은 색 1 윤곽선, 색 채우기 – 주황, 강조 2')

▶ 그림 삽입 ⇒ 그림 1 삽입, 크기(높이 : 6cm, 너비 : 7cm)

▶ 텍스트 상자(자전거, 안전하게 이용합시다.) ⇒ 글꼴(궁서, 32pt, 굵게, 밑줄, 자주)

▶ 애니메이션 지정 ⇒ 도형 1 : 나타내기 – 확대/축소

▶ 지시사항이 없는 부분은《 출력형태 》와 동일하게 작성하시오.

답안전송프로그램 로그인

수검번호, 수검자명 입력 후
[확인] 버튼 클릭

수검자 유의사항 확인

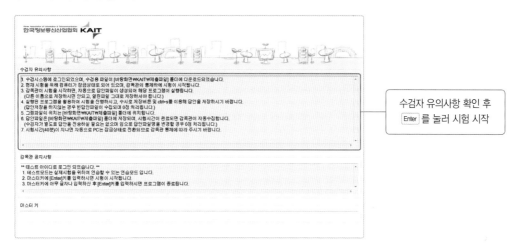

수검자 유의사항 확인 후
Enter 를 눌러 시험 시작

• 시험장에서는 감독관에 의해 시험이 시작되며, 프로그램이 자동 실행됩니다.

시험 진행

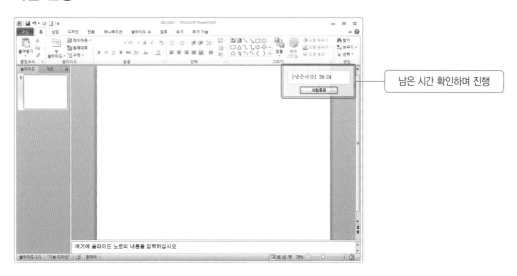

남은 시간 확인하며 진행

• 답안 전송 프로그램에서 자동으로 파일명이 생성되므로, 임의의 파일명을 변경하지 않도록 합니다.

• 답안 파일은 시험 종료 후 감독관에 의해 자동 전송됩니다.

- 시험과목 : 프리젠테이션
- 시험일자 : 20XX. XX. XX(X)
- 응시자 기재사항 및 감독위원 확인

수검번호	DIP - XXXX -	감독위원 확인
성 명		

응시자 유의사항

1. 응시자는 신분증을 지참하여야 시험에 응시할 수 있으며, 시험이 종료될 때까지 신분증을 제시하지 못 할 경우 해당 시험은 0점 처리됩니다.

2. 시스템(PC작동여부, 네트워크 상태 등)의 이상여부를 반드시 확인하여야 하며, 시스템 이상이 있을시 감독위원에게 조치를 받으셔야 합니다.

3. 시험 중 부주의 또는 고의로 시스템을 파손한 경우는 응시자 부담으로 합니다.

4. 답안 전송 프로그램을 통해 다운로드 받은 파일을 이용하여 답안파일을 작성하시기 바랍니다.

5. 작성한 답안 파일은 답안 전송 프로그램을 통하여 전송됩니다. 감독위원의 지시에 따라 주시기 바랍니다.

6. 다음사항의 경우 실격(0점) 혹은 부정행위 처리됩니다.

    1) 답안파일을 저장하지 않았거나, 저장한 파일이 손상되었을 경우

    2) 답안파일을 지정된 폴더(바탕화면 "KAIT" 폴더)에 저장하지 않았을 경우

        ※ 답안 전송 프로그램 로그인 시 바탕화면에 자동 생성됨

    3) 답안파일을 다른 보조 기억장치(USB) 혹은 네트워크(메신저, 게시판 등)로 전송할 경우

    4) 휴대용 전화기 등 통신기기를 사용할 경우

7. 슬라이드는 반드시 순서대로 작성해야 하며, 순서가 다를 경우 "0"점 처리 됩니다.

8. 시험지에 제시된 글꼴이 응시 프로그램에 없는 경우, 반드시 감독위원에게 해당 내용을 통보한 뒤 조치를 받아야 합니다.

9. 슬라이드 작성 시 도형의 그룹설정을 사용하는 경우, 채점에서 감점처리 됩니다.

10. 시험의 완료는 작성이 완료된 답안을 저장하고, 답안 전송이 완료된 상태를 확인한 것으로 합니다. 답안 전송 확인 후 문제지는 감독위원에게 제출한 후 퇴실하여야 합니다.

11. 답안전송이 완료된 경우에는 수정 또는 정정이 불가능합니다.

12. 시험시행 후 합격자 발표는 홈페이지(www.ihd.or.kr)에서 확인하시기 바랍니다.

    1) 문제 및 모범답안 공개 : 20XX. XX. XX(X)

    2) 합격자 발표 : 20XX. XX. XX(X)

식별CODE
프

Korea Association for ICT promotion
한국정보통신진흥협회 KAIT

CONTENTS

슬라이드 4 **아래의 작성조건 및 출력형태에 알맞게 네 번째 슬라이드에 작업하시오.** 60점

출력형태

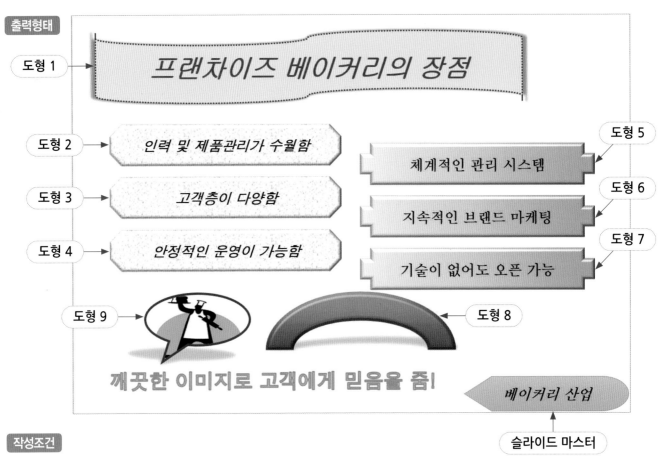

작성조건

(1) 제목

▶ 도형 1 ⇒ 순서도 : 천공 테이프, 도형 채우기('주황, 강조 2, 80% 더 밝게'),

                 도형 윤곽선(실선, 색 : 진한 빨강, 너비 : 2pt, 겹선 종류 : 단순형, 대시 종류 : 둥근 점선),

                 도형 효과(그림자 – 바깥쪽 – 오프셋 가운데), 글꼴(굴림, 36pt, 굵게, 기울임꼴, 빨강)

(2) 본문

▶ 도형 2~4 ⇒ 기본 도형 : 팔각형, 도형 채우기(질감 – 신문 용지), 선 없음, 도형 효과(입체 효과 – 둥글게),

                 글꼴(돋움, 20pt, 굵게, 기울임꼴, '검정, 텍스트 1')

▶ 도형 5~7 ⇒ 기본 도형 : 십자형, 도형 채우기(자주, 그라데이션 – 선형 왼쪽), 선 없음,

                 도형 효과(입체 효과 – 둥글게), 글꼴(바탕, 20pt, 굵게, '검정, 텍스트 1')

▶ 도형 8 ⇒ 기본 도형 : 막힌 원호, 도형 채우기('주황, 강조 2', 그라데이션 – 선형 위쪽), 선 없음,

             도형 효과(그림자 – 원근감 대각선 오른쪽 위, 입체 효과 – 비스듬하게)

▶ 도형 9 ⇒ 설명선 : 타원형 설명선, 도형 채우기(그림 또는 질감 채우기) 기능을 사용하여 그림 3 삽입,

             도형 윤곽선(실선, 색 : 자주, 너비 : 3pt, 겹선 종류 : 단순형),

             도형 효과(그림자 – 원근감 대각선 왼쪽 위)

▶ WordArt 삽입(깨끗한 이미지로 고객에게 믿음을 줌!)

    ⇒ WordArt 스타일('채우기 – 주황, 강조 2, 윤곽선 – 강조 2'), 글꼴(돋움, 28pt, 굵게)

▶ 지시사항이 없는 부분은《 출력형태 》와 동일하게 작성하시오.

PART
01

유형사로잡기

CONTENTS

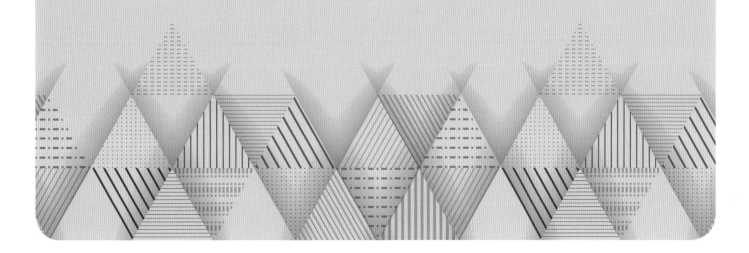

슬라이드 3 아래의 작성조건 및 출력형태에 알맞게 세 번째 슬라이드에 작업하시오. 　60점

출력형태

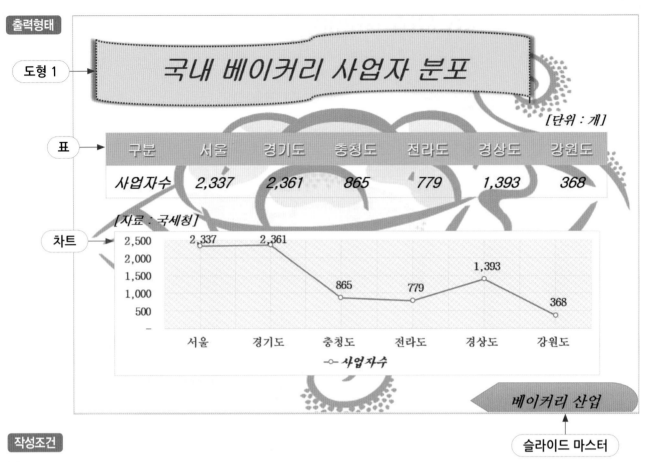

작성조건

(1) 제목

▶ 도형 1 ⇒ 순서도 : 천공 테이프, 도형 채우기('주황, 강조 2, 80% 더 밝게'),
　　　　　　도형 윤곽선(실선, 색 : 진한 빨강, 너비 : 2pt, 겹선 종류 : 단순형, 대시 종류 : 둥근 점선),
　　　　　　도형 효과(그림자 - 바깥쪽 - 오프셋 가운데), 글꼴(굴림, 36pt, 굵게, 기울임꼴, 빨강)

(2) 본문

▶ 텍스트 상자 1([단위 : 개]) ⇒ 글꼴(바탕, 17pt, 굵게, 기울임꼴)

▶ 표 ⇒ 표 스타일(밝은 스타일 2 - 강조 4), 가장 위의 행 : 글꼴(굴림, 20pt, 굵게, 텍스트 그림자, 가운데 맞춤),
　　나머지 행 : 글꼴(굴림, 20pt, 굵게, 기울임꼴, 가운데 맞춤)

▶ 텍스트 상자 2([자료 : 국세청]) ⇒ 글꼴(돋움, 17pt, 굵게, 기울임꼴)

▶ 차트 ⇒ 꺾은선형 : 표식이 있는 꺾은선형, 차트 스타일(색 변경 - '색상형 - 색 3', 스타일 6),
　　축 서식/데이터 레이블 서식 : 글꼴(바탕체, 15pt, 굵게), 범례 서식 : 글꼴(궁서, 16pt, 굵게, 기울임꼴),
　　데이터는 표 참고

▶ 배경 ⇒ 배경 서식(채우기 - 그림 또는 질감 채우기)에서 그림 2 삽입(현재 슬라이드만 적용)

▶ 애니메이션 지정 ⇒ 차트 : 나타내기 - 바둑판 무늬

▶ 지시사항이 없는 부분은《 출력형태 》와 동일하게 작성하시오.

Chapter 01

전체 슬라이드 적용

>>> **핵심만 쏙쏙** ❶ 슬라이드 레이아웃 ❷ 페이지 설정 ❸ 새 슬라이드/저장

슬라이드 레이아웃으로 '빈화면'을, 슬라이드 크기로 'A4'와 '가로' 방향을 지정해야 하며, 작업 도중에도 수시로 저장해야 합니다.

핵심 짚어보기

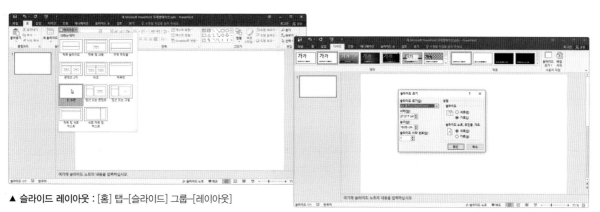

▲ 슬라이드 레이아웃 : [홈] 탭–[슬라이드] 그룹–[레이아웃]

▲ 페이지 설정 : [디자인] 탭–[사용자 지정] 그룹–[슬라이드 크기]–[사용자 지정 슬라이드 크기]

▲ 새 슬라이드 : [홈] 탭–[슬라이드] 그룹–[새 슬라이드]

▲ 디자인 테마 : [디자인] 탭–[테마] 그룹–[Office 테마]

클래스 업

- 시험에서는 하나의 파일에 4개의 슬라이드를 작성해야 하므로 [새 슬라이드] 기능도 알아두도록 합니다.

- 작업 도중에도 수시로 Ctrl + S 를 이용해 저장하도록 합니다.

- 시험장에서 디자인 테마가 기본값인 [Office 테마]로 설정되어 있지 않을 경우에는 [Office 테마]를 선택합니다.

슬라이드 2 아래의 작성조건 및 출력형태에 알맞게 두 번째 슬라이드에 작업하시오.   50점

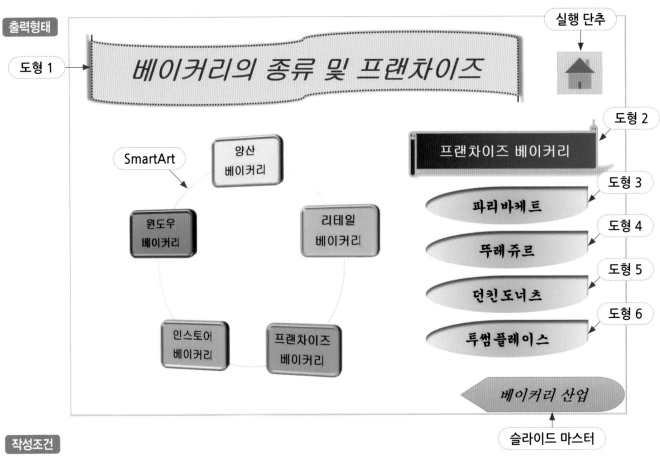

작성조건

(1) 제목

▶ 도형 1 ⇒ 순서도 : 천공 테이프, 도형 채우기('주황, 강조 2, 80% 더 밝게'),
　　　　　　　도형 윤곽선(실선, 색 : 진한 빨강, 너비 : 2pt, 겹선 종류 : 단순형, 대시 종류 : 둥근 점선),
　　　　　　　도형 효과(그림자 - 바깥쪽 - 오프셋 가운데), 글꼴(굴림, 36pt, 굵게, 기울임꼴, 빨강)

(2) 본문

▶ 도형 2 ⇒ 별 및 현수막 : 가로로 말린 두루마리 모양, 도형 채우기(파랑, 그라데이션 - 선형 오른쪽),
　　　　　　　도형 윤곽선(실선, 색 : 주황, 너비 : 3pt, 겹선 종류 : 단순형),
　　　　　　　도형 효과(그림자 - 원근감 대각선 오른쪽 위), 글꼴(굴림, 20pt, 굵게)

▶ 도형 3~6 ⇒ 기본 도형 : 눈물 방울, 도형 채우기(녹색, 그라데이션 - 가운데에서), 선 없음,
　　　　　　　도형 효과(그림자 - 안쪽 위쪽), 글꼴(궁서, 20pt, 굵게, '검정, 텍스트 1')

▶ 실행 단추 ⇒ 실행 단추 : 홈, 하이퍼링크 : 첫째 슬라이드, 도형 스타일('미세 효과 - 황금색, 강조 4')

▶ SmartArt 삽입 ⇒ 주기형 : 무지향 주기형, 글꼴(굴림, 18pt, 굵게, 가운데 맞춤)
　　　　　　　SmartArt 스타일(색 변경 - '색상형 범위 - 강조색 4 또는 5', 3차원 - 금속),
　　　　　　　(반드시 SmartArt 기능을 이용하여 작성할 것)

▶ 애니메이션 지정 ⇒ SmartArt : 나타내기 - 블라인드

▶ 지시사항이 없는 부분은《 출력형태 》와 동일하게 작성하시오.

① 슬라이드 레이아웃

슬라이드 레이아웃 변경

[홈] 탭-[슬라이드] 그룹-[레이아웃]에서 '빈 화면' 선택

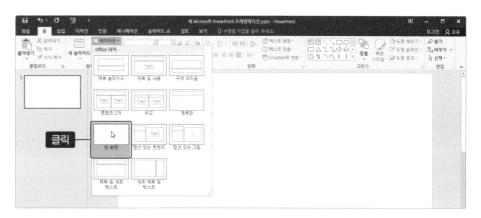

Tip

- 마우스 오른쪽 단추를 클릭한 후 바로 가기 메뉴의 [레이아웃]을 이용할 수도 있습니다.
- 시험에서의 모든 슬라이드는 '빈 화면' 슬라이드를 이용해 작성하도록 합니다.

② 페이지 설정

페이지 설정 지정

❶ [디자인] 탭-[사용자 지정] 그룹-[슬라이드 크기]-[사용자 지정 슬라이드 크기] 클릭

❷ [페이지 설정] 대화상자에서 슬라이드 크기로 'A4 용지(210×297mm)' 선택(방향은 기본값이 '가로'이므로 확인 후 지정)

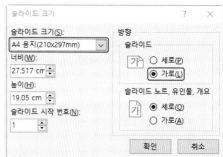

Tip

슬라이드 크기, 방향 조정 시 '맞춤 확인'으로 지정하여야 합니다.

유의사항
- 《작성조건》을 준수하여 반드시 프리젠테이션 슬라이드로 작업합니다.
- 글꼴 및 기타 사항에 대해 별도의 지시사항이 없는 경우, 슬라이드 크기와 전체적인 균형을 고려하여 임의로 작성하되, 도형은 그룹으로 설정하지 않습니다.
- 모든 슬라이드 크기(A4), 방향(가로), 디자인 테마(Office 테마)로 지정합니다.
  - ▶ 슬라이드, 크기, 방향 조정 시 '맞춤 확인'으로 지정하여야 합니다.
- 공통적용사항(슬라이드 마스터)
  - ▶ 도형 ⇒ 순서도 : 화면 표시, 도형 스타일('미세 효과 – 파랑, 강조 1'), 글꼴(바탕, 20pt, 굵게, 기울임꼴)
- 그림 삽입 시 다운로드 한 그림 파일을 반드시 사용하여야 합니다.
- ⬭▶ 은 지시사항이므로 작성하지 않습니다.
- 슬라이드에 제시된 글자 및 숫자 오타는 감점처리 됩니다.

슬라이드 1   아래의 작성조건 및 출력형태에 알맞게 첫 번째 슬라이드에 작업하시오.   30점

출력형태

작성조건

- ▶ 도형 1 ⇒ 블록 화살표 : 아래쪽 화살표 설명선, 도형 채우기(그라데이션 : 미리 설정 – '방사형 그라데이션 – 강조 6', 종류 – 방사형, 방향 – 가운데에서), 도형 윤곽선(실선, 색 : 주황, 너비 : 3pt, 겹선 종류 : 단순형, 대시 종류 : 사각 점선), 도형 효과(그림자 –안쪽 위쪽), 글꼴(굴림, 40pt, 굵게, 텍스트 그림자, '검정, 텍스트 1')
- ▶ 도형 2 ⇒ 기본 도형 : 달, 도형 채우기(진한 파랑, 그라데이션 – 가운데에서), 선 없음, 도형 효과(반사 – '근접 반사, 터치', 입체 효과 – 부드럽게 둥글리기)
- ▶ 도형 3 ⇒ 블록 화살표 : 갈매기형 수장, 도형 스타일('보통 효과 – 녹색, 강조 6')
- ▶ 그림 삽입 ⇒ 그림 1 삽입, 크기(높이 : 6cm, 너비 : 8cm)
- ▶ 텍스트 상자(빵이나 과자 등의 상품을 제조 및 판매하는 곳) ⇒ 글꼴(돋움, 28pt, 굵게, 밑줄)
- ▶ 애니메이션 지정 ⇒ 그림 1 : 나타내기 – 날아오기
- ▶ 지시사항이 없는 부분은《 출력형태 》와 동일하게 작성하시오.

3 새 슬라이드/저장

1 새 슬라이드

[홈] 탭-[슬라이드] 그룹-[새 슬라이드]에서 '빈 화면' 선택

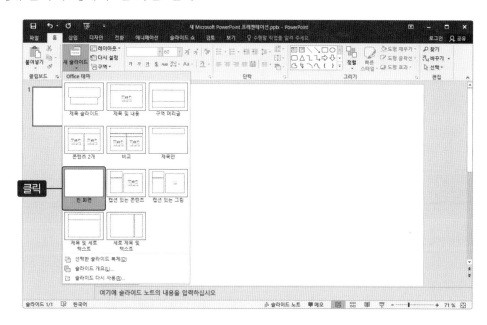

Tip

- 새 슬라이드 : Ctrl + M
- 시험에서는 하나의 파일에 4개의 슬라이드를 작성해야 하므로 새 슬라이드 기능도 알아두도록 합니다.

2 저장

왼쪽 상단의 [파일 메뉴(파일)]를 클릭 후 [저장] 또는 [다른 이름으로 저장]-[찾아보기] 클릭

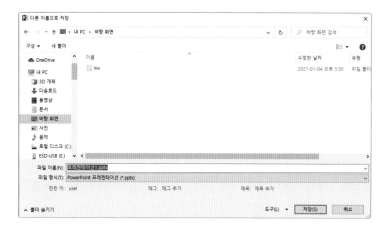

Tip

- 왼쪽 상단에 있는 빠른 실행 도구 모음의 [저장]을 이용할 수도 있습니다.
- 시험에서는 만들어진 파일명만 그대로 사용해야 하므로 Ctrl + S 를 이용해 수시로 저장하도록 합니다.
- 시험장에서 디자인 테마가 기본값인 [Office 테마]로 설정되어 있지 않을 경우에는 [디자인] 탭-[테마] 그룹-[Office 테마]를 선택합니다.

제**09**회 최신기출유형

최신기출유형

MS Office 2016 버전용

- 시험과목 : 프리젠테이션
- 시험일자 : 20XX. XX. XX(X)
- 응시자 기재사항 및 감독위원 확인

수 검 번 호	DIP – XXXX –	감독위원 확인
성 명		

응시자 유의사항

1. 응시자는 신분증을 지참하여야 시험에 응시할 수 있으며, 시험이 종료될 때까지 신분증을 제시하지 못 할 경우 해당 시험은 0점 처리됩니다.
2. 시스템(PC작동여부, 네트워크 상태 등)의 이상여부를 반드시 확인하여야 하며, 시스템 이상이 있을시 감독위원에게 조치를 받으셔야 합니다.
3. 시험 중 부주의 또는 고의로 시스템을 파손한 경우는 응시자 부담으로 합니다.
4. 답안 전송 프로그램을 통해 다운로드 받은 파일을 이용하여 답안파일을 작성하시기 바랍니다.
5. 작성한 답안 파일은 답안 전송 프로그램을 통하여 전송됩니다. 감독위원의 지시에 따라 주시기 바랍니다.
6. 다음사항의 경우 실격(0점) 혹은 부정행위 처리됩니다.
    1) 답안파일을 저장하지 않았거나, 저장한 파일이 손상되었을 경우
    2) 답안파일을 지정된 폴더(바탕화면 "KAIT" 폴더)에 저장하지 않았을 경우
        ※ 답안 전송 프로그램 로그인 시 바탕화면에 자동 생성됨
    3) 답안파일을 다른 보조 기억장치(USB) 혹은 네트워크(메신저, 게시판 등)로 전송할 경우
    4) 휴대용 전화기 등 통신기기를 사용할 경우
7. 슬라이드는 반드시 순서대로 작성해야 하며, 순서가 다를 경우 "0"점 처리 됩니다.
8. 시험지에 제시된 글꼴이 응시 프로그램에 없는 경우, 반드시 감독위원에게 해당 내용을 통보한 뒤 조치를 받아야 합니다.
9. 슬라이드 작성 시 도형의 그룹설정을 사용하는 경우, 채점에서 감점처리 됩니다.
10. 시험의 완료는 작성이 완료된 답안을 저장하고, 답안 전송이 완료된 상태를 확인한 것으로 합니다. 답안 전송 확인 후 문제지는 감독위원에게 제출한 후 퇴실하여야 합니다.
11. 답안전송이 완료된 경우에는 수정 또는 정정이 불가능합니다.
12. 시험시행 후 합격자 발표는 홈페이지(www.ihd.or.kr)에서 확인하시기 바랍니다.
    1) 문제 및 모범답안 공개 : 20XX. XX. XX(X)
    2) 합격자 발표 : 20XX. XX. XX(X)

식별CODE

프

Korea Association for ICT promotion
한국정보통신진흥협회 KAIT

1 조건을 이용하여 다음과 같은 슬라이드를 완성해 보세요.

작성조건
▶ 작성 슬라이드 : 빈 화면
▶ 슬라이드 크기 : A4 용지

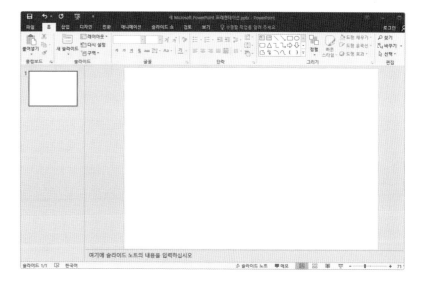

Tip

• [디자인] 탭-[사용자 지정] 그룹-[슬라이드 크기]-[사용자 지정 슬라이드 크기] 이용
• 디자인 테마 : 시험장에서 디자인 테마가 기본값인 [Office 테마]로 설정되어 있지 않을 경우에는 [디자인] 탭-[테마] 그룹-[Office 테마]를 선택합니다.

2 조건을 이용하여 다음과 같은 슬라이드를 완성해 보세요.   완성파일 : 기본01.pptx

작성조건
▶ 1~3 슬라이드 : 빈 화면
▶ 슬라이드 크기 : A4 용지
▶ 저장 파일명 : 기본01.pptx

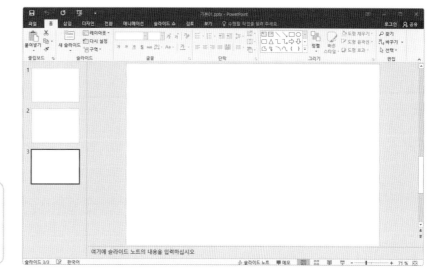

Tip

• 새 슬라이드 : Ctrl + M
• 저장 : Ctrl + S

슬라이드 4 아래의 작성조건 및 출력형태에 알맞게 네 번째 슬라이드에 작업하시오. 60점

출력형태

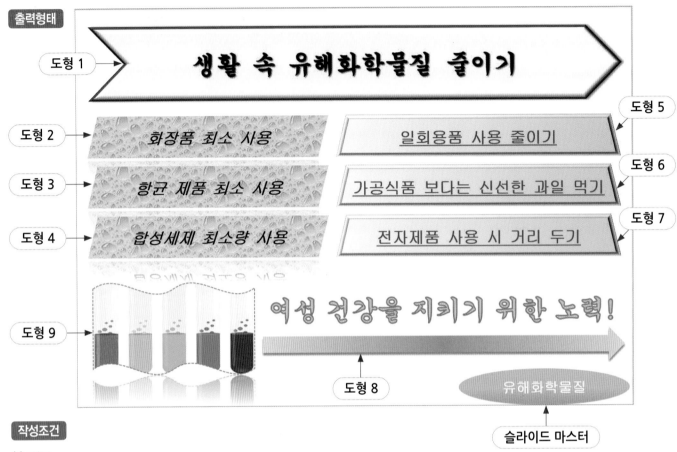

작성조건

(1) 제목

▶ 도형 1 ⇒ 블록 화살표 : 갈매기형 수장, 도형 채우기('황금색, 강조 4, 80% 더 밝게'),

　　　　도형 윤곽선(실선, 색 : 자주, 너비 : 3pt, 겹선 종류 : 단순형),

　　　　도형 효과(그림자 – 바깥쪽 – 오프셋 오른쪽, 입체 효과 – 아트 데코),

　　　　글꼴(궁서체, 34pt, 굵게, 텍스트 그림자, 진한 파랑)

(2) 본문

▶ 도형 2~4 ⇒ 기본 도형 : 평행 사변형, 도형 채우기(작은 물방울), 선 없음,

　　　　　도형 효과(반사 – '1/2 반사, 4 pt 오프셋'), 글꼴(굴림체, 22pt, 굵게, 기울임꼴, '검정, 텍스트 1')

▶ 도형 5~7 ⇒ 기본 도형 : 사다리꼴, 도형 채우기('녹색, 강조 6', 그라데이션 – 오른쪽 아래 모서리에서), 선 없음,

　　　　　도형 효과(입체 효과 – 볼록하게), 글꼴(굴림체, 22pt, 굵게, 밑줄, 파랑)

▶ 도형 8 ⇒ 블록 화살표 : 오른쪽 화살표, 도형 채우기(진한 빨강, 그라데이션 – 가운데에서), 선 없음,

　　　　도형 효과(그림자 – 바깥쪽 – 오프셋 아래쪽)

▶ 도형 9 ⇒ 별 및 현수막 : 이중 물결, 도형 채우기(그림 또는 질감 채우기) 기능을 사용하여 그림 3 삽입,

　　　　도형 윤곽선(실선, 색 : 연한 파랑, 너비 : 1pt, 겹선 종류 : 단순형, 대시 종류 : 사각 점선),

　　　　도형 효과(반사 – '근접 반사, 터치')

▶ WordArt 삽입(여성 건강을 지키기 위한 노력!)

　　⇒ WordArt 스타일('채우기 – 주황, 강조 2, 윤곽선 – 강조 2'), 글꼴(궁서, 36pt, 굵게)

▶ 지시사항이 없는 부분은《 출력형태 》와 동일하게 작성하시오.

텍스트 상자 만들기

>>> **핵심만 쏙쏙** ❶ 텍스트 상자 ❷ 글꼴 서식

시험에서는 [슬라이드 1]과 [슬라이드 3]을 작성할 때 텍스트 상자를 이용하는 문제가 출제되고 있습니다. 글꼴 서식을 변경하는 방법도 알아두도록 합니다.

핵심 짚어보기

▲ 텍스트 상자 : [홈] 탭-[그리기] 그룹-[도형] 그룹

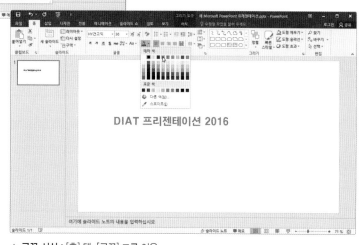

▲ 글꼴 서식 : [홈] 탭-[글꼴] 그룹 이용

클래스 업

• 텍스트 상자는 [삽입] 탭-[일러스트레이션] 그룹-[도형]을 이용해 작성할 수도 있습니다.

• 시험에서는 글자 입력 후 글꼴 서식(글꼴, 글꼴 크기, 굵게, 기울임꼴, 밑줄, 텍스트 그림자 등)을 지정하는 형태로 출제되고 있습니다.

슬라이드 3 아래의 작성조건 및 출력형태에 알맞게 세 번째 슬라이드에 작업하시오.   60점

출력형태

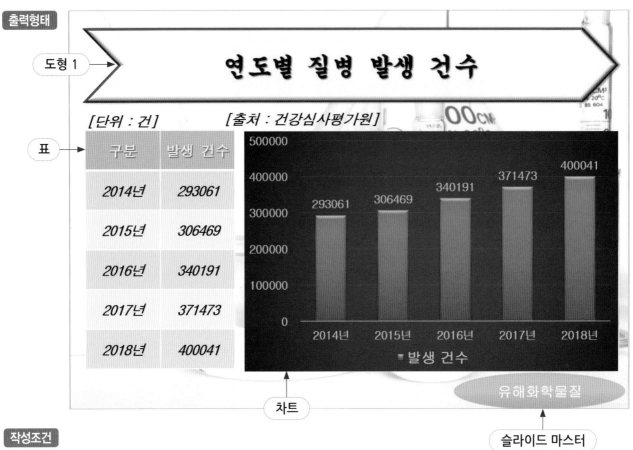

작성조건

(1) 제목

▶ 도형 1 ⇒ 블록 화살표 : 갈매기형 수장, 도형 채우기('황금색, 강조 4, 80% 더 밝게'),
　　　　　　도형 윤곽선(실선, 색 : 자주, 너비 : 3pt, 겹선 종류 : 단순형),
　　　　　　도형 효과(그림자 – 바깥쪽 – 오프셋 오른쪽, 입체 효과 – 아트 데코),
　　　　　　글꼴(궁서체, 34pt, 굵게, 텍스트 그림자, 진한 파랑)

(2) 본문

▶ 텍스트 상자 1([단위 : 건]) ⇒ 글꼴(돋움, 20pt, 굵게, 기울임꼴)
▶ 표 ⇒ 표 스타일(보통 스타일 2 – 강조 4), 가장 위의 행 : 글꼴(돋움체, 20pt, 굵게, 텍스트 그림자, 가운데 맞춤),
　　　나머지 행 : 글꼴(돋움체, 20pt, 굵게, 기울임꼴, 가운데 맞춤)
▶ 텍스트 상자 2([출처 : 건강심사평가원]) ⇒ 글꼴(돋움, 20pt, 굵게, 기울임꼴)
▶ 차트 ⇒ 세로 막대형 : 묶은 세로 막대형, 차트 스타일(색 변경 – '색상형 – 색 3', 스타일 9),
　　　축 서식/데이터 레이블 : 글꼴(굴림, 16pt, 굵게), 범례 서식 : 글꼴(굴림, 20pt, 굵게), 데이터는 표 참고
▶ 배경 ⇒ 배경 서식(채우기 – 그림 또는 질감 채우기)에서 그림 2 삽입(현재 슬라이드만 적용)
▶ 애니메이션 지정 ⇒ 차트 : 나타내기 – 나누기
▶ 지시사항이 없는 부분은《 출력형태 》와 동일하게 작성하시오.

① 텍스트 상자

텍스트 상자 작성

[홈] 탭-[그리기] 그룹에서 '텍스트 상자(圕)'를 이용해 작성

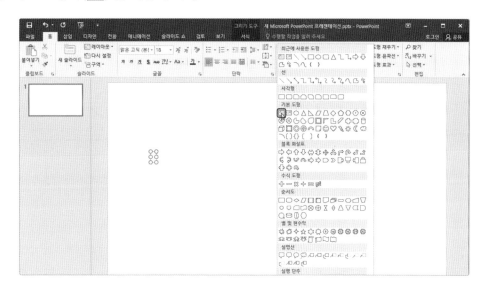

Tip

프레젠테이션 창의 크기에 따라 그룹에 보여지는 화면이 달라 질 수 있습니다.

② 글꼴 서식

글꼴 서식 지정

❶ 텍스트 상자에 글자 입력
❷ [홈] 탭-[글꼴] 그룹에서 글꼴, 크기, 속성, 글꼴 색 등을 지정

Tip

[글꼴] 그룹

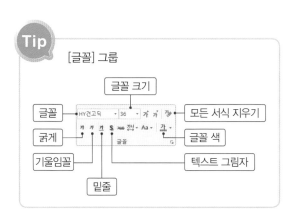

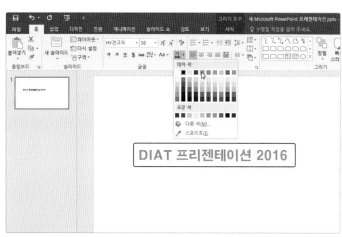

슬라이드 2 아래의 작성조건 및 출력형태에 알맞게 두 번째 슬라이드에 작업하시오.　　50점

출력형태

작성조건

(1) 제목

▶ 도형 1 ⇒ 블록 화살표 : 갈매기형 수장, 도형 채우기('황금색, 강조 4, 80% 더 밝게'),
　　　　　　도형 윤곽선(실선, 색 : 자주, 너비 : 3pt, 겹선 종류 : 단순형),
　　　　　　도형 효과(그림자 – 바깥쪽 – 오프셋 오른쪽, 입체 효과 – 아트 데코),
　　　　　　글꼴(궁서체, 34pt, 굵게, 텍스트 그림자, 진한 파랑)

(2) 본문

▶ 도형 2 ⇒ 기본 도형 : 육각형, 도형 채우기(연한 녹색, 그라데이션 – 선형 위쪽),
　　　　　　도형 윤곽선(실선, 색 : '주황, 강조 2', 너비 : 5pt, 겹선 종류 : 이중), 글꼴(굴림, 28pt, 굵게, 진한 파랑)

▶ 도형 3~6 ⇒ 블록 화살표 : 오각형, 도형 채우기('황금색, 강조 4', 그라데이션 – 왼쪽 아래 모서리에서), 선 없음,
　　　　　　　도형 효과(그림자 – 원근감 대각선 왼쪽 위), 글꼴(돋움체, 24pt, 굵게, 텍스트 그림자)

▶ 실행 단추 ⇒ 실행 단추 : 끝, 하이퍼링크 : 마지막 슬라이드, 도형 스타일('강한 효과 – 파랑, 강조 5')

▶ SmartArt 삽입 ⇒ 목록형 : 가로 글머리 기호 목록형, 글꼴(굴림, 22pt, 굵게, 가운데 맞춤),
　　　　　　　　　SmartArt 스타일(색 변경 – '색상형 범위 – 강조색 2 또는 3', 3차원 – 광택 처리),
　　　　　　　　　(반드시 SmartArt 기능을 이용하여 작성할 것)

▶ 애니메이션 지정 ⇒ SmartArt : 나타내기 – 도형

▶ 지시사항이 없는 부분은《 출력형태 》와 동일하게 작성하시오.

1 조건을 이용하여 다음과 같은 슬라이드를 완성해 보세요.

완성파일 : 기본02.pptx

작성조건 ▶ 텍스트 상자(학술정보통계시스템) ⇒ 글꼴(맑은 고딕, 48pt, 기울임꼴)

학술정보통계시스템

Tip

글꼴 서식은 [홈] 탭-[글꼴] 그룹을 이용해 작성하도록 합니다.

2 조건을 이용하여 다음과 같은 슬라이드를 완성해 보세요.

완성파일 : 기본02.pptx

작성조건 ▶ 텍스트 상자(Fashion Trends) ⇒ 글꼴(휴먼옛체, 54pt, 굵게, 밑줄)

Fashion Trends

3 조건을 이용하여 다음과 같은 슬라이드를 완성해 보세요.

완성파일 : 기본02.pptx

작성조건 ▶ 텍스트 상자(한국정보통신진흥협회) ⇒ 글꼴(궁서, 40pt, 기울임꼴, 텍스트 그림자)

한국정보통신진흥협회

유의사항
- 《작성조건》을 준수하여 반드시 프리젠테이션 슬라이드로 작업합니다.
- 글꼴 및 기타 사항에 대해 별도의 지시사항이 없는 경우, 슬라이드 크기와 전체적인 균형을 고려하여 임의로 작성하되, 도형은 그룹으로 설정하지 않습니다.
- 모든 슬라이드 크기(A4), 방향(가로), 디자인 테마(Office 테마)로 지정합니다.
  ▶ 슬라이드, 크기, 방향 조정 시 '맞춤 확인'으로 지정하여야 합니다.
- 공통적용사항(슬라이드 마스터)
  ▶ 도형 ⇒ 기본 도형 : 타원, 도형 스타일('보통 효과 – 황금색, 강조 4'), 글꼴(굴림, 20pt, 굵게)
- 그림 삽입 시 다운로드 한 그림 파일을 반드시 사용하여야 합니다.
- ──▶ 은 지시사항이므로 작성하지 않습니다.
- 슬라이드에 제시된 글자 및 숫자 오타는 감점처리 됩니다.

슬라이드 **1** 아래의 작성조건 및 출력형태에 알맞게 첫 번째 슬라이드에 작업하시오. 30점

출력형태

작성조건

▶ 도형 1 ⇒ 기본 도형 : 정육면체, 도형 채우기(그라데이션 : 미리 설정 – '방사형 그라데이션 – 강조 1', 종류 – 선형, 방향 – 선형 위쪽), 도형 윤곽선(실선, 색 : 녹색, 너비 : 1pt, 겹선 종류 : 단순형), 도형 효과(그림자 – 바깥쪽 – 오프셋 대각선 오른쪽 아래), 글꼴(바탕, 44pt, 굵게, 텍스트 그림자, 노랑)

▶ 도형 2 ⇒ 기본 도형 : 구름, 도형 채우기(연한 파랑, 그라데이션 – 가운데에서), 선 없음, 도형 효과(그림자 – 원근감 대각선 왼쪽 위, 반사 – '전체 반사, 8 pt 오프셋')

▶ 도형 3 ⇒ 블록 화살표 : 왼쪽 화살표 설명선, 도형 스타일('색 채우기 – 주황, 강조 2')

▶ 그림 삽입 ⇒ 그림 1 삽입, 크기(높이 : 8cm, 너비 : 8cm)

▶ 텍스트 상자(일상에서 노출 가능한 유해화학물질) ⇒ 글꼴(굴림, 28pt, 굵게, 밑줄)

▶ 애니메이션 지정 ⇒ 도형 1 : 나타내기 – 날아오기

▶ 지시사항이 없는 부분은 《 출력형태 》와 동일하게 작성하시오.

4 조건을 이용하여 다음과 같은 슬라이드를 완성해 보세요.   완성파일 : 기본02.pptx

작성조건 ▶ 텍스트 상자(프로그래밍 언어) ⇒ 글꼴(굴림체, 60pt, 굵게, 기울임꼴, '주황, 강조 2')

프로그래밍 언어

5 조건을 이용하여 다음과 같은 슬라이드를 완성해 보세요.   완성파일 : 기본02.pptx

작성조건 ▶ 텍스트 상자(Social Commerce) ⇒ 글꼴(돋움, 45pt, 굵게, 텍스트 그림자, 파랑)

Social Commerce

6 조건을 이용하여 다음과 같은 슬라이드를 완성해 보세요.   완성파일 : 기본02.pptx

작성조건 ▶ 텍스트 상자(평생교육 Lifelong learning) ⇒ 글꼴(HY견고딕, 48pt, 기울임꼴, 가운데 맞춤)

Tip

텍스트 맞춤 지정

[홈] 탭-[단락] 그룹 이용

평생교육
Lifelong learning

제08회 최신기출유형

MS Office 2016 버전용

- 시험과목 : 프리젠테이션
- 시험일자 : 20XX. XX. XX(X)
- 응시자 기재사항 및 감독위원 확인

수 검 번 호	DIP – XXXX –	감독위원 확인
성 명		

식별CODE

Korea Association for ICT promotion
한국정보통신진흥협회 KAIT

도형 만들기

>>> 핵심만 쏙쏙 ❶ 도형 작성 ❷ 도형 채우기(단식) ❸ 도형 서식(도형 윤곽선)

도형을 작성하고 단색으로 도형을 채우거나 선 모양(선 색, 선 스타일)을 변경하는 문제가 모든 슬라이드에서 출제되고 있습니다.

핵심 짚어보기

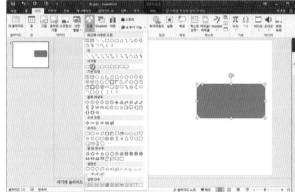

▲ 도형 작성 : [삽입] 탭–[일러스트레이션] 그룹–[도형]

▲ 단색 채우기 : [그리기 도구]–[서식] 탭–[도형 스타일] 그룹–[도형 채우기]

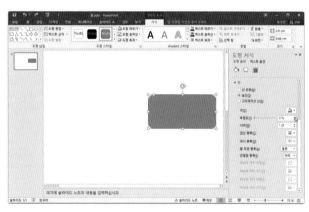

▲ 도형 윤곽선 : [도형 서식] 작업창에서 [도형 옵션]–[채우기 및 선]–[선]

클래스 업

• 도형 작성은 [홈] 탭–[그리기] 그룹–[도형] 그룹을 이용해 작성할 수도 있습니다.

• [도형 서식] 대화상자는 [그리기 도구]–[서식] 탭–[도형 스타일] 그룹에서 [도형 서식(⌐)] 단추를 이용합니다.

슬라이드 4 아래의 작성조건 및 출력형태에 알맞게 네 번째 슬라이드에 작업하시오.   60점

출력형태

작성조건

(1) 제목
▶ 도형 1 ⇒ 별 및 현수막 : 이중 물결, 도형 채우기('파랑, 강조 5, 25% 더 어둡게'),
           도형 윤곽선(실선, 색 : 노랑, 너비 : 2.5pt, 겹선 종류 : 단순형),
           도형 효과(그림자 – 바깥쪽 – 오프셋 아래쪽, 입체 효과 – 둥글게),
           글꼴(궁서체, 40pt, 텍스트 그림자, 노랑)

(2) 본문
▶ 도형 2~4 ⇒ 블록 화살표 : 오각형, 도형 채우기(질감 : 작은 물방울), 선 없음, 도형 효과(입체 효과 – 아트 데코),
             글꼴(굴림, 20pt, 굵게, 진한 파랑)
▶ 도형 5~7 ⇒ 블록 화살표 : 갈매기형 수장, 도형 채우기(연한 녹색, 그라데이션 – 선형 위쪽), 선 없음,
             도형 효과(입체 효과 – 디벗), 글꼴(굴림, 20pt, 굵게, 기울임꼴, 진한 파랑)
▶ 도형 8 ⇒ 기본 도형 : 하트, 도형 채우기(진한 빨강, 그라데이션 – 가운데에서), 선 없음,
          도형 효과(반사 – '1/2 반사, 8 pt 오프셋')
▶ 도형 9 ⇒ 기본 도형 : 구름, 도형 채우기(그림 또는 질감 채우기) 기능을 사용하여 그림 3 삽입,
          도형 윤곽선(실선, 색 : 주황, 너비 : 4pt, 겹선 종류 : 이중),
          도형 효과(그림자 – 바깥쪽 – 오프셋 대각선 오른쪽 아래)
▶ WordArt 삽입(바다를 지켜 주세요!)
    ⇒ WordArt 스타일('채우기 – 파랑, 강조 1, 그림자'), 글꼴(궁서, 40pt, 텍스트 그림자)
▶ 지시사항이 없는 부분은《 출력형태 》와 동일하게 작성하시오.

① 도형 작성

도형 작성하기

[홈] 탭-[그리기] 그룹 또는 [삽입] 탭-[일러스트레이션] 그룹-[도형]에서 해당하는 도형 작성

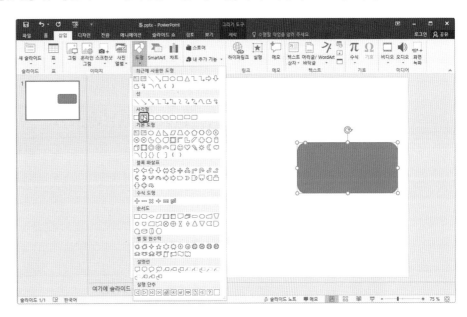

Tip

각 도형에 마우스 포인터를 위치 시키면 해당 도형의 명칭이 풍선 도움말로 표시되므로 문제지에 명시된 도형을 찾아 작성합니다.

② 도형 채우기(단색)

도형 채우기(단색) 지정

[그리기 도구]-[서식] 탭-[도형 스타일] 그룹-[도형 채우기]에서 해당하는 색 지정('테마색' 또는 '표준 색' 이용)

Tip

• 도형을 선택하면 자동으로 [그리기 도구]-[서식] 탭이 생성됩니다.
• [도형 서식] 대화상자 이용 방법 : ① [서식] 탭-[도형 스타일] 그룹에서 [도형 서식(⬜)] 단추 클릭
                                ② [도형 서식] 작업창에서 [도형 옵션]-[채우기 및 선]-[채우기]-[단색 채우기] 항목에서 색 지정

슬라이드 **3** 아래의 작성조건 및 출력형태에 알맞게 세 번째 슬라이드에 작업하시오. 60점

출력형태

작성조건

(1) 제목

▶ 도형 1 ⇒ 별 및 현수막 : 이중 물결, 도형 채우기('파랑, 강조 5, 25% 더 어둡게'),
　　　　　　도형 윤곽선(실선, 색 : 노랑, 너비 : 2.5pt, 겹선 종류 : 단순형),
　　　　　　도형 효과(그림자 – 바깥쪽 – 오프셋 아래쪽, 입체 효과 – 둥글게),
　　　　　　글꼴(궁서체, 40pt, 텍스트 그림자, 노랑)

(2) 본문

▶ 텍스트 상자 1([단위 : 개수]) ⇒ 글꼴(돋움, 18pt, 굵게)

▶ 표 ⇒ 표 스타일(보통 스타일 2 – 강조 3), 가장 위의 행 : 글꼴(돋움, 18pt, 굵게, 텍스트 그림자, 가운데 맞춤),
　　나머지 행 : 글꼴(돋움, 16pt, 굵게, 기울임꼴, 가운데 맞춤)

▶ 텍스트 상자 2([출처 : 해양쓰레기 대응센터]) ⇒ 글꼴(돋움, 18pt, 굵게)

▶ 차트 ⇒ 세로 막대형 : 묶은 세로 막대형, 차트 스타일(색 변경 – '단색형 – 색 8', 스타일 8),
　　축 서식/데이터 레이블 : 글꼴(굴림, 14pt, 굵게), 범례 서식 : 글꼴(굴림, 16pt, 굵게, 기울임꼴),
　　데이터는 표 참고

▶ 배경 ⇒ 배경 서식(채우기 – 그림 또는 질감 채우기)에서 그림 2 삽입(현재 슬라이드만 적용)

▶ 애니메이션 지정 ⇒ 차트 : 나타내기 – 블라인드

▶ 지시사항이 없는 부분은《 출력형태 》와 동일하게 작성하시오.

③ 도형 서식(도형 윤곽선)

1 [도형 서식] 작업창 열기

도형이 선택된 상태에서 [그리기 도구]-[서식] 탭-[도형 스타일] 그룹의 오른쪽 하단에 있는 [도형 서식(□)] 단추 클릭

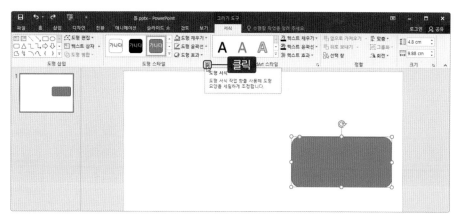

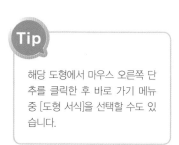

Tip

해당 도형에서 마우스 오른쪽 단추를 클릭한 후 바로 가기 메뉴 중 [도형 서식]을 선택할 수도 있습니다.

2 도형 윤곽선 지정

[도형 서식] 작업창에서 [도형 옵션]-[채우기 및 선]-[선]에서 지정(선 색 및 선 스타일)

Tip

- 선 스타일로 둥근 점선, 사각 점선, 파선 등을 지정할 경우에는 [대시 종류] 항목을 이용합니다.
- 크기 조절점(○), 모양 조절점(◇), 회전 조절점(◉)을 이용해 도형의 모양을 변경할 수 있습니다.

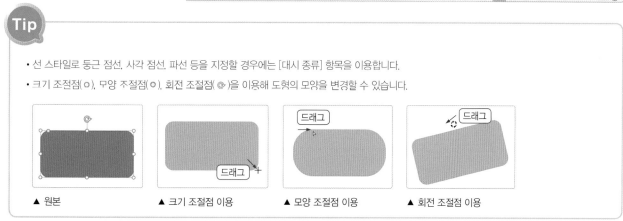

▲ 원본   ▲ 크기 조절점 이용   ▲ 모양 조절점 이용   ▲ 회전 조절점 이용

슬라이드 ②　아래의 작성조건 및 출력형태에 알맞게 두 번째 슬라이드에 작업하시오.　　50점

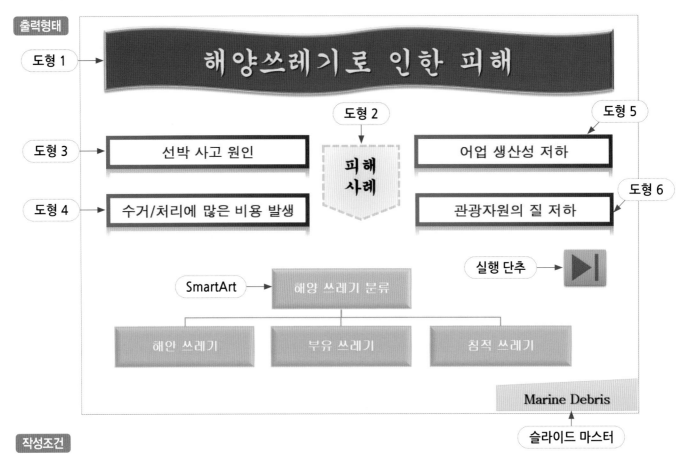

작성조건

(1) 제목

▶ 도형 1 ⇒ 별 및 현수막 : 이중 물결, 도형 채우기('파랑, 강조 5, 25% 더 어둡게'),
　　　　　도형 윤곽선(실선, 색 : 노랑, 너비 : 2.5pt, 겹선 종류 : 단순형),
　　　　　도형 효과(그림자 – 바깥쪽 – 오프셋 아래쪽, 입체 효과 – 둥글게),
　　　　　글꼴(궁서체, 40pt, 텍스트 그림자, 노랑)

(2) 본문

▶ 도형 2 ⇒ 순서도 : 페이지 연결자, 도형 채우기(주황, 그라데이션 – 가운데에서),
　　　　　도형 윤곽선(실선, 색 : 주황, 너비 : 3pt, 겹선 종류 : 단순형, 대시종류 : 사각 점선),
　　　　　글꼴(궁서, 24pt, 굵게, '검정, 텍스트 1')

▶ 도형 3~6 ⇒ 기본 도형 : 액자, 도형 채우기(파랑, 그라데이션 – 선형 왼쪽), 선 없음,
　　　　　도형 효과(반사 – '근접 반사, 터치'), 글꼴(돋움, 20pt, 굵게, 진한 파랑)

▶ 실행 단추 ⇒ 실행 단추 : 끝, 하이퍼링크 : 마지막 슬라이드, 도형 스타일('강한 효과 – 녹색, 강조 6')

▶ SmartArt 삽입 ⇒ 계층 구조형 : 조직도형, 글꼴(굴림, 18pt, 굵게, 가운데 맞춤),
　　　　　SmartArt 스타일(색 변경 – '색상형 – 강조색', 3차원 – 파우더),
　　　　　(반드시 SmartArt 기능을 이용하여 작성할 것)

▶ 애니메이션 지정 ⇒ SmartArt : 나타내기 – 날아오기

▶ 지시사항이 없는 부분은《 출력형태 》와 동일하게 작성하시오.

1 조건을 이용하여 다음과 같은 슬라이드를 완성해 보세요.

완성파일 : 기본03.pptx

작성조건 ▶ 도형 ⇒ 사각형 : 직사각형, 도형 채우기('주황, 강조 2'), 글꼴(휴먼옛체, 40pt, 굵게)

Tip
[그리기 도구]–[서식] 탭–[도형 스타일] 그룹–[도형 채우기] 이용

2 조건을 이용하여 다음과 같은 슬라이드를 완성해 보세요.

완성파일 : 기본03.pptx

작성조건 ▶ 도형 ⇒ 블록 화살표 : 갈매기형 수장, 도형 채우기('황금색, 강조 4'), 글꼴(맑은 고딕, 36pt, 기울임꼴, 텍스트 그림자, '흰색, 배경 1')

3 조건을 이용하여 다음과 같은 슬라이드를 완성해 보세요.

완성파일 : 기본03.pptx

작성조건 ▶ 도형 ⇒ 기본 도형 : 사다리꼴, 도형 채우기(녹색), 글꼴(궁서체, 40pt, 기울임꼴, 밑줄, '검정, 텍스트 1')

Tip
글꼴 지정에서 '검정, 텍스트 1'이 란 글꼴 색을 의미함

검정, 텍스트 1

유의사항

● 《작성조건》을 준수하여 반드시 프리젠테이션 슬라이드로 작업합니다.
● 글꼴 및 기타 사항에 대해 별도의 지시사항이 없는 경우, 슬라이드 크기와 전체적인 균형을 고려하여 임의로 작성하되, 도형은 그룹으로 설정하지 않습니다.
● 모든 슬라이드 크기(A4), 방향(가로), 디자인 테마(Office 테마)로 지정합니다.
  ▶ 슬라이드, 크기, 방향 조정 시 '맞춤 확인'으로 지정하여야 합니다.
● 공통적용사항(슬라이드 마스터)
  ▶ 도형 ⇒ 기본 도형 : 수동 입력, 도형 스타일('미세 효과 – 황금색, 강조 4'), 글꼴(바탕, 18pt, 굵게, 텍스트 그림자)
● 그림 삽입 시 다운로드 한 그림 파일을 반드시 사용하여야 합니다.
● ⬭⟶ 은 지시사항이므로 작성하지 않습니다.
● 슬라이드에 제시된 글자 및 숫자 오타는 감점처리 됩니다.

슬라이드 1   아래의 작성조건 및 출력형태에 알맞게 첫 번째 슬라이드에 작업하시오.   30점

출력형태

작성조건

▶ 도형 1 ⇒ 별 및 현수막 : 가로로 말린 두루마리 모양, 도형 채우기(그라데이션 : 미리설정 – '가운데 그라데이션 – 강조 5', 종류 – 선형, 방향 – 선형 아래쪽), 도형 윤곽선(실선, 색 : 진한 파랑, 너비 : 3pt, 겹선 종류 : 단순형), 도형 효과(그림자 – 안쪽 위쪽), 글꼴(굴림, 60pt, 굵게, 텍스트 그림자, 노랑)
▶ 도형 2 ⇒ 기본 도형 : 달, 도형 채우기('녹색, 강조 6, 60% 더 밝게'), 선 없음, 도형 효과(그림자 – 바깥쪽 – 오프셋 가운데, 반사 – '전체 반사, 터치')
▶ 도형 3 ⇒ 수식 도형 : 곱셈 기호, 도형 스타일('미세 효과 – 주황, 강조 2')
▶ 그림 삽입 ⇒ 그림 1 삽입, 크기(높이 : 6.5cm, 너비 : 10cm)
▶ 텍스트 상자(바다에 잔존하는 각종 고형의 폐기물) ⇒ 글꼴(궁서체, 24pt, 굵게, 밑줄)
▶ 애니메이션 지정 ⇒ 도형 1 : 나타내기 – 바둑판 무늬
▶ 지시사항이 없는 부분은《 출력형태 》와 동일하게 작성하시오.

4 조건을 이용하여 다음과 같은 슬라이드를 완성해 보세요. 완성파일 : 기본03.pptx

작성조건 ▶ 도형 ⇒ 기본 도형 : 빗면, 도형 채우기('파랑, 강조 1'), 선 없음,
글꼴(HY견고딕, 36pt, 굵게, 텍스트 그림자)

Tip

'선 없음' 지정

• [그리기 도구]-[서식] 탭-[도형 스타일] 그룹-[도형 윤곽선]에서 '윤곽선 없음' 지정
• [도형 서식] 작업창에서 [도형 옵션]-[채우기 및 선]-[선]에서 '선 없음' 지정

5 조건을 이용하여 다음과 같은 슬라이드를 완성해 보세요. 완성파일 : 기본03.pptx

작성조건 ▶ 도형 ⇒ 순서도 : 지연, 도형 채우기('녹색, 강조 6'), 도형 윤곽선(실선, 색 : '파랑, 강조 5', 너비 : 1pt,
겹선 종류 : 단순형), 글꼴(굴림, 40pt, 기울임꼴, 텍스트 그림자)

6 조건을 이용하여 다음과 같은 슬라이드를 완성해 보세요. 완성파일 : 기본03.pptx

작성조건 ▶ 도형 ⇒ 설명선 : 사각형 설명선, 도형 채우기(노랑), 도형 윤곽선(실선, 색 : '파랑, 강조 1', 너비 : 2.5pt,
겹선 종류 : 단순형), 글꼴(돋움, 32pt, 굵게, 기울임꼴, '검정, 텍스트 1')

봄가을 패션 트랜드

- 시험과목 : 프리젠테이션
- 시험일자 : 20XX. XX. XX(X)
- 응시자 기재사항 및 감독위원 확인

수 검 번 호	DIP - XXXX -	감독위원 확인
성 명		

응시자 유의사항

1. 응시자는 신분증을 지참하여야 시험에 응시할 수 있으며, 시험이 종료될 때까지 신분증을 제시하지 못 할 경우 해당 시험은 0점 처리됩니다.
2. 시스템(PC작동여부, 네트워크 상태 등)의 이상여부를 반드시 확인하여야 하며, 시스템 이상이 있을시 감독위원에게 조치를 받으셔야 합니다.
3. 시험 중 부주의 또는 고의로 시스템을 파손한 경우는 응시자 부담으로 합니다.
4. 답안 전송 프로그램을 통해 다운로드 받은 파일을 이용하여 답안파일을 작성하시기 바랍니다.
5. 작성한 답안 파일은 답안 전송 프로그램을 통하여 전송됩니다. 감독위원의 지시에 따라 주시기 바랍니다.
6. 다음사항의 경우 실격(0점) 혹은 부정행위 처리됩니다.
    1) 답안파일을 저장하지 않았거나, 저장한 파일이 손상되었을 경우
    2) 답안파일을 지정된 폴더(바탕화면 "KAIT" 폴더)에 저장하지 않았을 경우
        ※ 답안 전송 프로그램 로그인 시 바탕화면에 자동 생성됨
    3) 답안파일을 다른 보조 기억장치(USB) 혹은 네트워크(메신저, 게시판 등)로 전송할 경우
    4) 휴대용 전화기 등 통신기기를 사용할 경우
7. 슬라이드는 반드시 순서대로 작성해야 하며, 순서가 다를 경우 "0"점 처리 됩니다.
8. 시험지에 제시된 글꼴이 응시 프로그램에 없는 경우, 반드시 감독위원에게 해당 내용을 통보한 뒤 조치를 받아야 합니다.
9. 슬라이드 작성 시 도형의 그룹설정을 사용하는 경우, 채점에서 감점처리 됩니다.
10. 시험의 완료는 작성이 완료된 답안을 저장하고, 답안 전송이 완료된 상태를 확인한 것으로 합니다. 답안 전송 확인 후 문제지는 감독위원에게 제출한 후 퇴실하여야 합니다.
11. 답안전송이 완료된 경우에는 수정 또는 정정이 불가능합니다.
12. 시험시행 후 합격자 발표는 홈페이지(www.ihd.or.kr)에서 확인하시기 바랍니다.
    1) 문제 및 모범답안 공개 : 20XX. XX. XX(X)
    2) 합격자 발표 : 20XX. XX. XX(X)

식별CODE

한국정보통신진흥협회 KAIT
Korea Association for ICT promotion

도형 꾸미기 I

>>> **핵심만 쏙쏙** ❶ 그라데이션(단색) ❷ 그라데이션(기본 설정 색) ❸ 도형 채우기(질감)

도형을 작성한 후 도형 채우기로 그라데이션을 지정하거나 질감을 지정하는 문제가 다양한 형태로 출제되고 있습니다.

핵심
짚어보기

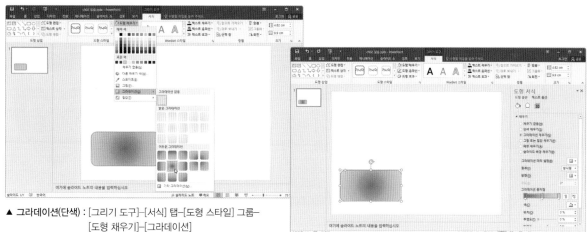

▲ 그라데이션(단색) : [그리기 도구]–[서식] 탭–[도형 스타일] 그룹–
　　　　　　　　　　　[도형 채우기]–[그라데이션]

▲ 그라데이션(기본 설정 색) : [도형 서식] 작업창 이용

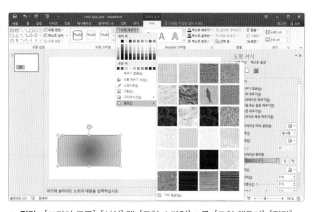

▲ 질감 : [그리기 도구]–[서식] 탭–[도형 스타일] 그룹–[도형 채우기]–[질감]

클래스 업

- 그라데이션(단색) : 출력형태를 보고 판단하여 '밝은 그라데이션' 또는 '어두운 그라데이션'에서 적용
- 그라데이션(기본 설정 색) : [그리기 도구]–[서식] 탭–[도형 스타일] 그룹에서 [도형 서식(⬛)] 단추 이용

슬라이드 4   **아래의 작성조건 및 출력형태에 알맞게 네 번째 슬라이드에 작업하시오.**   60점

출력형태

작성조건

(1) 제목

▶ 도형 1 ⇒ 현수막 : 가로로 말린 두루마리 모양, 도형 채우기('파랑, 강조 5, 80% 더 밝게'),

             도형 윤곽선(실선, 색 : '검정, 텍스트 1', 너비 : 1pt, 겹선 종류 : 단순형),

             도형 효과(그림자 – 안쪽 위쪽, 반사 – '근접 반사, 터치'), 글꼴(궁서체, 36pt, 굵게, 진한 파랑)

(2) 본문

▶ 도형 2~4 ⇒ 순서도 : 문서, 도형 채우기(질감 : 녹색 대리석), 선 없음, 도형 효과(입체 효과 – 볼록하게),

               글꼴(굴림체, 22pt, 굵게, '황금색, 강조 4')

▶ 도형 5~7 ⇒ 사각형 : 대각선 방향의 모서리가 잘린 사각형, 도형 채우기(연한 녹색, 그라데이션 – 선형 위쪽),

               선 없음, 도형 효과(그림자 – 안쪽 대각선 오른쪽 위), 글꼴(굴림체, 20pt, 굵게, 기울임꼴, 진한 파랑)

▶ 도형 8 ⇒ 기본 도형 : 하트, 도형 채우기('주황, 강조 2', 그라데이션 – 선형 위쪽), 선 없음,

            도형 효과(반사 – '1/2 반사, 터치')

▶ 도형 9 ⇒ 기본 도형 : 정육면체, 도형 채우기(그림 또는 질감 채우기) 기능을 사용하여 그림 3 삽입,

            도형 윤곽선(실선, 색 : 빨강, 너비 : 3pt, 겹선 종류 : 단순형, 대시 종류 : 둥근 점선),

            도형 효과(그림자 – 원근감 대각선 오른쪽 위)

▶ WordArt 삽입(1인 미디어는 누구나 주인공!)

     ⇒ WordArt 스타일('채우기 – 황금색, 강조 4, 부드러운 입체'), 글꼴(휴먼옛체, 30pt, 굵게, 밑줄)

▶ 지시사항이 없는 부분은《 출력형태 》와 동일하게 작성하시오.

1 그라데이션(단색)

1 도형 작성 및 도형 채우기(단색) 지정

❶ [홈] 탭–[그리기] 그룹 또는 [삽입] 탭–[일러스트레이션] 그룹–[도형]에서 해당하는 도형 작성

❷ [그리기 도구]–[서식] 탭–[도형 스타일] 그룹–[도형 채우기]에서 해당하는 색 지정

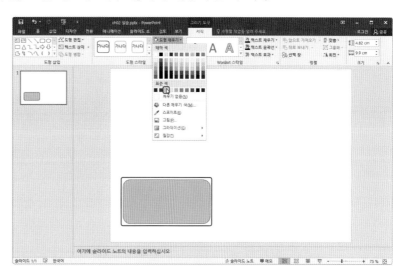

2 그라데이션(단색) 지정

[그리기 도구]–[서식] 탭–[도형 스타일] 그룹 –[도형 채우기]–[그라데이션]에서 해당하는 그라데이션 적용

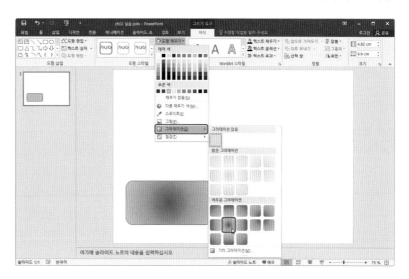

Tip

그라데이션(단색) 작성 순서

① 도형 작성 후 도형 채우기에서 색 지정(테마색 또는 표준색 이용)

② 출력형태를 보고 판단하여 '밝은 그라데이션' 또는 '어두운 그라데이션'에서 해당하는 그라데이션 적용

슬라이드 **3** 아래의 작성조건 및 출력형태에 알맞게 세 번째 슬라이드에 작업하시오. 60점

출력형태

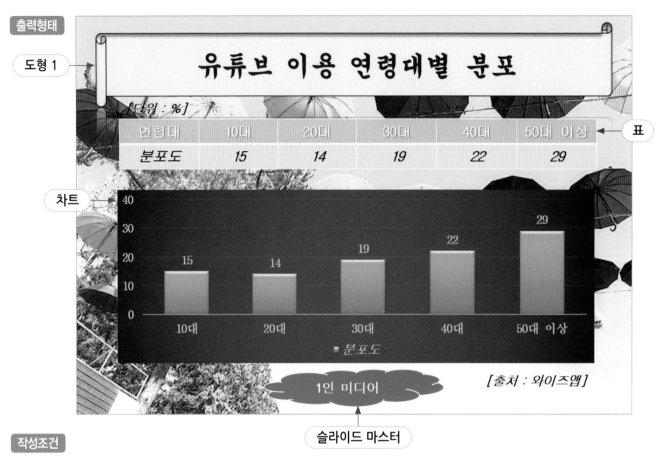

작성조건

(1) 제목

▶ 도형 1 ⇒ 현수막 : 가로로 말린 두루마리 모양, 도형 채우기('파랑, 강조 5, 80% 더 밝게'),
　　　　　 도형 윤곽선(실선, 색 : '검정, 텍스트 1', 너비 : 1pt, 겹선 종류 : 단순형),
　　　　　 도형 효과(그림자 – 안쪽 위쪽, 반사 – '근접 반사, 터치'), 글꼴(궁서체, 36pt, 굵게, 진한 파랑)

(2) 본문

▶ 텍스트 상자 1([단위 : %]) ⇒ 글꼴(돋움, 18pt, 굵게, 기울임꼴)

▶ 표 ⇒ 표 스타일(보통 스타일 2 – 강조 4), 가장 위의 행 : 글꼴(굴림체, 20pt, 굵게, 텍스트 그림자, 가운데 맞춤),
　　 나머지 행 : 글꼴(굴림체, 20pt, 굵게, 기울임꼴, 가운데 맞춤)

▶ 텍스트 상자 2([출처 : 와이즈앱]) ⇒ 글꼴(돋움, 18pt, 굵게, 기울임꼴)

▶ 차트 ⇒ 세로 막대형 : 묶은 세로 막대형, 차트 스타일(색 변경 – '단색형 – 색 7', 스타일 9),
　　 축 서식/데이터 레이블 : 글꼴(바탕체, 16pt, 굵게), 범례 서식 : 글꼴(돋움, 18pt, 굵게, 기울임꼴),
　　 데이터는 표 참고

▶ 배경 ⇒ 배경 서식(채우기 – 그림 또는 질감 채우기)에서 그림 2 삽입(현재 슬라이드만 적용)

▶ 애니메이션 지정 ⇒ 차트 : 나타내기 – 나누기

▶ 지시사항이 없는 부분은《 출력형태 》와 동일하게 작성하시오.

② 그라데이션(기본 설정 색)

1️⃣ [도형 서식] 대화상자 열기

도형이 선택된 상태에서 [그리기 도구]-[서식] 탭-[도형 스타일] 그룹의 오른쪽 하단에 있는 [도형 서식(▣)] 단추 클릭

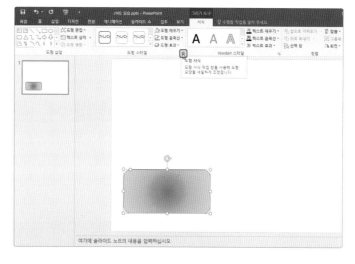

Tip

해당 도형에서 마우스 오른쪽 단추를 클릭한 후 바로 가기 메뉴 중 [도형 서식]을 선택할 수도 있습니다.

2️⃣ 그라데이션(기본 설정 색) 지정

[도형 서식] 작업창에서 [도형 옵션]-[채우기 및 선]-[채우기]-[그라데이션 채우기] 항목 선택 후 조건에 따라 '미리 설정', '종류', '방향' 지정

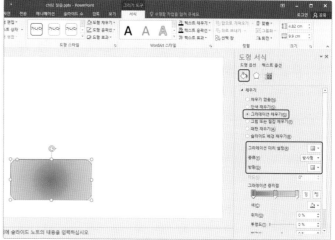

Tip

③ 도형 채우기(질감)

도형 채우기(질감) 지정

도형이 선택된 상태에서 [그리기 도구]-[서식] 탭-[도형 스타일] 그룹-[도형 채우기]-[질감] 에서 해당하는 질감 지정

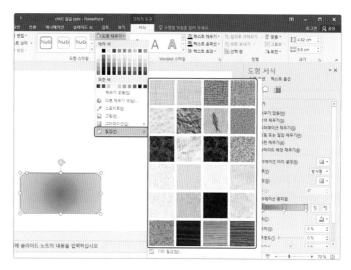

Tip

[그림 서식] 작업창에서 [도형 옵션]-[채우기 및 선]-[채우기]-[그림 또는 질감 채우기]-[질감] 항목에서 지정할 수도 있습니다.

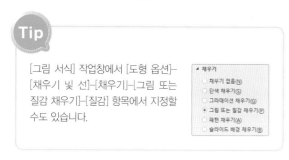

슬라이드 2 아래의 작성조건 및 출력형태에 알맞게 두 번째 슬라이드에 작업하시오. 50점

출력형태

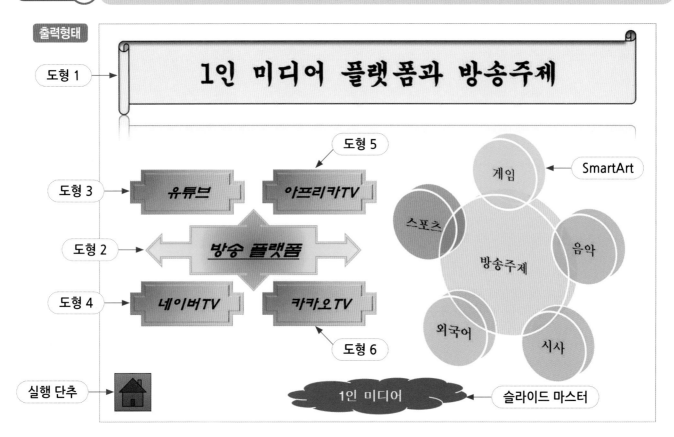

작성조건

(1) 제목
▶ 도형 1 ⇒ 현수막 : 가로로 말린 두루마리 모양, 도형 채우기('파랑, 강조 5, 80% 더 밝게'),
　　　　 도형 윤곽선(실선, 색 : '검정, 텍스트 1', 너비 : 1pt, 겹선 종류 : 단순형),
　　　　 도형 효과(그림자 – 안쪽 위쪽, 반사 – '근접 반사, 터치'), 글꼴(궁서체, 36pt, 굵게, 진한 파랑)

(2) 본문
▶ 도형 2 ⇒ 블록 화살표 : 왼쪽/오른쪽/위쪽/아래쪽 설명선, 도형 채우기(노랑, 그라데이션 – 가운데에서),
　　　　 도형 윤곽선(실선, 색 : '흰색, 배경 1, 25% 더 어둡게'), 너비 : 3pt, 겹선 종류 : 이중),
　　　　 글꼴(휴먼옛체, 24pt, 기울임꼴, 밑줄, 진한 파랑)
▶ 도형 3~6 ⇒ 기본 도형 : 십자형, 도형 채우기(주황, 그라데이션 – 왼쪽 위 모서리에서), 선 없음,
　　　　 도형 효과(입체 효과 – 십자형으로), 글꼴(휴먼옛체, 20pt, 기울임꼴, '검정, 텍스트 1')
▶ 실행 단추 ⇒ 실행 단추 : 홈, 하이퍼링크 : 첫째 슬라이드, 도형 스타일('미세 효과 – 검정, 어둡게 1')
▶ SmartArt 삽입 ⇒ 주기형 : 방사형 벤형, 글꼴(바탕체, 20pt, 굵게, 가운데 맞춤),
　　　　 SmartArt 스타일(색 변경 – '색상형 범위– 강조색 4 또는 5', 3차원 – 벽돌)
　　　　 (반드시 SmartArt 기능을 이용하여 작성할 것)
▶ 애니메이션 지정 ⇒ SmartArt : 나타내기 – 회전하며 밝기 변화
▶ 지시사항이 없는 부분은《 출력형태 》와 동일하게 작성하시오.

04 빵빵한 예제로 기본다지기

1 조건을 이용하여 다음과 같은 슬라이드를 완성해 보세요.

완성파일 : 기본04.pptx

작성조건 ▶ 도형 ⇒ 기본 도형 : 평행 사변형, 도형 채우기('주황, 강조 2', 그라데이션 – 가운데에서),
도형 윤곽선(실선, 색 : '파랑, 강조 5', 너비 : 2pt, 겹선 종류 : 단순형),
글꼴(굴림체, 32pt, 굵게, 기울임꼴)

Tip

그라데이션(단색) 작성 순서

① [도형 채우기]에서 색('주황, 강조 2') 지정
② 출력형태를 보고 판단하여 그라데이션 적용

방화벽 및 백신 프로그램

2 조건을 이용하여 다음과 같은 슬라이드를 완성해 보세요.

완성파일 : 기본04.pptx

작성조건 ▶ 도형 ⇒ 순서도 : 저장 데이터, 도형 채우기('황금색, 강조 4', 그라데이션 – 선형 아래쪽),
도형 윤곽선(실선, 색 : 파랑, 너비 : 2.5pt, 겹선 종류 : 단순형),
글꼴(돋움, 30pt, 굵게, 텍스트 그림자)

Tip

그라데이션 적용

좌우 대칭 : [그리기 도구]–[서식] 탭–[정렬] 그룹–
[회전]에서 '좌우 대칭' 적용

전기 안전의 생활화

유의사항
- 《작성조건》을 준수하여 반드시 프리젠테이션 슬라이드로 작업합니다.
- 글꼴 및 기타 사항에 대해 별도의 지시사항이 없는 경우, 슬라이드 크기와 전체적인 균형을 고려하여 임의로 작성하되, 도형은 그룹으로 설정하지 않습니다.
- 모든 슬라이드 크기(A4), 방향(가로), 디자인 테마(Office 테마)로 지정합니다.
  ▶ 슬라이드, 크기, 방향 조정 시 '맞춤 확인'으로 지정하여야 합니다.
- 공통적용사항(슬라이드 마스터)
  ▶ 도형 ⇒ 기본 도형 : 구름, 도형 스타일('밝은 색 1 윤곽선, 색 채우기 – 파랑, 강조 5'), 글꼴(돋움체, 18pt, 굵게)
- 그림 삽입 시 다운로드 한 그림 파일을 반드시 사용하여야 합니다.
- ⬭➡ 은 지시사항이므로 작성하지 않습니다.
- 슬라이드에 제시된 글자 및 숫자 오타는 감점처리 됩니다.

슬라이드 1 **아래의 작성조건 및 출력형태에 알맞게 첫 번째 슬라이드에 작업하시오.**   30점

출력형태

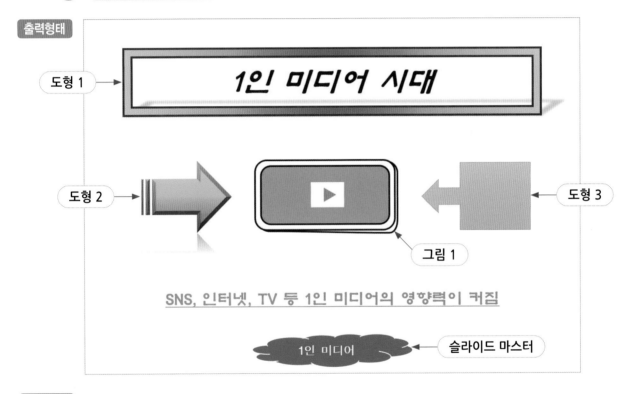

작성조건

▶ 도형 1 ⇒ 기본 도형 : 액자, 도형 채우기(그라데이션 : 미리설정 – '가운데 그라데이션 – 강조 6', 종류 – 방사형, 방향 – 가운데에서), 도형 윤곽선(실선, 색 : 진한 빨강, 너비 : 3pt, 겹선 종류 : 단순형), 도형 효과(그림자 – 원근감 대각선 오른쪽 위), 글꼴(휴먼옛체, 44pt, 기울임꼴, 진한 파랑)

▶ 도형 2 ⇒ 블록 화살표 : 줄무늬가 있는 오른쪽 화살표, 도형 채우기(연한 녹색, 그라데이션 – 선형 위쪽), 선 없음, 도형 효과(반사 – '근접 반사, 터치', 입체 효과 – 각지게)

▶ 도형 3 ⇒ 블록 화살표 : 왼쪽 화살표 설명선, 도형 스타일('미세 효과 – 파랑, 강조 1')

▶ 그림 삽입 ⇒ 그림 1 삽입, 크기(높이 : 4cm, 너비 : 8cm)

▶ 텍스트 상자(SNS, 인터넷, TV 등 1인 미디어의 영향력이 커짐) ⇒ 글꼴(휴먼옛체, 24pt, 밑줄, '주황, 강조 2')

▶ 애니메이션 지정 ⇒ 도형 1 : 나타내기 – 나누기

▶ 지시사항이 없는 부분은 《 출력형태 》와 동일하게 작성하시오.

3 조건을 이용하여 다음과 같은 슬라이드를 완성해 보세요.

완성파일 : 기본04.pptx

작성조건 ▶ 도형 ⇒ 기본 도형 : 십자형, 도형 채우기(그라데이션 : 미리 설정 – '가운데 그라데이션 – 강조 1',
종류 – 선형, 방향 – 선형 위쪽), 도형 윤곽선(실선, 색 : 노랑, 너비 : 2pt, 겹선 종류 : 단순형),
글꼴(궁서체, 40pt, 기울임꼴, 밑줄, '검정, 텍스트 1')

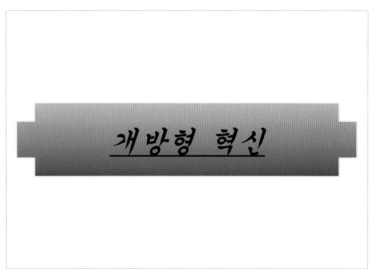

Tip 그라데이션 적용

4 조건을 이용하여 다음과 같은 슬라이드를 완성해 보세요.

완성파일 : 기본04.pptx

작성조건 ▶ 도형 ⇒ 블록 화살표 : 왼쪽/오른쪽 화살표, 도형 채우기(그라데이션 : 미리 설정 – '방사형 그라데이션 –
강조 6', 종류 – 방사형, 방향 – 가운데에서), 도형 윤곽선(실선, 색 : '검정, 텍스트 1', 너비 : 2pt,
겹선 종류 : 단순형), 글꼴(휴먼옛체, 36pt, 굵게, 기울임꼴, 텍스트 그림자)

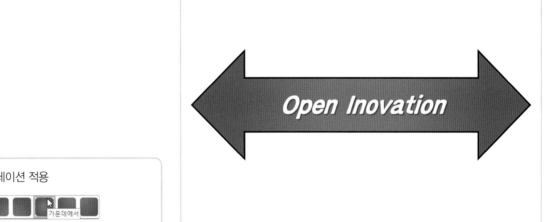

Tip 그라데이션 적용

- 시험과목 : 프리젠테이션
- 시험일자 : 20XX. XX. XX(X)
- 응시자 기재사항 및 감독위원 확인

수검번호	DIP - XXXX -	감독위원 확인
성 명		

식별CODE

프

Korea Association for ICT promotion
한국정보통신진흥협회 **KAIT**

5 조건을 이용하여 다음과 같은 슬라이드를 완성해 보세요. 완성파일 : 기본04.pptx

작성조건 ▶ 도형 ⇒ 기본 도형 : 배지, 도형 채우기(질감 : 캔버스), 도형 윤곽선(실선, 색 : '파랑, 강조 1',
너비 : 2pt, 겹선 종류 : 단순형), 글꼴(굴림체, 48pt, 굵게, 기울임꼴, '검정, 텍스트 1')

Tip
질감(캔버스) 적용

 6 조건을 이용하여 다음과 같은 슬라이드를 완성해 보세요. 완성파일 : 기본04.pptx

작성조건 ▶ 도형 ⇒ 순서도 : 수동 연산, 도형 채우기(질감 : 밤색 대리석), 도형 윤곽선(실선, 색 : '녹색, 강조 6',
너비 : 2.5pt, 겹선 종류 : 단순형), 글꼴(굴림체, 36pt, 텍스트 그림자)

Tip
텍스트 방향(세로) 지정

[그림 서식] 작업창에서 [텍스트 옵션]–[텍스트 상자]
–[텍스트 방향]에서 '세로'로 지정

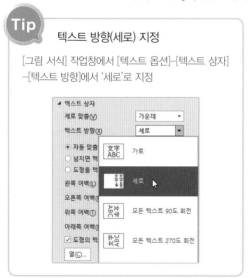

슬라이드 4 아래의 작성조건 및 출력형태에 알맞게 네 번째 슬라이드에 작업하시오. 60점

출력형태

작성조건

(1) 제목

▶ 도형 1 ⇒ 순서도 : 수동 입력, 도형 채우기('파랑, 강조 1, 40% 더 밝게'),
도형 윤곽선(실선, 색 : 파랑, 너비 : 3pt, 겹선 종류 : 단순형), 도형 효과(입체 효과 – 둥글게),
글꼴(궁서체, 40pt, 굵게, 녹색)

(2) 본문

▶ 도형 2~4 ⇒ 기본 도형 : 평행 사변형, 도형 채우기(질감 : 물고기 화석), 선 없음, 도형 효과(입체 효과 – 리블렛),
글꼴(돋움, 20pt, 굵게, 진한 빨강)

▶ 도형 5~7 ⇒ 순서도 : 문서, 도형 채우기(파랑, 그라데이션 – 선형 위쪽), 선 없음,
도형 효과(그림자 – 바깥쪽 – 오프셋 아래쪽), 글꼴(굴림, 22pt, 굵게, 기울임꼴)

▶ 도형 8 ⇒ 기본 도형 : 원형, 도형 채우기(주황, 그라데이션 – 선형 왼쪽), 선 없음,
도형 효과(네온 – '파랑, 8 pt 네온, 강조색 1')

▶ 도형 9 ⇒ 설명선 : 구름 모양 설명선, 도형 채우기(그림 또는 질감 채우기) 기능을 사용하여 그림 3 삽입,
도형 윤곽선(실선, 색 : 빨강, 너비 : 1pt, 겹선 종류 : 단순형, 대시 종류 : 파선),
도형 효과(그림자 – 바깥쪽 – 오프셋 오른쪽)

▶ WordArt 삽입(생활 속 온실가스 줄이기)
⇒ WordArt 스타일('채우기 – 주황, 강조 2, 윤곽선 – 강조 2'), 글꼴(휴먼옛체, 44pt, 굵게)

▶ 지시사항이 없는 부분은《 출력형태 》와 동일하게 작성하시오.

도형 꾸미기 II

>>> **핵심만 쏙쏙** ❶ 빠른 도형 스타일 ❷ 도형 효과

도형을 작성한 후 빠른 도형 스타일을 지정하거나 도형 효과(그림자, 반사, 네온, 부드러운 가장자리, 입체 효과, 3차원 회전)를 지정하는 문제가 출제됩니다.

핵심 짚어보기

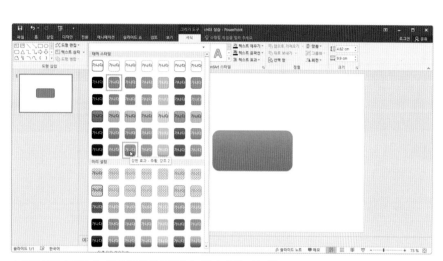

▲ 빠른 도형 스타일 : [그리기 도구]-[서식] 탭-[도형 스타일] 그룹 이용

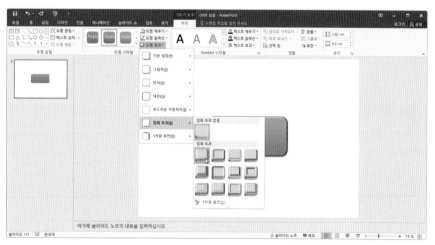

▲ 도형 효과 : [그리기 도구]-[서식] 탭-[도형 스타일] 그룹-[도형 효과] 이용

클래스 업

• [그리기 도구]-[서식] 탭-[도형 스타일] 그룹에서 '자세히(⌄)' 단추를 클릭한 후 도형 스타일을 지정합니다.

• 도형 효과(그림자, 반사, 네온, 부드러운 가장자리, 입체 효과, 3차원 회전)는 중복되어 출제될 수 있습니다.

슬라이드 3 아래의 작성조건 및 출력형태에 알맞게 세 번째 슬라이드에 작업하시오. 60점

출력형태

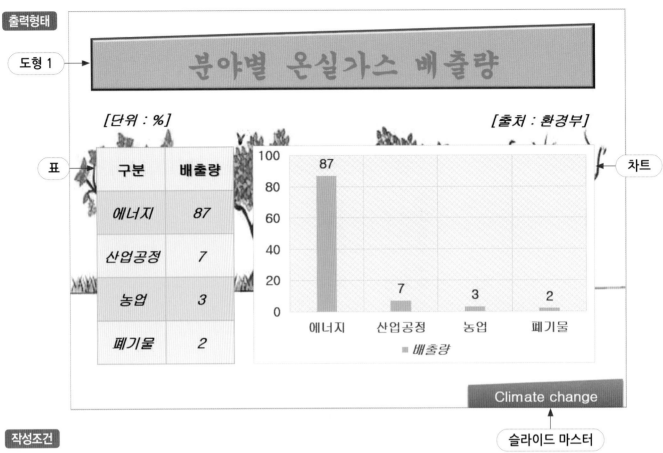

작성조건

(1) 제목

▶ 도형 1 ⇒ 순서도 : 수동 입력, 도형 채우기('파랑, 강조 1, 40% 더 밝게'),

도형 윤곽선(실선, 색 : 파랑, 너비 : 3pt, 겹선 종류 : 단순형), 도형 효과(입체 효과 – 둥글게),

글꼴(궁서체, 40pt, 굵게, 녹색)

(2) 본문

▶ 텍스트 상자 1([단위 : %]) ⇒ 글꼴(굴림, 20pt, 굵게, 기울임꼴)

▶ 표 ⇒ 표 스타일(보통 스타일 4 – 강조 4), 가장 위의 행 : 글꼴(굴림, 20pt, 굵게, 텍스트 그림자, 가운데 맞춤),

나머지 행 : 글꼴(굴림, 20pt, 굵게, 기울임꼴, 가운데 맞춤)

▶ 텍스트 상자 2([출처 : 환경부]) ⇒ 글꼴(굴림, 20pt, 굵게, 기울임꼴)

▶ 차트 ⇒ 세로 막대형 : 묶은 세로 막대형, 차트 스타일(색 변경 – '단색형 – 색 8', 스타일 8),

축 서식/데이터 레이블 : 글꼴(굴림, 18pt, 굵게), 범례 서식 : 글꼴(굴림, 18pt, 굵게, 기울임꼴),

데이터는 표 참고

▶ 배경 ⇒ 배경 서식(채우기 – 그림 또는 질감 채우기)에서 그림 2 삽입(현재 슬라이드만 적용)

▶ 애니메이션 지정 ⇒ 차트 : 나타내기 – 날아오기

▶ 지시사항이 없는 부분은《 출력형태 》와 동일하게 작성하시오.

1 빠른 도형 스타일

빠른 도형 스타일 지정

❶ 도형이 선택된 상태에서 [그리기 도구]-[서식] 탭-[도형 스타일] 그룹의 '자세히(⬇)' 단추 클릭
❷ 펼쳐진 여러 스타일 중 조건에 해당하는 도형 스타일 지정

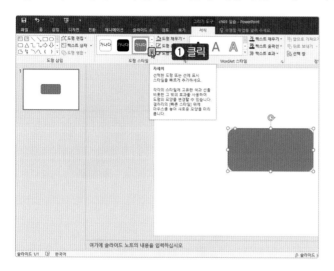
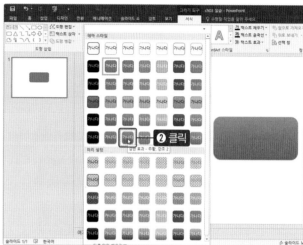

2 도형 효과

다양한 도형 효과 지정

도형이 선택된 상태에서 [그리기 도구]-[서식] 탭-[도형 스타일] 그룹-[도형 효과]에서 조건에 해당하는 효과 지정

Tip

시험에서는 도형 효과(그림자, 반사, 네온, 부드러운 가장자리, 입체 효과, 3차원 회전)가 중복되어 출제될 수 있습니다.

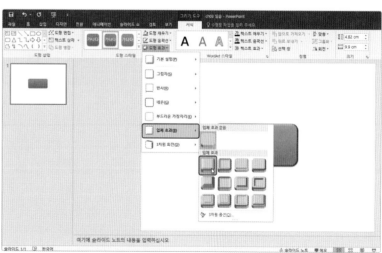

슬라이드 2 아래의 작성조건 및 출력형태에 알맞게 두 번째 슬라이드에 작업하시오.   50점

출력형태

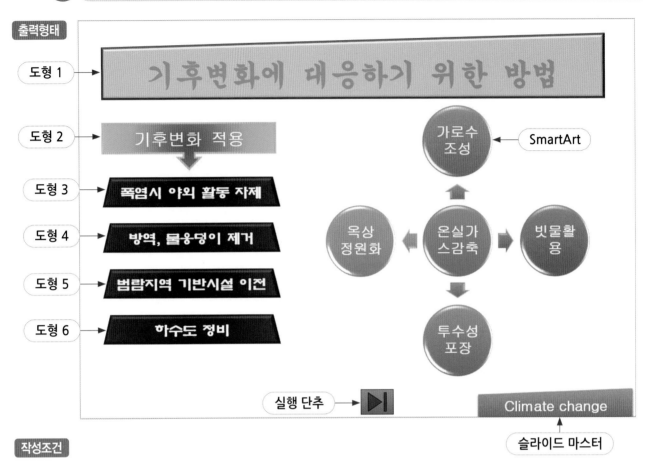

작성조건

(1) 제목
▶ 도형 1 ⇒ 순서도 : 수동 입력, 도형 채우기('파랑, 강조 1, 40% 더 밝게'),
　　　　　　도형 윤곽선(실선, 색 : 파랑, 너비 : 3pt, 겹선 종류 : 단순형), 도형 효과(입체 효과 – 둥글게),
　　　　　　글꼴(궁서체, 40pt, 굵게, 녹색)

(2) 본문
▶ 도형 2 ⇒ 블록 화살표 : 아래쪽 화살표 설명선, 도형 채우기(연한 녹색, 그라데이션 – 가운데에서),
　　　　　　도형 윤곽선(실선, 색 : 주황, 너비 : 2.5pt, 겹선 종류 : 단순형), 글꼴(굴림체, 24pt, 굵게)
▶ 도형 3~6 ⇒ 기본 도형 : 사다리꼴, 도형 채우기(자주, 그라데이션 – 가운데에서), 선 없음,
　　　　　　도형 효과(입체 효과 – 둥글게), 글꼴(휴먼옛체, 20pt, 굵게)
▶ 실행 단추 ⇒ 실행 단추 : 끝, 하이퍼링크 : 마지막 슬라이드, 도형 스타일('미세 효과 – 검정, 어둡게 1')
▶ SmartArt 삽입 ⇒ 주기형 : 분기 방사형, 글꼴(굴림, 20pt, 굵게, 가운데 맞춤),
　　　　　　　　SmartArt 스타일(색 변경 – '색상형 범위– 강조색 2 또는 3', 3차원 – 광택 처리),
　　　　　　　　(반드시 SmartArt 기능을 이용하여 작성할 것)
▶ 애니메이션 지정 ⇒ SmartArt : 나타내기 – 올라오기
▶ 지시사항이 없는 부분은《 출력형태 》와 동일하게 작성하시오.

1 **조건을 이용하여 다음과 같은 슬라이드를 완성해 보세요.**   완성파일 : 기본05.pptx

작성조건 ▶ 도형 ⇒ 사각형 : 대각선 방향의 모서리가 잘린 사각형, 도형 스타일('강한 효과 – 파랑, 강조 1'),
글꼴(굴림체, 36pt, 기울임꼴, 텍스트 그림자, 텍스트 오른쪽 맞춤)

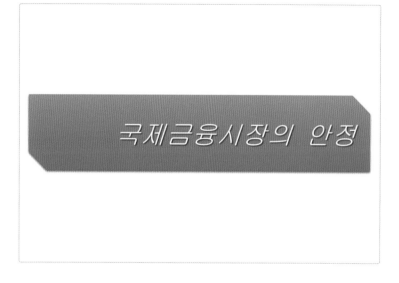

2 **조건을 이용하여 다음과 같은 슬라이드를 완성해 보세요.**   완성파일 : 기본05.pptx

작성조건 ▶ 도형 ⇒ 순서도 : 내부 저장소, 도형 스타일('미세 효과 – 황금색, 강조 4'),
글꼴(궁서체, 48pt, 기울임꼴, 밑줄, '검정, 텍스트 1')

유의사항
- 《작성조건》을 준수하여 반드시 프리젠테이션 슬라이드로 작업합니다.
- 글꼴 및 기타 사항에 대해 별도의 지시사항이 없는 경우, 슬라이드 크기와 전체적인 균형을 고려하여 임의로 작성하되, 도형은 그룹으로 설정하지 않습니다.
- 모든 슬라이드 크기(A4), 방향(가로), 디자인 테마(Office 테마)로 지정합니다.
  - ▶ 슬라이드, 크기, 방향 조정 시 '맞춤 확인'으로 지정하여야 합니다.
- 공통적용사항(슬라이드 마스터)
  - ▶ 도형 ⇒ 순서도 : 수동 입력, 도형 스타일('강한 효과 – 주황, 강조 2'), 글꼴(돋움, 20pt, 굵게)
- 그림 삽입 시 다운로드 한 그림 파일을 반드시 사용하여야 합니다.
- ◯——▶ 은 지시사항이므로 작성하지 않습니다.
- 슬라이드에 제시된 글자 및 숫자 오타는 감점처리 됩니다.

슬라이드 1   **아래의 작성조건 및 출력형태에 알맞게 첫 번째 슬라이드에 작업하시오.**   30점

출력형태

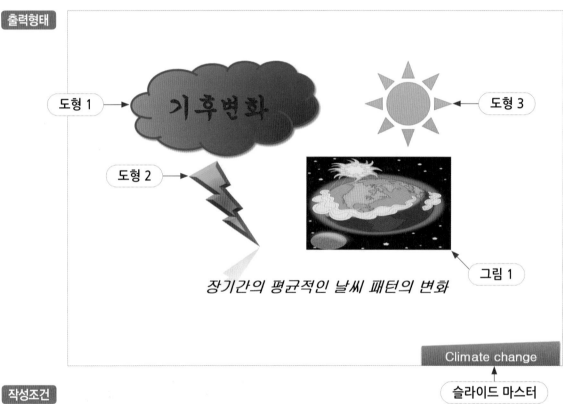

작성조건

▶ 도형 1 ⇒ 기본 도형 : 구름, 도형 채우기(그라데이션 : 미리설정 – 기본 설정 색 – '가운데 그라데이션 – 강조 5',
       종류 – 방사형, 방향 – 오른쪽 아래 모서리에서), 도형 윤곽선(실선, 색 : 파랑, 너비 : 3pt, 겹선 종류 : 단순형),
       도형 효과(그림자 – 바깥쪽 – 오프셋 대각선 오른쪽 아래), 글꼴(궁서체, 40pt, 굵게, 빨강)
▶ 도형 2 ⇒ 기본 도형 : 번개, 도형 채우기(연한 녹색, 그라데이션 – 가운데에서), 선 없음,
       도형 효과(반사 – '1/2 반사, 터치', 입체 효과 – 각지게)
▶ 도형 3 ⇒ 기본 도형 : 해 , 도형 스타일('미세 효과 – 주황, 강조 2')
▶ 그림 삽입 ⇒ 그림 1 삽입, 크기(높이 : 5cm, 너비 : 8cm)
▶ 텍스트 상자(장기간의 평균적인 날씨 패턴의 변화) ⇒ 글꼴(굴림, 24pt, 굵게, 기울임꼴)
▶ 애니메이션 지정 ⇒ 도형 1 : 나타내기 – 날아오기
▶ 지시사항이 없는 부분은 《 출력형태 》와 동일하게 작성하시오.

③ 조건을 이용하여 다음과 같은 슬라이드를 완성해 보세요.

완성파일 : 기본05.pptx

작성조건 ▶ 도형 1~3 ⇒ 블록 화살표 : 오른쪽 화살표 설명선,
　　　　　　도형 채우기('주황, 강조 2', 그라데이션 - 선형 아래쪽),
　　　　　　도형 윤곽선(실선, 색 : '파랑, 강조 5', 너비 : 2pt, 겹선 종류 : 단순형),
　　　　　　도형 효과(반사 - '근접 반사, 4 pt 오프셋'),
　　　　　　글꼴(휴먼옛체, 24pt, 굵게, 기울임꼴, 텍스트 그림자)

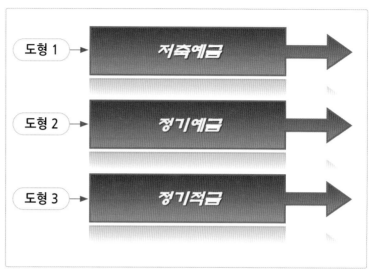

Tip

[그리기 도구]-[서식] 탭-[정렬] 그룹을 이용하면
도형을 쉽게 정렬할 수 있습니다.

---

④ 조건을 이용하여 다음과 같은 슬라이드를 완성해 보세요.

완성파일 : 기본05.pptx

작성조건 ▶ 도형 1~4 ⇒ 순서도 : 순차적 액세스 저장소, 도형 채우기(질감 : 작은 물방울), 선 없음,
　　　　　　도형 효과(그림자 - 원근감 대각선 오른쪽 아래, 입체 효과 - 딱딱한 가장자리),
　　　　　　글꼴(HY견고딕, 24pt, 굵게, 기울임꼴, '검정, 텍스트 1')

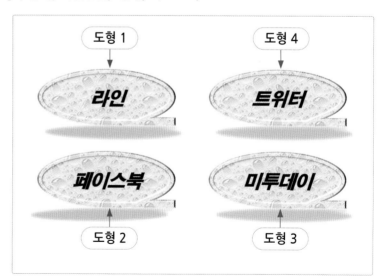

Tip

시험에서 도형 효과(그림자, 입체 효과 등)가 중복되
어 출제될 수 있으므로 주의하도록 합니다.

- 시험과목 : 프리젠테이션
- 시험일자 : 20XX. XX. XX(X)
- 응시자 기재사항 및 감독위원 확인

수 검 번 호	DIP - XXXX -	감독위원 확인
성 명		

응시자 유의사항

1. 응시자는 신분증을 지참하여야 시험에 응시할 수 있으며, 시험이 종료될 때까지 신분증을 제시하지 못 할 경우 해당 시험은 0점 처리됩니다.
2. 시스템(PC작동여부, 네트워크 상태 등)의 이상여부를 반드시 확인하여야 하며, 시스템 이상이 있을시 감독위원에게 조치를 받으셔야 합니다.
3. 시험 중 부주의 또는 고의로 시스템을 파손한 경우는 응시자 부담으로 합니다.
4. 답안 전송 프로그램을 통해 다운로드 받은 파일을 이용하여 답안파일을 작성하시기 바랍니다.
5. 작성한 답안 파일은 답안 전송 프로그램을 통하여 전송됩니다. 감독위원의 지시에 따라 주시기 바랍니다.
6. 다음사항의 경우 실격(0점) 혹은 부정행위 처리됩니다.
    1) 답안파일을 저장하지 않았거나, 저장한 파일이 손상되었을 경우
    2) 답안파일을 지정된 폴더(바탕화면 "KAIT" 폴더)에 저장하지 않았을 경우
        ※ 답안 전송 프로그램 로그인 시 바탕화면에 자동 생성됨
    3) 답안파일을 다른 보조 기억장치(USB) 혹은 네트워크(메신저, 게시판 등)로 전송할 경우
    4) 휴대용 전화기 등 통신기기를 사용할 경우
7. 슬라이드는 반드시 순서대로 작성해야 하며, 순서가 다를 경우 "0"점 처리 됩니다.
8. 시험지에 제시된 글꼴이 응시 프로그램에 없는 경우, 반드시 감독위원에게 해당 내용을 통보한 뒤 조치를 받아야 합니다.
9. 슬라이드 작성 시 도형의 그룹설정을 사용하는 경우, 채점에서 감점처리 됩니다.
10. 시험의 완료는 작성이 완료된 답안을 저장하고, 답안 전송이 완료된 상태를 확인한 것으로 합니다. 답안 전송 확인 후 문제지는 감독위원에게 제출한 후 퇴실하여야 합니다.
11. 답안전송이 완료된 경우에는 수정 또는 정정이 불가능합니다.
12. 시험시행 후 합격자 발표는 홈페이지(www.ihd.or.kr)에서 확인하시기 바랍니다.
    1) 문제 및 모범답안 공개 : 20XX. XX. XX(X)
    2) 합격자 발표 : 20XX. XX. XX(X)

식별CODE
프

한국정보통신진흥협회 KAIT
Korea Association for ICT promotion

1 학습한 기능을 이용하여 다음과 같은 슬라이드를 완성해 보세요. 완성파일 : 실전01-01.pptx

● 슬라이드 크기는 A4, 가로 방향으로 작성, ◯──▶ 은 지시사항이므로 작성하지 않음
  ▶ 슬라이드, 크기, 방향 조정 시 '맞춤 확인'으로 지정하여야 합니다.

출력형태

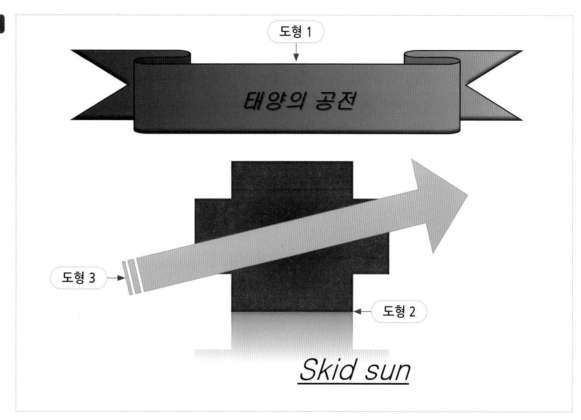

작성조건

▶ 도형 1 ⇒ 별 및 현수막 : 아래쪽 리본,
　　　　　도형 채우기(그라데이션 – 미리 설정 – '가운데 그라데이션 – 강조 5', 종류 – 선형, 방향 – 선형 오른쪽),
　　　　　도형 윤곽선(실선, 색 : 진한 파랑, 너비 : 1.5pt, 겹선 종류 : 단순형), 도형 효과(그림자 – 안쪽 아래쪽),
　　　　　글꼴(굴림, 30pt, 기울임꼴, 텍스트 그림자, '검정, 텍스트 1')
▶ 도형 2 ⇒ 기본 도형 : 십자형, 도형 채우기(빨강, 그라데이션 – 가운데에서), 선 없음,
　　　　　도형 효과(그림자 – 안쪽 가운데, 반사 – '근접 반사, 터치')
▶ 도형 3 ⇒ 블록 화살표 : 줄무늬가 있는 오른쪽 화살표, 도형 스타일('미세 효과 – 파랑, 강조 1')
▶ 텍스트 상자(Skid sun) ⇒ 글꼴(돋움, 40pt, 기울임꼴, 밑줄)
▶ 지시사항이 없는 부분은 《출력형태》와 동일하게 작성하시오.

슬라이드 4 아래의 작성조건 및 출력형태에 알맞게 네 번째 슬라이드에 작업하시오. 60점

출력형태

작성조건

(1) 제목

▶ 도형 1 ⇒ 순서도 : 카드, 도형 채우기('황금색, 강조 4, 80% 더 밝게'),
　　　　　도형 윤곽선(실선, 색 : 자주, 너비 : 3pt, 겹선 종류 : 단순형),
　　　　　도형 효과(그림자 – 원근감 대각선 오른쪽 위, 입체 효과 – 각지게),
　　　　　글꼴(굴림, 40pt, 굵게, 텍스트 그림자, '검정, 텍스트 1')

(2) 본문

▶ 도형 2~4 ⇒ 블록 화살표 : 오각형, 도형 채우기(질감 : 자주 편물), 선 없음, 도형 효과(반사 – '근접 반사, 터치'),
　　　　　글꼴(궁서체, 22pt, 굵게, 주황)

▶ 도형 5~7 ⇒ 별 및 현수막 : 이중 물결, 도형 채우기(연한 녹색, 그라데이션 – 선형 오른쪽), 선 없음,
　　　　　도형 효과(입체 효과 – 각지게), 글꼴(돋움체, 22pt, 굵게, 기울임꼴, '검정, 텍스트 1')

▶ 도형 8 ⇒ 기본 도형 : 원통, 도형 채우기(자주, 그라데이션 – 오른쪽 위 모서리에서), 선 없음,
　　　　　도형 효과(반사 – '근접 반사, 터치')

▶ 도형 9 ⇒ 기본 도형 : 정오각형, 도형 채우기(그림 또는 질감 채우기) 기능을 사용하여 그림 3 삽입,
　　　　　도형 효과(실선, 색 : 주황, 너비 : 3pt, 겹선 종류 : 단순형, 대시 종류 : 파선),
　　　　　도형 효과(그림자 – 원근감 대각선 오른쪽 아래)

▶ WordArt 삽입(생활습관 개선으로 아토피를 잡자!)
　　⇒ WordArt 스타일('채우기 – 황금색, 강조 4, 부드러운 입체'), 글꼴(궁서, 32pt, 굵게)

▶ 지시사항이 없는 부분은《 출력형태 》와 동일하게 작성하시오.

● 슬라이드 크기는 A4, 가로 방향으로 작성, ⬭─▶ 은 지시사항이므로 작성하지 않음
  ▶ 슬라이드, 크기, 방향 조정 시 '맞춤 확인'으로 지정하여야 합니다.

출력형태

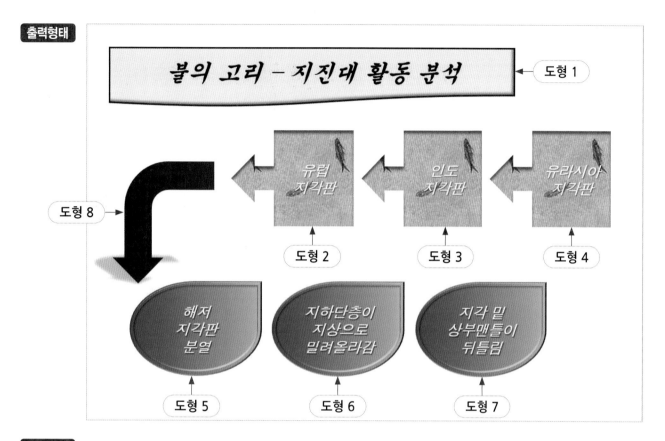

작성조건

(1) 제목

▶ 도형 1 ⇒ 순서도 : 문서, 도형 채우기('파랑 강조 1, 80% 더 밝게'),
         도형 윤곽선(실선, 색 : 진한 파랑, 너비 : 2pt, 겹선 종류 : 단순형),
         도형 효과(그림자 – 안쪽 대각선 오른쪽 아래), 글꼴(궁서, 32pt, 굵게, 기울임꼴, '검정, 텍스트 1')

(2) 본문

▶ 도형 2~4 ⇒ 블록 화살표 : 왼쪽 화살표 설명선, 도형 채우기(질감 : 물고기 화석), 선 없음,
         도형 효과(그림자 – 안쪽 위쪽), 글꼴(돋움, 20pt, 굵게, 기울임꼴, 텍스트 그림자)
▶ 도형 5~7 ⇒ 기본 도형 : 눈물 방울, 도형 채우기('녹색, 강조 6', 그라데이션 – 선형 오른쪽), 선없음,
         도형 효과(입체 효과 – 딱딱한 가장자리), 글꼴(돋움, 20pt, 굵게, 기울임꼴, 텍스트 그림자)
▶ 도형 8 ⇒ 블록 화살표 : 굽은 화살표, 도형 채우기(자주, 그라데이션 – 선형 아래쪽), 선없음,
         도형 효과(그림자 – 원근감 대각선 왼쪽 위)
▶ 지시사항이 없는 부분은 《출력형태》와 동일하게 작성하시오.

슬라이드 **3** 아래의 작성조건 및 출력형태에 알맞게 세 번째 슬라이드에 작업하시오. 60점

출력형태

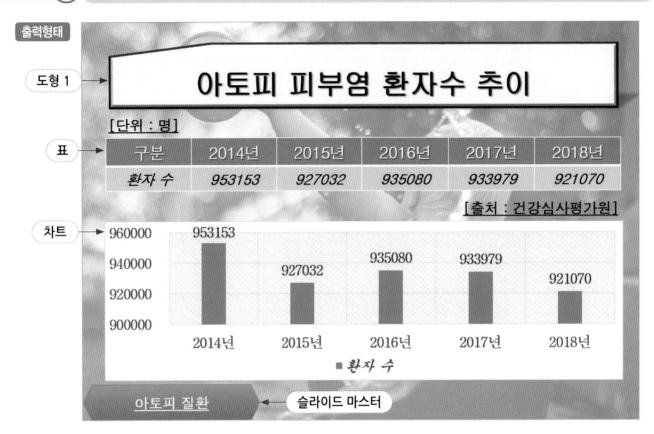

도형 1 →
표 →
차트 →
슬라이드 마스터

작성조건

(1) 제목

▶ 도형 1 ⇒ 순서도 : 카드, 도형 채우기('황금색, 강조 4, 80% 더 밝게'),
도형 윤곽선(실선, 색 : 자주, 너비 : 3pt, 겹선 종류 : 단순형),
도형 효과(그림자 – 원근감 대각선 오른쪽 위, 입체 효과 – 각지게),
글꼴(굴림, 40pt, 굵게, 텍스트 그림자, '검정, 텍스트 1')

(2) 본문

▶ 텍스트 상자 1([단위 : 명]) ⇒ 글꼴(돋움, 20pt, 굵게, 밑줄)

▶ 표 ⇒ 표 스타일(보통 스타일 2 – 강조 1), 가장 위의 행 : 글꼴(돋움, 22pt, 굵게, 텍스트 그림자, 가운데 맞춤),
나머지 행 : 글꼴(돋움, 20pt, 굵게, 기울임꼴, 가운데 맞춤)

▶ 텍스트 상자 2([출처 : 건강심사평가원]) ⇒ 글꼴(돋움, 20pt, 굵게, 밑줄)

▶ 차트 ⇒ 세로 막대형 : 묶은 세로 막대형, 차트 스타일(색변경 – '색상형 – 색 2', 스타일 8),
축 서식/데이터 레이블 : 글꼴(바탕체, 20pt, 굵게), 범례 서식 : 글꼴(궁서, 20pt, 기울임꼴),
데이터는 표 참고

▶ 배경 ⇒ 배경 서식(채우기 – 그림 또는 질감 채우기)에서 그림 2 삽입(현재 슬라이드만 적용)

▶ 애니메이션 지정 ⇒ 차트 : 나타내기 – 밝기 변화

▶ 지시사항이 없는 부분은《 출력형태 》와 동일하게 작성하시오.

그림 파일 삽입하기

Chapter 06

>>> 핵심만 쏙쏙 ❶ 그림 삽입(슬라이드) ❷ 그림 삽입(도형)

시험에서는 슬라이드에 그림을 삽입한 후 크기를 조절하는 문제와 도형을 작성하고 그 안에 그림을 채우는 문제가 출제되고 있습니다.

핵심 짚어보기

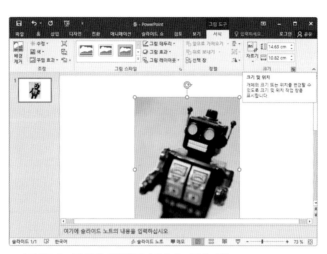

▲ 슬라이드에 그림 삽입 : [삽입] 탭–[이미지] 그룹–[그림]

▲ 그림 높이/너비 변경 : [그림 서식] 작업창 이용

▲ 도형에 그림 삽입 Ⅰ : [그리기 도구]–[서식] 탭–[도형 스타일] 그룹– [도형 채우기]–[그림] 이용

▲ 도형에 그림 삽입Ⅱ : [그림 서식] 작업창 이용

클래스 업

도형에 그림 삽입 : 도형 선택 후 [그리기 도구]–[서식] 탭–[도형 스타일] 그룹–[도형 채우기]–[그림] 메뉴를 이용하는 것이 좀더 편리합니다.

슬라이드 **2** **아래의 작성조건 및 출력형태에 알맞게 두 번째 슬라이드에 작업하시오.** 50점

출력형태

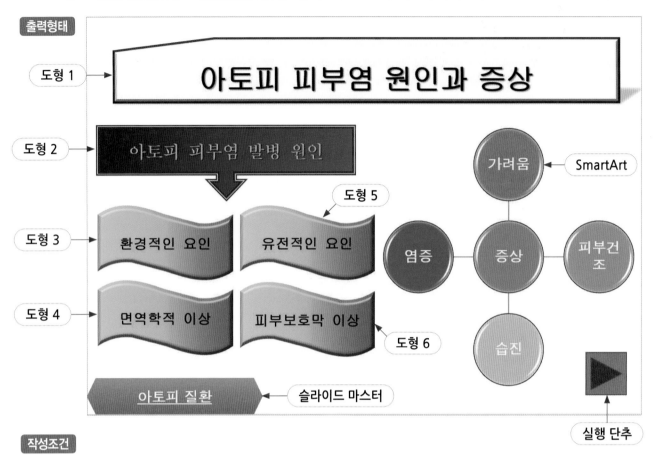

작성조건

(1) 제목

▶ 도형 1 ⇒ 순서도 : 카드, 도형 채우기('황금색, 강조 4, 80% 더 밝게'),
　　　　　　도형 윤곽선(실선, 색 : 자주, 너비 : 3pt, 겹선 종류 : 단순형),
　　　　　　도형 효과(그림자 - 원근감 대각선 오른쪽 위, 입체 효과 - 각지게),
　　　　　　글꼴(굴림, 40pt, 굵게, 텍스트 그림자, '검정, 텍스트 1')

(2) 본문

▶ 도형 2 ⇒ 블록 화살표 : 아래쪽 화살표 설명선, 도형 채우기('파랑, 강조 5', 그라데이션 - 선형 오른쪽),
　　　　　　도형 윤곽선(실선, 색 : 자주, 너비 : 5pt, 겹선 종류 : 이중),
　　　　　　글꼴(바탕체, 24pt, 굵게, 텍스트 그림자, 연한 녹색)

▶ 도형 3~6 ⇒ 별 및 현수막 : 물결, 도형 채우기(연한 녹색, 그라데이션 - 선형 왼쪽), 선 없음,
　　　　　　도형 효과(입체 효과 - 비스듬하게), 글꼴(굴림체, 20pt, 굵게, '검정, 텍스트 1')

▶ 실행 단추 ⇒ 실행 단추 : 앞으로 또는 다음, 하이퍼링크 : 다음 슬라이드, 도형 스타일('색 채우기 - 주황, 강조 2')

▶ SmartArt 삽입 ⇒ 주기형 : 기본 방사형, 글꼴(돋움, 20pt, 굵게, 가운데 맞춤),
　　　　　　SmartArt 스타일(색변경 - '색상형 - 강조색', 3차원 - 만화),
　　　　　　(반드시 SmartArt 기능을 이용하여 작성할 것)

▶ 애니메이션 지정 ⇒ SmartArt : 나타내기 - 날아오기

▶ 지시사항이 없는 부분은《 출력형태 》와 동일하게 작성하시오.

① 그림 삽입(슬라이드)

1 슬라이드 그림 삽입

❶ [삽입] 탭-[이미지] 그룹-[그림] 클릭

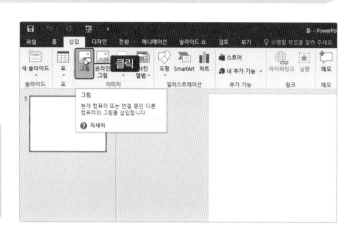

Tip

- 시험에서는 답안 전송 프로그램으로 설치된 바탕 화면의 [KAIT]-[제출파일] 폴더에 있는 그림을 이용해야 합니다.
- 본 교재에서는 편의상 제공된 그림파일을 이용하도록 합니다.

❷ [그림 삽입] 대화상자에서 해당 그림을 찾아 삽입

2 크기 변경

❶ 그림이 선택된 상태에서 [그림 도구]-[서식] 탭-[크기] 그룹의 [크기 및 위치(▣)] 단추 클릭
❷ [그림 서식] 작업창에서 '가로 세로 비율 고정' 항목을 체크 해제 후 '높이', '너비' 항목 변경

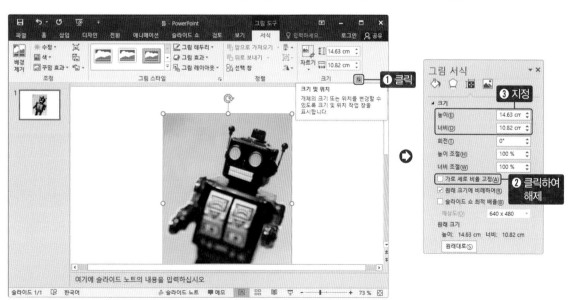

유의사항

● 《작성조건》을 준수하여 반드시 프리젠테이션 슬라이드로 작업합니다.
● 글꼴 및 기타 사항에 대해 별도의 지시사항이 없는 경우, 슬라이드 크기와 전체적인 균형을 고려하여 임의로 작성하되, 도형은 그룹으로 설정하지 않습니다.
● 모든 슬라이드 크기(A4), 방향(가로), 디자인 테마(Office 테마)로 지정합니다.
  ▶ 슬라이드, 크기, 방향 조정 시 '맞춤 확인'으로 지정하여야 합니다.
● 공통적용사항(슬라이드 마스터)
  ▶ 도형 ⇒ 기본 도형 : 육각형, 도형 스타일('보통 효과 – 주황, 강조 2'), 글꼴(돋움, 20pt, 굵게, 밑줄)
● 그림 삽입 시 다운로드 한 그림 파일을 반드시 사용하여야 합니다.
● ⬭──➤ 은 지시사항이므로 작성하지 않습니다.
● 슬라이드에 제시된 글자 및 숫자 오타는 감점처리 됩니다.

슬라이드 1 ● **아래의 작성조건 및 출력형태에 알맞게 첫 번째 슬라이드에 작업하시오.** 30점

출력형태

작성조건

▶ 도형 1 ⇒ 순서도 : 문서, 도형 채우기(그라데이션 : 미리 설정 – '가운데 그라데이션 – 강조 1', 종류 – 선형, 방향 – 선형 아래쪽), 도형 윤곽선(실선, 색 : 연한 파랑, 너비 : 3pt, 겹선 종류 : 단순형), 도형 효과(입체 효과 – 딱딱한 가장자리), 글꼴(바탕체, 48pt, 굵게, 텍스트 그림자, 주황)
▶ 도형 2 ⇒ 기본 도형 : 구름, 도형 채우기(파랑, 그라데이션 – 가운데에서), 선 없음, 도형 효과(그림자 – 바깥쪽 – 오프셋 왼쪽, 반사 – '1/2 반사, 터치')
▶ 도형 3 ⇒ 별 및 현수막 : 포인트가 4개인 별, 도형 스타일('강한 효과 – 녹색, 강조 6')
▶ 그림 삽입 ⇒ 그림 1 삽입, 크기(높이 : 8cm, 너비 : 9cm)
▶ 텍스트 상자(만성 재발성의 염증성 피부질환) ⇒ 글꼴(궁서체, 28pt, 굵게, 밑줄, 자주)
▶ 애니메이션 지정 ⇒ 도형 1 : 나타내기 – 올라오기
▶ 지시사항이 없는 부분은 《 출력형태 》와 동일하게 작성하시오.

② 그림 삽입(도형)

도형에 그림 삽입

❶ 작성한 도형이 선택된 상태에서 [그리기 도구]–[서식] 탭–[도형 스타일] 그룹–[도형 채우기]–[그림] 클릭

❷ [그림 삽입] 대화상자에서 해당 그림을 찾아 삽입

 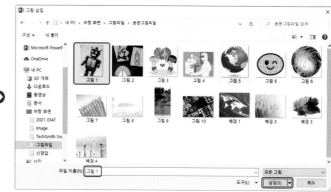

Tip

[그림 서식] 작업창을 이용한 도형에 그림 삽입

① 도형이 선택된 상태에서 [그리기 도구]–[서식] 탭–[도형 스타일] 그룹의 [도형 서식(⬛)] 단추를 클릭합니다.

② [그림 서식] 작업창의 [도형 옵션]–[채우기 및 선]–[채우기]–[그림 또는 질감 채우기] 항목을 클릭합니다.

③ [파일] 단추를 클릭한 후 [그림 삽입] 대화상자에서 해당 그림을 찾아 삽입합니다.

- 시험과목 : 프리젠테이션
- 시험일자 : 20XX. XX. XX(X)
- 응시자 기재사항 및 감독위원 확인

수검번호	DIP - XXXX -	감독위원 확인
성 명		

응시자 유의사항

1. 응시자는 신분증을 지참하여야 시험에 응시할 수 있으며, 시험이 종료될 때까지 신분증을 제시하지 못 할 경우 해당 시험은 0점 처리됩니다.
2. 시스템(PC작동여부, 네트워크 상태 등)의 이상여부를 반드시 확인하여야 하며, 시스템 이상이 있을시 감독위원에게 조치를 받으셔야 합니다.
3. 시험 중 부주의 또는 고의로 시스템을 파손한 경우는 응시자 부담으로 합니다.
4. 답안 전송 프로그램을 통해 다운로드 받은 파일을 이용하여 답안파일을 작성하시기 바랍니다.
5. 작성한 답안 파일은 답안 전송 프로그램을 통하여 전송됩니다. 감독위원의 지시에 따라 주시기 바랍니다.
6. 다음사항의 경우 실격(0점) 혹은 부정행위 처리됩니다.
    1) 답안파일을 저장하지 않았거나, 저장한 파일이 손상되었을 경우
    2) 답안파일을 지정된 폴더(바탕화면 "KAIT" 폴더)에 저장하지 않았을 경우
        ※ 답안 전송 프로그램 로그인 시 바탕화면에 자동 생성됨
    3) 답안파일을 다른 보조 기억장치(USB) 혹은 네트워크(메신저, 게시판 등)로 전송할 경우
    4) 휴대용 전화기 등 통신기기를 사용할 경우
7. 슬라이드는 반드시 순서대로 작성해야 하며, 순서가 다를 경우 "0"점 처리 됩니다.
8. 시험지에 제시된 글꼴이 응시 프로그램에 없는 경우, 반드시 감독위원에게 해당 내용을 통보한 뒤 조치를 받아야 합니다.
9. 슬라이드 작성 시 도형의 그룹설정을 사용하는 경우, 채점에서 감점처리 됩니다.
10. 시험의 완료는 작성이 완료된 답안을 저장하고, 답안 전송이 완료된 상태를 확인한 것으로 합니다. 답안 전송 확인 후 문제지는 감독위원에게 제출한 후 퇴실하여야 합니다.
11. 답안전송이 완료된 경우에는 수정 또는 정정이 불가능합니다.
12. 시험시행 후 합격자 발표는 홈페이지(www.ihd.or.kr)에서 확인하시기 바랍니다.
    1) 문제 및 모범답안 공개 : 20XX. XX. XX(X)
    2) 합격자 발표 : 20XX. XX. XX(X)

식별CODE

Korea Association for ICT promotion
한국정보통신진흥협회 KAIT

06 빵빵한 예제로 기본다지기

1 조건을 이용하여 다음과 같은 슬라이드를 완성해 보세요.

완성파일 : 기본06.pptx

작성조건
- ▶ 텍스트 상자(Kid&Adult Fair) ⇒ 글꼴(궁서, 48pt, 기울임꼴, 밑줄)
- ▶ 그림 삽입 ⇒ 그림 1 삽입, 크기(높이 : 7cm, 너비 : 8cm)

Tip

'가로 세로 비율 고정' 항목을 체크 해제 후 '높이', '너비' 항목 변경

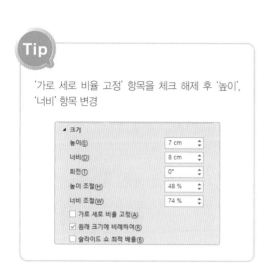

그림 1

Kid&Adult Fair

2 조건을 이용하여 다음과 같은 슬라이드를 완성해 보세요.

완성파일 : 기본06.pptx

작성조건
- ▶ 도형 1 ⇒ 기본 도형 : 십자형, 도형 채우기(그라데이션 : 미리설정 – '방사형 그라데이션 – 강조 2', 종류 – 방사형, 방향 – 가운데에서), 도형 윤곽선(실선, 색 : 주황, 너비 : 2pt, 겹선 종류 : 단순형), 도형 효과(그림자 – 안쪽 아래쪽), 글꼴(굴림, 36pt, 굵게, 기울임꼴, 텍스트 그림자)
- ▶ 그림 삽입 ⇒ 그림 2 삽입, 크기(높이 : 6.5cm, 너비 : 8.2cm)

즐거운 캠핑 나들이 ← 도형 1

그림 2 →

슬라이드 4 아래의 작성조건 및 출력형태에 알맞게 네 번째 슬라이드에 작업하시오.   60점

출력형태

작성조건

(1) 제목
▶ 도형 1 ⇒ 기본 도형 : 사다리꼴, 도형 채우기('파랑, 강조 1, 60% 더 밝게'),
              도형 윤곽선(실선, 색 : 파랑, 너비 : 1pt, 겹선 종류 : 단순형),
              도형 효과(반사 – '근접 반사, 터치', 입체 효과 – 비스듬하게),글꼴(휴먼옛체, 48pt, 진한 파랑)

(2) 본문
▶ 도형 2~4 ⇒ 순서도 : 화면 표시, 도형 채우기(파랑, 그라데이션 – 가운데에서), 선 없음,
             도형 효과(입체 효과 – 리블렛), 글꼴(궁서, 20pt, 굵게, 진한 파랑)
▶ 도형 5~7 ⇒ 블록 화살표 : 갈매기형 수장, 도형 채우기(질감 : 물고기 화석), 선 없음,
             도형 효과(그림자 – 안쪽 가운데), 글꼴(궁서, 20pt, 굵게, 텍스트 그림자, 진한 파랑)
▶ 도형 8 ⇒ 별 및 현수막 : 물결, 도형 채우기(녹색, 그라데이션 – 선형 위쪽), 선 없음,
           도형 효과(반사 – '근접 반사, 터치')
▶ 도형 9 ⇒ 순서도 : 논리합, 도형 채우기(그림 또는 질감 채우기) 기능을 사용하여 그림 3 삽입,
           선 색(실선, 색 : 노랑), 선 스타일(너비 : 3pt, 겹선 종류 : 단순형),
           도형 효과(네온 – '주황, 8 pt 네온, 강조색 2')
▶ WordArt 삽입(매년 5월 10일은 바다식목일)
    ⇒ WordArt 스타일('채우기 – 주황, 강조 2, 윤곽선 – 강조 2'), 글꼴(휴먼옛체, 36pt, 굵게)
▶ 지시사항이 없는 부분은《 출력형태 》와 동일하게 작성하시오.

3 조건을 이용하여 다음과 같은 슬라이드를 완성해 보세요.

완성파일 : 기본06.pptx

작성조건

▶ 도형 1~2 ⇒ 기본 도형 : 타원, 도형 채우기(질감 : 재생지), 선 없음,
　　　　　　　도형 효과(입체 효과 – 둥글게), 글꼴(HY견고딕, 28pt, 기울임꼴)
▶ 도형 3 ⇒ 블록 화살표 : 오각형, 도형 채우기(그림 또는 질감 채우기) 기능을 사용하여 그림 3 삽입,
　　　　　　　도형 윤곽선(실선, 색 : 빨강, 너비 : 2pt, 겹선 종류 : 단순형, 대시 종류 : 사각 점선),
　　　　　　　도형 효과(그림자 – 원근감 대각선 왼쪽 위)

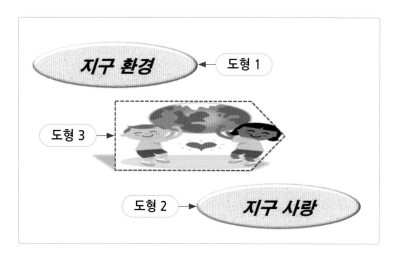

4 조건을 이용하여 다음과 같은 슬라이드를 완성해 보세요.

완성파일 : 기본06.pptx

작성조건

▶ 도형 1 ⇒ 기본 도형 : 액자, 도형 채우기('녹색, 강조 6, 80% 더 밝게'),
　　　　　　도형 윤곽선(실선, 색 : 녹색, 너비 : 1pt, 겹선 종류 : 단순형),
　　　　　　도형효과(그림자 – 안쪽 가운데, 입체 효과 – 부드럽게 둥글리기),
　　　　　　글꼴(돋움, 36pt, 기울임꼴, '검정, 텍스트 1')
▶ 도형 2 ⇒ 기본 도형 : 칠각형, 도형 채우기(그림 또는 질감 채우기) 기능을 사용하여 그림 4 삽입,
　　　　　　도형 윤곽선(실선, 색 : 주황, 너비 : 2pt, 겹선 종류 : 단순형),
　　　　　　도형 효과(그림자 – 바깥쪽 – 오프셋 가운데)

슬라이드 **3** 아래의 작성조건 및 출력형태에 알맞게 세 번째 슬라이드에 작업하시오.   60점

출력형태

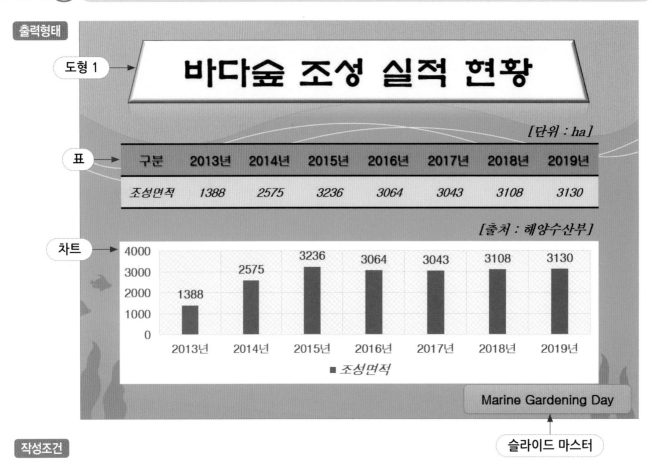

작성조건

(1) 제목

▶ 도형 1 ⇒ 기본 도형 : 사다리꼴, 도형 채우기('파랑, 강조 1, 60% 더 밝게'),

            도형 윤곽선(실선, 색 : 파랑, 너비 : 1pt, 겹선 종류 : 단순형),

            도형 효과(반사 – '근접 반사, 터치', 입체 효과 – 비스듬하게), 글꼴(휴먼옛체, 48pt, 진한 파랑)

(2) 본문

▶ 텍스트 상자 1([단위 : ha]) ⇒ 글꼴(바탕, 18pt, 굵게, 기울임꼴)

▶ 표 ⇒ 표 스타일(보통 스타일 3 – 강조 6), 가장 위의 행 : 글꼴(굴림, 18pt, 굵게, 텍스트 그림자, 가운데 맞춤),

      나머지 행 : 글꼴(굴림, 16pt, 굵게, 기울임꼴, 가운데 맞춤)

▶ 텍스트 상자 2([출처 : 해양수산부]) ⇒ 글꼴(바탕, 18pt, 굵게, 기울임꼴)

▶ 차트 ⇒ 세로 막대형 : 묶은 세로 막대형, 차트 스타일(색 변경 – '단색형 – 색 9', 스타일 8),

      축 서식/데이터 레이블 : 글꼴(돋움, 16pt, 굵게), 범례 서식 : 글꼴(돋움, 18pt, 굵게, 기울임꼴),

      데이터는 표 참고

▶ 배경 ⇒ 배경 서식(채우기 – 그림 또는 질감 채우기)에서 그림 2 삽입(현재 슬라이드만 적용)

▶ 애니메이션 지정 ⇒ 차트 : 나타내기 – 블라인드

▶ 지시사항이 없는 부분은《 출력형태 》와 동일하게 작성하시오.

마스터 지정하기

>>> 핵심만 쏙쏙 ❶ 슬라이드 마스터(도형 이용)

슬라이드 마스터란 여러 슬라이드에 공통적인 내용을 적용할 경우에 사용하는 기능으로,
한 번의 작업으로 여러 슬라이드에 같은 내용을 반영할 수 있습니다.

핵심 짚어보기

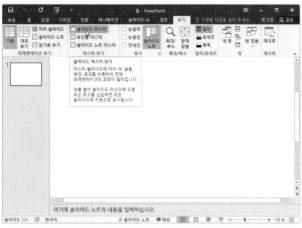

▲ 슬라이드 마스터 실행

▲ 도형 작성

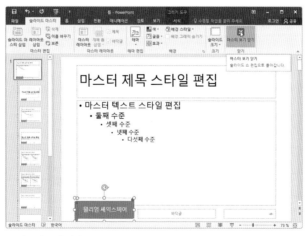

▲ 마스터 보기 닫기

클래스 업

- 슬라이드 마스터 : [보기] 탭-[마스터 보기] 그룹-[슬라이드 마스터]를 클릭합니다.

- 마스터 보기 닫기 : [슬라이드 마스터] 탭-[닫기] 그룹-[마스터 보기 닫기]를 클릭합니다.

슬라이드 2 아래의 작성조건 및 출력형태에 알맞게 두 번째 슬라이드에 작업하시오. 50점

출력형태

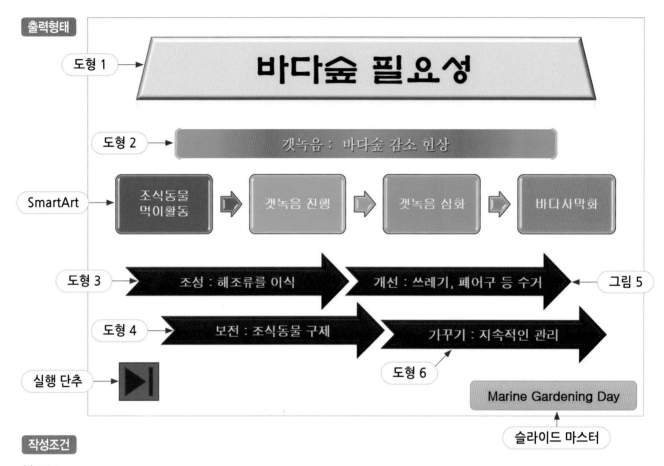

작성조건

(1) 제목

▶ 도형 1 ⇒ 기본 도형 : 사다리꼴, 도형 채우기('파랑, 강조 1, 60% 더 밝게'),

　　　　　도형 윤곽선(실선, 색 : 파랑, 너비 : 1pt, 겹선 종류 : 단순형),

　　　　　도형 효과(반사 – '근접 반사, 터치', 입체 효과 – 비스듬하게), 글꼴(휴먼옛체, 48pt, 진한 파랑)

(2) 본문

▶ 도형 2 ⇒ 기본 도형 : 양쪽 대괄호, 도형 채우기(녹색, 그라데이션 – 가운데에서),

　　　　　도형 윤곽선(실선, 색 : 주황, 너비 : 4pt, 겹선 종류 : 단순형),

　　　　　글꼴(바탕, 20pt, 굵게, 텍스트 그림자, 노랑)

▶ 도형 3~6 ⇒ 블록 화살표 : 톱니 모양의 오른쪽 화살표, 도형 채우기(자주, 그라데이션 – 선형 위쪽), 선 없음,

　　　　　도형 효과(입체 효과 – 급경사), 글꼴(돋움, 18pt, 굵게, 노랑)

▶ 실행 단추 ⇒ 실행 단추 : 끝, 하이퍼링크 : 마지막 슬라이드, 도형 스타일('색 채우기 – 파랑, 강조 5')

▶ SmartArt 삽입 ⇒ 프로세스형 : 기본 프로세스형, 글꼴(굴림, 18pt, 굵게, 가운데 맞춤),

　　　　　SmartArt 스타일(색 변경 – '색상형 범위 – 강조색 5 또는 6', 3차원 – 만화)

　　　　　(반드시 SmartArt 기능을 이용하여 작성할 것)

▶ 애니메이션 지정 ⇒ SmartArt : 나타내기 – 나누기

▶ 지시사항이 없는 부분은《 출력형태 》와 동일하게 작성하시오.

① 슬라이드 마스터(도형 이용)

① 슬라이드 마스터 실행

[보기] 탭-[마스터 보기] 그룹-[슬라이드 마스터] 클릭

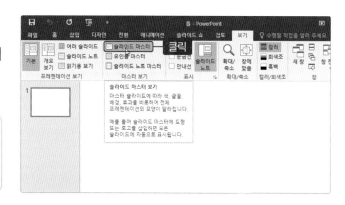

> **Tip**
>
> 슬라이드 마스터에 대한 지시사항은 시험지의 유의사항 부분에 공통적용사항으로 제시되어 있습니다.

② 도형 작성

시험의 작성조건에 따라 도형을 작성하고 글꼴, 도형 채우기, 도형 효과 등을 지정

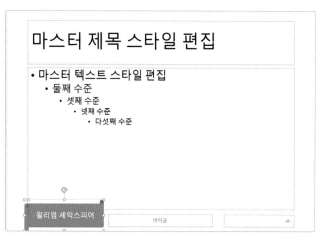

> **Tip** 도형을 작성할 슬라이드
>
> • 왼쪽의 슬라이드 축소판 그림에서 맨 상단의 'Office 테마 슬라이드 마스터' 선택 후 도형을 작성합니다.
> • 만약 '빈 화면 레이아웃'이 선택되어 있다면 '빈 화면 레이아웃'에 도형을 작성해도 무방합니다.

③ 마스터 보기 닫기

[슬라이드 마스터] 탭-[닫기] 그룹-[마스터 보기 닫기]를 클릭

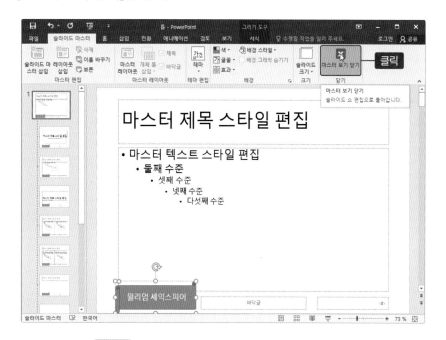

유의사항
- 《작성조건》을 준수하여 반드시 프리젠테이션 슬라이드로 작업합니다.
- 글꼴 및 기타 사항에 대해 별도의 지시사항이 없는 경우, 슬라이드 크기와 전체적인 균형을 고려하여 임의로 작성하되, 도형은 그룹으로 설정하지 않습니다.
- 모든 슬라이드 크기(A4), 방향(가로), 디자인 테마(Office 테마)로 지정합니다.
  - ▶ 슬라이드, 크기, 방향 조정 시 '맞춤 확인'으로 지정하여야 합니다.
- 공통적용사항(슬라이드 마스터)
  - ▶ 도형 ⇒ 사각형 : 모서리가 둥근 직사각형, 도형 스타일('미세 효과 – 주황, 강조 2'), 글꼴(굴림, 18pt, 굵게)
- 그림 삽입 시 다운로드 한 그림 파일을 반드시 사용하여야 합니다.
- ⟶ 은 지시사항이므로 작성하지 않습니다.
- 슬라이드에 제시된 글자 및 숫자 오타는 감점처리 됩니다.

슬라이드 1 　아래의 작성조건 및 출력형태에 알맞게 첫 번째 슬라이드에 작업하시오.　　30점

출력형태

작성조건

▶ 도형 1 ⇒ 별 및 현수막 : 가로로 말린 두루마리 모양, 도형 채우기(그라데이션 : 미리 설정 – '가운데 그라데이션 – 강조 5', 종류 – 선형, 방향 – 선형 아래쪽), 도형 윤곽선(실선, 색 : 진한 파랑, 너비 : 3pt, 겹선 종류 : 단순형), 도형 효과(그림자 – 원근감 대각선 오른쪽 위), 글꼴(휴먼옛체, 54pt, 텍스트 그림자, 노랑)

▶ 도형 2 ⇒ 기본 도형 : 번개, 도형 채우기(진한 빨강, 그라데이션 – 선형 오른쪽), 선 없음, 도형 효과(그림자 – 안쪽 가운데, 반사 – '근접 반사, 터치')

▶ 도형 3 ⇒ 기본 도형 : 구름, 도형 스타일('보통 효과 – 파랑, 강조 5')

▶ 그림 삽입 ⇒ 그림 1 삽입, 크기(높이 : 7cm, 너비 : 10cm)

▶ 텍스트 상자(바닷속에 해조류 심는 날) ⇒ 글꼴(돋움, 28pt, 굵게, 밑줄, 파랑)

▶ 애니메이션 지정 ⇒ 도형 1 : 나타내기 – 닦아내기

▶ 지시사항이 없는 부분은 《 출력형태 》와 동일하게 작성하시오.

① 조건을 이용하여 다음과 같은 슬라이드를 완성해 보세요. 완성파일 : 기본07-01.pptx

작성조건 ▶ 공통적용사항(슬라이드 마스터)

도형 ⇒ 기본 도형 : 타원, 도형 스타일('강한 효과 – 주황, 강조 2'),

글꼴(돋움, 20pt, 기울임꼴, 텍스트 그림자)

▶ 도형 1 ⇒ 설명선 : 사각형 설명선, 도형 채우기(그라데이션 : 미리 설정 – '방사형 그라데이션 – 강조 6',

종류 – 방사형, 방향 – 왼쪽 위 모서리에서), 도형 윤곽선(실선, 색 : 파랑, 너비 : 2pt, 겹선 종류

: 단순형), 도형효과(입체 효과 – 비스듬하게), 글꼴(궁서체, 40pt, 기울임꼴, 텍스트 그림자)

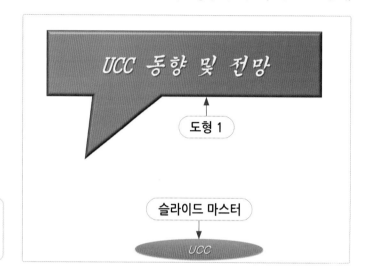

Tip
슬라이드 마스터 실행

[보기] 탭–[마스터 보기] 그룹–[슬라이드 마스터] 클릭

② 조건을 이용하여 다음과 같은 슬라이드를 완성해 보세요. 완성파일 : 기본07-02.pptx

작성조건 ▶ 공통적용사항(슬라이드 마스터)

도형 ⇒ 기본 도형 : 다이아몬드, 도형 채우기('미세 효과 – 파랑, 강조 5'), 글꼴(굴림, 20pt, 굵게)

▶ 도형 1 ⇒ 순서도 : 천공 테이프, 도형 채우기(그라데이션 : 미리 설정 – '가운데 그라데이션 – 강조 2',

종류 – 선형, 방향 – 선형 아래쪽), 도형 윤곽선(실선, 색 : 파랑, 너비 : 1pt, 겹선 종류 : 단순형),

도형 효과(그림자 – 원근감 대각선 왼쪽 위), 글꼴(HY견고딕, 54pt, 굵게, 텍스트 그림자)

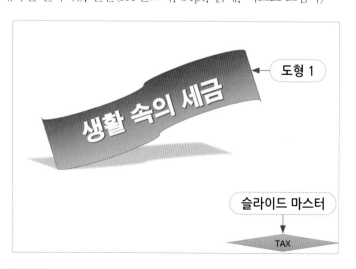

- 시험과목 : 프리젠테이션
- 시험일자 : 20XX. XX. XX(X)
- 응시자 기재사항 및 감독위원 확인

수검번호	DIP - XXXX -	감독위원 확인
성 명		

응시자 유의사항

1. 응시자는 신분증을 지참하여야 시험에 응시할 수 있으며, 시험이 종료될 때까지 신분증을 제시하지 못 할 경우 해당 시험은 0점 처리됩니다.
2. 시스템(PC작동여부, 네트워크 상태 등)의 이상여부를 반드시 확인하여야 하며, 시스템 이상이 있을시 감독위원에게 조치를 받으셔야 합니다.
3. 시험 중 부주의 또는 고의로 시스템을 파손한 경우는 응시자 부담으로 합니다.
4. 답안 전송 프로그램을 통해 다운로드 받은 파일을 이용하여 답안파일을 작성하시기 바랍니다.
5. 작성한 답안 파일은 답안 전송 프로그램을 통하여 전송됩니다. 감독위원의 지시에 따라 주시기 바랍니다.
6. 다음사항의 경우 실격(0점) 혹은 부정행위 처리됩니다.
   1) 답안파일을 저장하지 않았거나, 저장한 파일이 손상되었을 경우
   2) 답안파일을 지정된 폴더(바탕화면 "KAIT" 폴더)에 저장하지 않았을 경우
      ※ 답안 전송 프로그램 로그인 시 바탕화면에 자동 생성됨
   3) 답안파일을 다른 보조 기억장치(USB) 혹은 네트워크(메신저, 게시판 등)로 전송할 경우
   4) 휴대용 전화기 등 통신기기를 사용할 경우
7. 슬라이드는 반드시 순서대로 작성해야 하며, 순서가 다를 경우 "0"점 처리 됩니다.
8. 시험지에 제시된 글꼴이 응시 프로그램에 없는 경우, 반드시 감독위원에게 해당 내용을 통보한 뒤 조치를 받아야 합니다.
9. 슬라이드 작성 시 도형의 그룹설정을 사용하는 경우, 채점에서 감점처리 됩니다.
10. 시험의 완료는 작성이 완료된 답안을 저장하고, 답안 전송이 완료된 상태를 확인한 것으로 합니다. 답안 전송 확인 후 문제지는 감독위원에게 제출한 후 퇴실하여야 합니다.
11. 답안전송이 완료된 경우에는 수정 또는 정정이 불가능합니다.
12. 시험시행 후 합격자 발표는 홈페이지(www.ihd.or.kr)에서 확인하시기 바랍니다.
   1) 문제 및 모범답안 공개 : 20XX. XX. XX(X)
   2) 합격자 발표 : 20XX. XX. XX(X)

식별CODE
프

Korea Association for ICT promotion
한국정보통신진흥협회 KAIT

3. 조건을 이용하여 다음과 같은 슬라이드를 완성해 보세요.

완성파일 : 기본07-03.pptx

작성조건

▶ 공통적용사항(슬라이드 마스터)
　도형 ⇒ 블록 화살표 : 오각형, 도형 채우기('강한 효과 – 녹색, 강조 6'),
　　　　글꼴(돋움, 20pt, 굵게, 기울임꼴)
▶ 도형 1 ⇒ 기본 도형 : 눈물 방울, 도형 채우기(그라데이션 : 미리 설정 – '가운데 그라데이션 – 강조 2',
　　　　종류 – 선형, 방향 – 선형 위쪽), 도형 윤곽선(실선, 색 : 자주, 너비 : 2pt, 겹선 종류 : 단순형),
　　　　글꼴(굴림, 40pt, 기울임꼴, 텍스트 그림자)
▶ 텍스트 상자(KOFIC History) ⇒ 글꼴(궁서체, 48pt, 기울임꼴, 밑줄)

4. 조건을 이용하여 다음과 같은 슬라이드를 완성해 보세요.

완성파일 : 기본07-04.pptx

작성조건

▶ 공통적용사항(슬라이드 마스터)
　도형 ⇒ 기본 도형 : 직각 삼각형, 도형 채우기('보통 효과 – 파랑, 강조 1'),
　　　　글꼴(궁서체, 24pt, 굵게, '검정, 텍스트 1')
▶ 도형 1 ⇒ 사각형 : 직사각형, 도형 채우기(그라데이션 : 미리 설정 – '방사형 그라데이션 – 강조 6',
　　　　종류 – 방사형, 방향 – 가운데에서), 도형 윤곽선(실선, 색 : 주황, 너비 : 2pt, 겹선 종류 :
　　　　단순형), 도형 효과(입체 효과 – 디벗), 글꼴(돋움, 48pt, 텍스트 그림자, '검정, 텍스트 1')
▶ 그림 삽입 ⇒ 그림 5 삽입, 크기(높이 : 7cm, 너비 : 10cm)

슬라이드 4 아래의 작성조건 및 출력형태에 알맞게 네 번째 슬라이드에 작업하시오.　60점

출력형태

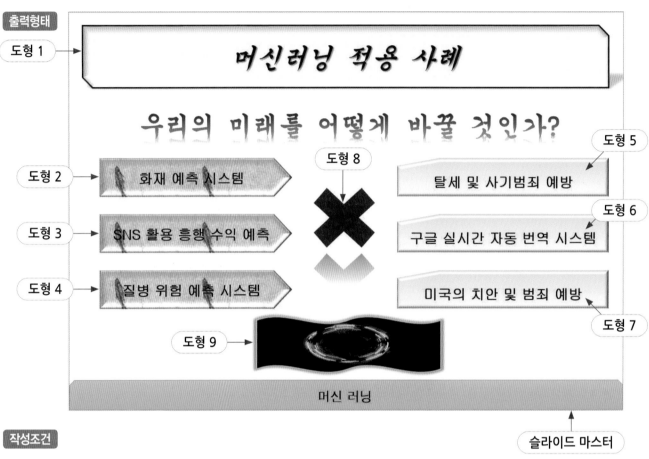

작성조건

(1) 제목

▶ 도형 1 ⇒ 사각형 : 대각선 방향의 모서리가 잘린 사각형, 도형 채우기('파랑, 강조 1, 80% 더 밝게'),
　　　　도형 윤곽선(실선, 색 : 진한 파랑, 너비 : 2pt, 겹선 종류 : 단순형),
　　　　도형 효과(그림자 – 원근감 대각선 오른쪽 위, 입체 효과 – 부드럽게 둥글리기),
　　　　글꼴(궁서체, 36pt, 기울임꼴, 텍스트 그림자, 진한 파랑)

(2) 본문

▶ 도형 2~4 ⇒ 블록 화살표 : 오각형, 도형 채우기(질감 : 물고기 화석), 선 없음,
　　　　도형 효과(입체 효과 – 부드럽게 둥글리기), 글꼴(굴림, 20pt, 굵게, '검정, 텍스트 1')

▶ 도형 5~7 ⇒ 순서도 : 카드, 도형 채우기(연한 녹색, 그라데이션 – 선형 아래쪽), 선 없음,
　　　　도형 효과(입체 효과 – 둥글게), 글꼴(굴림, 20pt, 굵게, '검정, 텍스트 1')

▶ 도형 8 ⇒ 수식 도형 : 곱셈 기호, 도형 채우기(진한 빨강, 그라데이션 – 가운데에서), 선 없음,
　　　　도형 효과(반사 – '1/2 반사, 8 pt 오프셋')

▶ 도형 9 ⇒ 별 및 현수막 : 이중 물결, 도형 채우기(그림 또는 질감 채우기) 기능을 사용하여 그림 3 삽입,
　　　　도형 윤곽선(실선, 색 : 연한 녹색, 너비 : 2pt, 겹선 종류 : 단순형),
　　　　도형 효과(그림자 – 바깥쪽 – 오프셋 가운데)

▶ WordArt 삽입(우리의 미래를 어떻게 바꿀 것인가?)
　⇒ WordArt 스타일('그라데이션 채우기 – 파랑, 강조 1, 반사'), 글꼴(궁서체, 36pt, 굵게)

▶ 지시사항이 없는 부분은《 출력형태 》와 동일하게 작성하시오.

애니메이션 지정하기

>>> 핵심만 쏙쏙 ❶ 개체 작성 ❷ 애니메이션 지정

시험에서는 작성한 도형, 그림, 실행 단추, 표, 차트, SmartArt 등의 개체에 다양한 애니메이션을 지정하는 문제가 출제되고 있습니다.

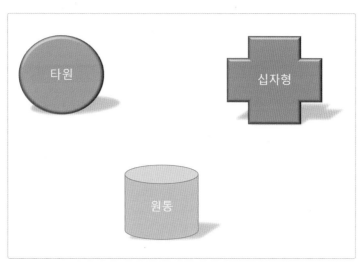

▲ 작성조건에 따라 개체 작성(도형, 표, 차트 등)

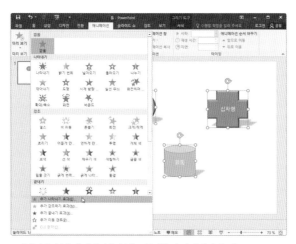

▲ [애니메이션] 탭-[애니메이션] 그룹-[추가 나타내기 효과]

▲ [나타내기 효과 변경]

클래스 업

• 개체를 선택한 후 [애니메이션] 탭-[애니메이션] 그룹-[나타내기 효과 변경]을 이용합니다.

• 시험에서는 슬라이드 4를 제외한 슬라이드 1, 2, 3에서 애니메이션을 지정하는 문제가 출제되고 있습니다.

슬라이드 3 아래의 작성조건 및 출력형태에 알맞게 세 번째 슬라이드에 작업하시오.   60점

출력형태

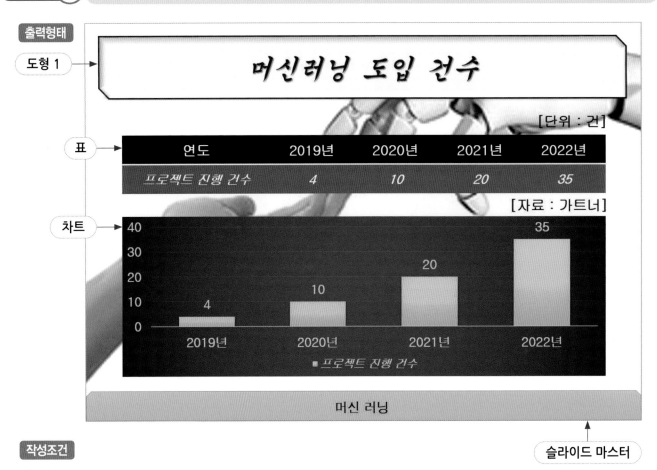

작성조건

(1) 제목

▶ 도형 1 ⇒ 사각형 : 대각선 방향의 모서리가 잘린 사각형, 도형 채우기('파랑, 강조 1, 80% 더 밝게'),

       도형 윤곽선(실선, 색 : 진한 파랑, 너비 : 2pt, 겹선 종류 : 단순형),

       도형 효과(그림자 – 원근감 대각선 오른쪽 위, 입체 효과 – 부드럽게 둥글리기),

       글꼴(궁서체, 36pt, 기울임꼴, 텍스트 그림자, 진한 파랑)

(2) 본문

▶ 텍스트 상자 1([단위 : 건]) ⇒ 글꼴(굴림, 20pt, 굵게)

▶ 표 ⇒ 표 스타일(어두운 스타일 1 – 강조 2), 가장 위의 행 : 글꼴(굴림, 20pt, 굵게, 텍스트 그림자, 가운데 맞춤),

     나머지 행 : 글꼴(굴림, 18pt, 굵게, 기울임꼴, 가운데 맞춤)

▶ 텍스트 상자 2([자료 : 가트너]) ⇒ 글꼴(굴림, 20pt, 굵게)

▶ 차트 ⇒ 세로 막대형 : 묶은 세로 막대형, 차트 스타일(색 변경 – '단색형 – 색 8', 스타일 9),

     축 서식/데이터 레이블 : 글꼴(굴림, 18pt, 굵게), 범례 서식 : 글꼴(굴림, 16pt, 굵게, 기울임꼴),

     데이터는 표 참고

▶ 배경 ⇒ 배경 서식(채우기 – 그림 또는 질감 채우기)에서 그림 2 삽입(현재 슬라이드만 적용)

▶ 애니메이션 지정 ⇒ 차트 : 나타내기 – 실선 무늬

▶ 지시사항이 없는 부분은 《 출력형태 》와 동일하게 작성하시오.

① 개체 작성

해당 개체 작성하기

문제지의 작성조건에서 애니메이션을 지정할
개체 작성

Tip

도형, 그림, 실행 단추, 표, 차트 등에 애니메이션을 지정하는
형태로 문제가 출제되고 있습니다.

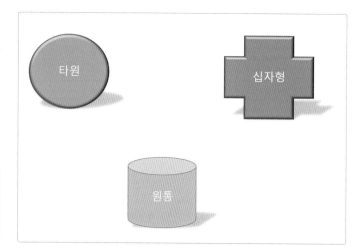

② 애니메이션 지정

▣ [사용자 지정 애니메이션] 작업창

❶ 애니메이션을 지정할 개체 선택
❷ [애니메이션] 탭-[애니메이션] 그룹-[추가
나타내기 효과] 클릭

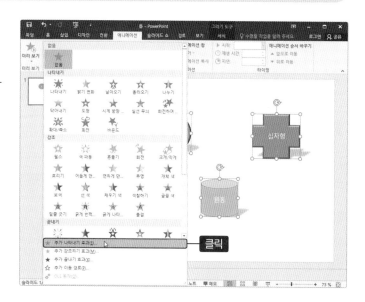

▣ 애니메이션 효과 적용

[나타내기 효과 변경]에서 작성조건에 맞는
애니메이션 적용

Tip

애니메이션 효과를 잘못 지정했을 때에는 Ctrl + Z 를 이용
하여 취소합니다.

슬라이드 **2**   아래의 작성조건 및 출력형태에 알맞게 두 번째 슬라이드에 작업하시오.   50점

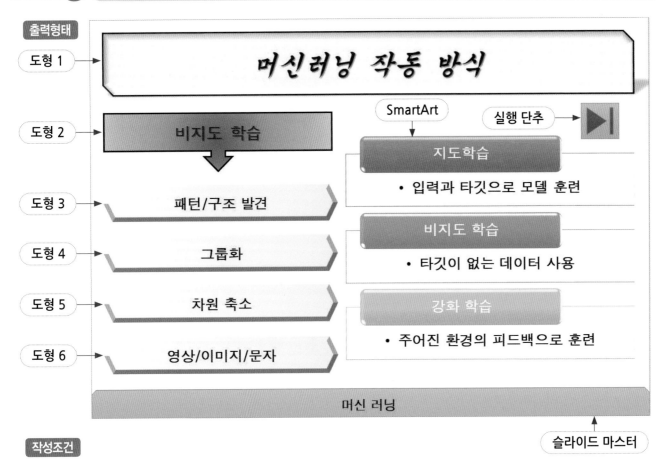

작성조건

(1) 제목

▶ 도형 1 ⇒ 사각형 : 대각선 방향의 모서리가 잘린 사각형, 도형 채우기('파랑, 강조 1, 80% 더 밝게'),

         도형 윤곽선(실선, 색 : 진한 파랑, 너비 : 2pt, 겹선 종류 : 단순형),

         도형 효과(그림자 – 원근감 대각선 오른쪽 위, 입체 효과 – 부드럽게 둥글리기),

         글꼴(궁서체, 36pt, 기울임꼴, 텍스트 그림자, 진한 파랑)

(2) 본문

▶ 도형 2 ⇒ 블록 화살표 : 아래쪽 화살표 설명선, 도형 채우기('황금색, 강조 4', 그라데이션 – 가운데에서),

         도형 윤곽선(실선, 색 : '검정, 텍스트 1', 너비 : 2pt, 겹선 종류 : 단순형),

         글꼴(돋움체, 22pt, 굵게, 텍스트 그림자, 자주)

▶ 도형 3~6 ⇒ 기본 도형 : 육각형, 도형 채우기(노랑, 그라데이션 – 선형 왼쪽), 선 없음,

         도형 효과(입체 효과 – 각지게), 글꼴(돋움, 20pt, 굵게, '검정, 텍스트 1')

▶ 실행 단추 ⇒ 실행 단추 : 끝, 하이퍼링크 : 마지막 슬라이드, 도형 스타일('미세 효과 – 파랑, 강조 1')

▶ SmartArt 삽입 ⇒ 목록형 : 세로 상자 목록형, 글꼴(돋움, 20pt, 굵게, 가운데 맞춤),

         SmartArt 스타일(색 변경 – '색 상형 – 강조색', 3차원 – 광택 처리),

         (반드시 SmartArt 기능을 이용하여 작성할 것)

▶ 애니메이션 지정 ⇒ SmartArt : 나타내기 – 나누기

▶ 지시사항이 없는 부분은 《 출력형태 》와 동일하게 작성하시오.

1 조건을 이용하여 다음과 같은 슬라이드를 완성해 보세요.

완성파일 : 기본08.pptx

작성조건
▶ 도형 1 ⇒ 기본 도형 : 십자형, 도형 채우기('주황, 강조 2, 25% 더 어둡게'),
도형 윤곽선(실선, 색 : 파랑, 너비 : 2pt, 겹선 종류 : 단순형),
도형 효과(입체 효과 - 리블렛), 글꼴(돋움, 36pt, 기울임꼴, 텍스트 그림자)
▶ 애니메이션 지정 ⇒ 도형 1 : 나타내기 - 닦아내기

Tip
[나타내기 효과 변경]에서 작성조건에 맞는 애니메이션 적용

도형 1

2 조건을 이용하여 다음과 같은 슬라이드를 완성해 보세요.

완성파일 : 기본08.pptx

작성조건
▶ 도형 1 ⇒ 순서도 : 카드, 도형 채우기(그라데이션 : 미리 설정 - '방사형 그라데이션 - 강조 4',
종류 - 방사형, 방향 - 오른쪽 아래 모서리에서), 도형 윤곽선(실선, 색 : 진한 파랑,
너비 : 2pt, 겹선 종류 : 단순형), 도형 효과(그림자 - 원근감 대각선 오른쪽 위),
글꼴(HY견고딕, 40pt, 기울임꼴, 텍스트 그림자, '검정, 텍스트 1', 텍스트 오른쪽 맞춤)
▶ 애니메이션 지정 ⇒ 도형 1 : 나타내기 - 바둑판 무늬

Tip
[나타내기 효과 변경]에서 작성조건에 맞는 애니메이션 적용

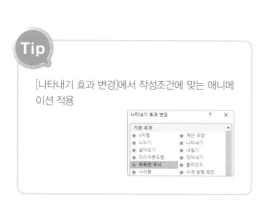

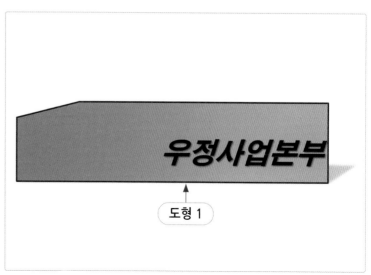

도형 1

유의사항
● 《작성조건》을 준수하여 반드시 프리젠테이션 슬라이드로 작업합니다.
● 글꼴 및 기타 사항에 대해 별도의 지시사항이 없는 경우, 슬라이드 크기와 전체적인 균형을 고려하여 임의로 작성하되, 도형은 그룹으로 설정하지 않습니다.
● 모든 슬라이드 크기(A4), 방향(가로), 디자인 테마(Office 테마)로 지정합니다.
  ▶ 슬라이드, 크기, 방향 조정 시 '맞춤 확인'으로 지정하여야 합니다.
● 공통적용사항(슬라이드 마스터)
  ▶ 도형 ⇒ 사각형 : 양쪽 모서리가 잘린 사각형, 도형 스타일('미세 효과 – 주황, 강조 2'), 글꼴(돋움, 18pt, 굵게)
● 그림 삽입 시 다운로드 한 그림 파일을 반드시 사용하여야 합니다.
● ⟶ 은 지시사항이므로 작성하지 않습니다.
● 슬라이드에 제시된 글자 및 숫자 오타는 감점처리 됩니다.

슬라이드 **1** **아래의 작성조건 및 출력형태에 알맞게 첫 번째 슬라이드에 작업하시오.** 30점

출력형태

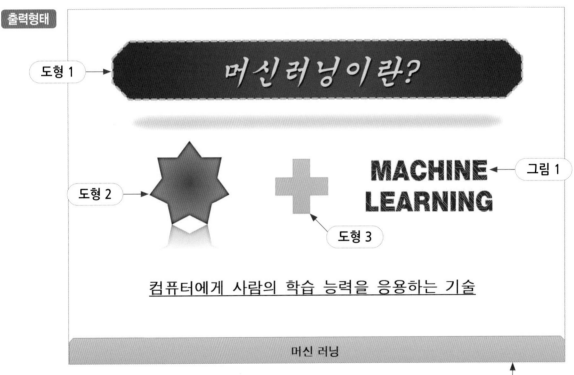

작성조건

▶ 도형 1 ⇒ 기본 도형 : 팔각형, 도형 채우기(그라데이션 : 미리 설정 – '방사형 그라데이션 – 강조 5', 종류 – 방사형, 방향 – 가운데에서), 도형 윤곽선(실선, 색 : 주황, 너비 : 3pt, 겹선 종류 : 단순형, 대시 종류 : 사각 점선), 도형 효과(그림자 – 원근감 – 아래쪽), 글꼴(궁서체, 48pt, 기울임꼴, 텍스트 그림자, 노랑)
▶ 도형 2 ⇒ 별 및 현수막 : 포인트가 7개인 별, 도형 채우기(연한 파랑, 그라데이션 – 가운데에서), 선 없음, 도형 효과(그림자 – 안쪽 가운데, 반사 – '근접 반사, 터치')
▶ 도형 3 ⇒ 수식 도형 : 덧셈 기호, 도형 스타일('미세 효과 – 주황, 강조 2')
▶ 그림 삽입 ⇒ 그림 1 삽입, 크기(높이 : 4cm, 너비 : 7cm)
▶ 텍스트 상자(컴퓨터에게 사람의 학습 능력을 응용하는 기술) ⇒ 글꼴(돋움체, 24pt, 굵게, 밑줄)
▶ 애니메이션 지정 ⇒ 그림 1 : 나타내기 – 도형
▶ 지시사항이 없는 부분은 《 출력형태 》와 동일하게 작성하시오.

③ 조건을 이용하여 다음과 같은 슬라이드를 완성해 보세요.

완성파일 : 기본08.pptx

작성조건

▶ 도형 1 ⇒ 기본 도형 : 빗면, 도형 채우기(그라데이션 : 미리 설정 – '가운데 그라데이션 – 강조 6', 종류 – 선형, 방향 – 선형 위쪽), 윤곽선(실선, 색 : '흰색, 배경 1', 너비 : 2pt, 겹선 종류 : 단순형), 글꼴(궁서, 40pt, 텍스트 그림자)

▶ 그림 삽입 ⇒ 그림 5 삽입, 크기(높이 : 8cm, 너비 : 10cm)

▶ 애니메이션 지정 ⇒ 그림 : 나타내기 – 실선 무늬

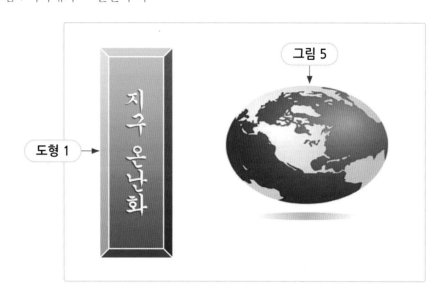

④ 조건을 이용하여 다음과 같은 슬라이드를 완성해 보세요.

완성파일 : 기본08.pptx

작성조건

▶ 도형 1 ⇒ 기본 도형 : 타원, 도형 채우기('주황, 강조 2, 40% 더 밝게'), 도형 윤곽선(실선, 색 : 빨강, 너비 : 1pt, 겹선 종류 : 단순형), 도형 효과(그림자 – 원근감 대각선 왼쪽 위), 글꼴(굴림, 72pt, 기울임꼴, 텍스트 그림자)

▶ 도형 2 ⇒ 기본 도형 : L 도형, 도형 채우기(연한 파랑, 그라데이션 – 가운데에서), 선 없음, 도형 효과(그림자 – 안쪽 대각선 오른쪽 아래, 반사 – '근접 반사, 터치')

▶ 텍스트 상자(한국정보통신진흥협회) ⇒ 글꼴(돋움, 40pt, 굵게, 기울임꼴, 밑줄)

▶ 애니메이션 지정 ⇒ 텍스트 상자 : 나타내기 – 나누기

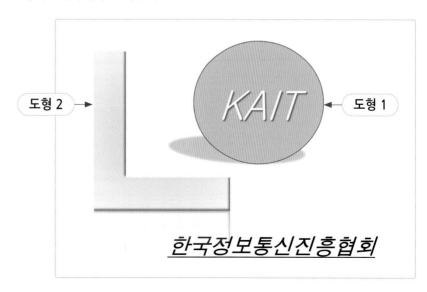

- 시험과목 : 프리젠테이션
- 시험일자 : 20XX. XX. XX(X)
- 응시자 기재사항 및 감독위원 확인

수 검 번 호	DIP - XXXX -	감독위원 확인
성 명		

응시자 유의사항

1. 응시자는 신분증을 지참하여야 시험에 응시할 수 있으며, 시험이 종료될 때까지 신분증을 제시하지 못 할 경우 해당 시험은 0점 처리됩니다.

2. 시스템(PC작동여부, 네트워크 상태 등)의 이상여부를 반드시 확인하여야 하며, 시스템 이상이 있을시 감독위원에게 조치를 받으셔야 합니다.

3. 시험 중 부주의 또는 고의로 시스템을 파손한 경우는 응시자 부담으로 합니다.

4. 답안 전송 프로그램을 통해 다운로드 받은 파일을 이용하여 답안파일을 작성하시기 바랍니다.

5. 작성한 답안 파일은 답안 전송 프로그램을 통하여 전송됩니다. 감독위원의 지시에 따라 주시기 바랍니다.

6. 다음사항의 경우 실격(0점) 혹은 부정행위 처리됩니다.

    1) 답안파일을 저장하지 않았거나, 저장한 파일이 손상되었을 경우
    2) 답안파일을 지정된 폴더(바탕화면 "KAIT" 폴더)에 저장하지 않았을 경우
        ※ 답안 전송 프로그램 로그인 시 바탕화면에 자동 생성됨
    3) 답안파일을 다른 보조 기억장치(USB) 혹은 네트워크(메신저, 게시판 등)로 전송할 경우
    4) 휴대용 전화기 등 통신기기를 사용할 경우

7. 슬라이드는 반드시 순서대로 작성해야 하며, 순서가 다를 경우 "0"점 처리 됩니다.

8. 시험지에 제시된 글꼴이 응시 프로그램에 없는 경우, 반드시 감독위원에게 해당 내용을 통보한 뒤 조치를 받아야 합니다.

9. 슬라이드 작성 시 도형의 그룹설정을 사용하는 경우, 채점에서 감점처리 됩니다.

10. 시험의 완료는 작성이 완료된 답안을 저장하고, 답안 전송이 완료된 상태를 확인한 것으로 합니다. 답안 전송 확인 후 문제지는 감독위원에게 제출한 후 퇴실하여야 합니다.

11. 답안전송이 완료된 경우에는 수정 또는 정정이 불가능합니다.

12. 시험시행 후 합격자 발표는 홈페이지(www.ihd.or.kr)에서 확인하시기 바랍니다.

    1) 문제 및 모범답안 공개 : 20XX. XX. XX(X)
    2) 합격자 발표 : 20XX. XX. XX(X)

식별CODE

프

Korea Association for ICT promotion
한국정보통신진흥협회 KAIT

1 학습한 기능을 이용하여 다음과 같은 슬라이드를 완성해 보세요. 완성파일 : 실전02-01.pptx

● 슬라이드 크기는 A4, 가로 방향으로 작성, ⬭━━▶ 은 지시사항이므로 작성하지 않음
　▶ 슬라이드, 크기, 방향 조정 시 '맞춤 확인'으로 지정하여야 합니다.
● 공통적용사항(슬라이드 마스터)
　▶ 도형 ⇒ 순서도 : 천공 테이프, 도형 스타일(강한 효과 – '파랑, 강조 1'),
　　　　　 글꼴(HY견고딕, 20pt, 기울임꼴, 밑줄, '검정, 텍스트 1')

출력형태

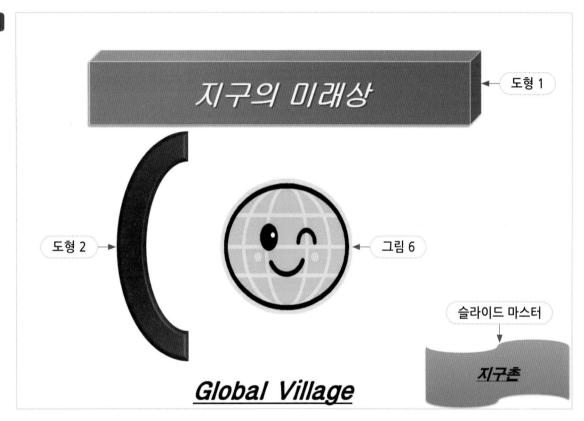

작성조건

▶ 도형 1 ⇒ 기본 도형 : 정육면체, 도형 채우기(그라데이션 : 미리 설정 – '방사형 그라데이션 – 강조 6',
　　　　　 종류 – 방사형, 방향 – 왼쪽 위 모서리에서), 도형 윤곽선(실선, 색 : 노랑, 너비 : 1pt, 겹선 종류 :
　　　　　 단순형), 도형 효과(그림자 – 바깥쪽 – 오프셋 대각선 왼쪽 아래),
　　　　　 글꼴(굴림, 40pt, 굵게, 기울임꼴, 텍스트 그림자)
▶ 도형 2 ⇒ 기본 도형 : 막힌 원호, 도형 채우기(자주, 그라데이션 – 가운데에서), 선 없음,
　　　　　 도형 효과(입체 효과 – 비스듬하게)
▶ 그림 삽입 ⇒ 그림 6 삽입, 크기(높이 : 7cm, 너비 : 7cm)
▶ 텍스트 상자(Global Village) ⇒ 글꼴(휴먼옛체, 36pt, 기울임꼴, 밑줄)
▶ 애니메이션 지정 ⇒ 도형 1 : 나타내기 – 실선 무늬
▶ 지시사항이 없는 부분은《출력형태》와 동일하게 작성하시오.

슬라이드 ④ 아래의 작성조건 및 출력형태에 알맞게 네 번째 슬라이드에 작업하시오.   60점

출력형태

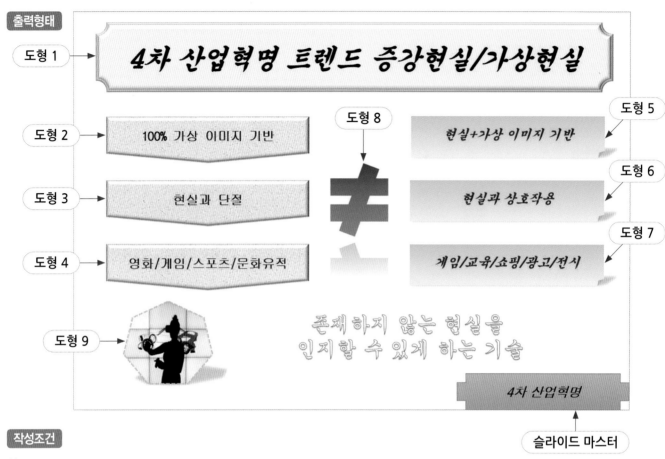

작성조건

(1) 제목

▶ 도형 1 ⇒ 기본 도형 : 배지, 도형 채우기('주황, 강조 2, 80% 더 밝게'),
　　　　　 도형 윤곽선(실선, 색 : 주황, 너비 : 3pt, 겹선 종류 : 단순형), 도형 효과(입체 효과 – 아트 데코),
　　　　　 글꼴(궁서, 36pt, 굵게, 기울임꼴, '검정, 텍스트 1')

(2) 본문

▶ 도형 2~4 ⇒ 순서도 : 다른 페이지 연결선, 도형 채우기(질감 : 재생지), 선 없음, 도형 효과(입체 효과 – 둥글게),
　　　　　 글꼴(굴림체, 18pt, 굵게, '검정, 텍스트 1')

▶ 도형 5~7 ⇒ 기본 도형 : 모서리가 접힌 도형, 도형 채우기(녹색, 그라데이션 – 선형 아래쪽), 선 없음,
　　　　　 도형 효과(그림자 – 원근감 대각선 오른쪽 위), 글꼴(궁서, 18pt, 굵게, 기울임꼴, 진한 빨강)

▶ 도형 8 ⇒ 수식 도형 : 부등호, 도형 채우기('파랑, 강조 1', 그라데이션 – 선형 아래쪽), 선 없음,
　　　　　 도형 효과(반사 – '1/2 반사, 8 pt 오프셋')

▶ 도형 9 ⇒ 기본 도형 : 칠각형, 도형 채우기(그림 또는 질감 채우기) 기능을 사용하여 그림 3 삽입,
　　　　　 도형 윤곽선(실선, 색 : 주황, 너비 : 2pt, 겹선 종류 : 단순형, 대시 종류 : 사각 점선),
　　　　　 도형 효과(그림자 – 원근감 대각선 오른쪽 위)

▶ WordArt 삽입(존재하지 않는 현실을 인지할 수 있게 하는 기술)
　　 ⇒ WordArt 스타일('채우기 – 흰색, 윤곽선 – 강조 1, 그림자'), 글꼴(궁서, 28pt, 텍스트 그림자)

▶ 지시사항이 없는 부분은 《 출력형태 》와 동일하게 작성하시오.

2 학습한 기능을 이용하여 다음과 같은 슬라이드를 완성해 보세요. 완성파일 : 실전02-02.pptx

- 슬라이드 크기는 A4, 가로 방향으로 작성, ⟨◯◯◯⟩━▶ 은 지시사항이므로 작성하지 않음
  - ▶ 슬라이드, 크기, 방향 조정 시 '맞춤 확인'으로 지정하여야 합니다.
- 공통적용사항(슬라이드 마스터)
  - ▶ 도형 ⇒ 블록 화살표 : 갈매기형 수장, 도형 스타일('미세 효과 – 주황, 강조 2'),
    글꼴(굴림, 18pt, 굵게, 기울임꼴, '검정, 텍스트 1')

출력형태

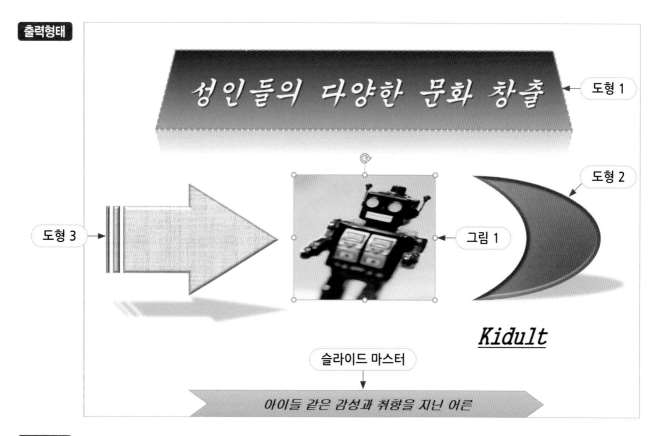

작성조건

- ▶ 도형 1 ⇒ 기본 도형 : 사다리꼴, 도형 채우기(그라데이션 : 미리 설정 – '가운데 그라데이션 – 강조 5',
    종류 – 선형, 방향 – 선형 아래쪽), 도형 윤곽선(실선, 색 : 녹색, 너비 : 2pt, 겹선 종류 : 단순형,
    대시 종류 : 사각 점선), 도형 효과(반사 – '근접 반사, 터치'),
    글꼴(궁서체, 40pt, 기울임꼴, 텍스트 그림자)
- ▶ 도형 2 ⇒ 기본 도형 : 달, 도형 채우기('주황, 강조 2', 그라데이션 – 왼쪽 위 모서리에서), 선 없음,
    도형 효과(그림자 – 원근감 대각선 오른쪽 위, 입체 효과 – 비스듬하게)
- ▶ 도형 3 ⇒ 블록 화살표 : 줄무늬가 있는 오른쪽 화살표, 도형 채우기(질감 : 파피루스), 선 없음,
    도형 효과(그림자 – 원근감 대각선 오른쪽 아래, 입체 효과 – 둥글게)
- ▶ 그림 삽입 ⇒ 그림 1 삽입, 크기(높이 : 6cm, 너비 : 7cm)
- ▶ 텍스트 상자(Kidult) ⇒ 글꼴(궁서체, 32pt, 기울임꼴, 밑줄)
- ▶ 애니메이션 지정 ⇒ 그림 1 : 나타내기 – 바둑판 무늬
- ▶ 지시사항이 없는 부분은 《출력형태》와 동일하게 작성하시오.

슬라이드 **3** 　아래의 작성조건 및 출력형태에 알맞게 세 번째 슬라이드에 작업하시오. 　60점

작성조건

(1) 제목
▶ 도형 1 ⇒ 기본 도형 : 배지, 도형 채우기('주황, 강조 2, 80% 더 밝게'),
　　　　　　도형 윤곽선(실선, 색 : 주황, 너비 : 3pt, 겹선 종류 : 단순형), 도형 효과(입체 효과 – 아트 데코),
　　　　　　글꼴(궁서, 36pt, 굵게, 기울임꼴, '검정 텍스트 1')

(2) 본문
▶ 텍스트 상자 1([단위 : 억 달러]) ⇒ 글꼴(궁서, 20pt, 굵게)
▶ 표 ⇒ 표 스타일(보통 스타일 2 – 강조 6), 가장 위의 행 : 글꼴(돋움, 20pt, 굵게, 텍스트 그림자, 가운데 맞춤),
　　나머지 행 : 글꼴(돋움, 18pt, 굵게, 기울임꼴, 가운데 맞춤)
▶ 텍스트 상자 2([출처 : 인터넷데이터센터]) ⇒ 글꼴(궁서, 20pt, 굵게)
▶ 차트 ⇒ 세로 막대형 : 묶은 세로 막대형, 차트 스타일(색 변경 – '색상형 – 색 3', 스타일 8),
　　축 서식/데이터 레이블 : 글꼴(돋움, 16pt, 굵게), 범례 서식 : 글꼴(돋움, 16pt, 굵게, 기울임꼴),
　　데이터는 표 참고
▶ 배경 ⇒ 배경 서식(채우기 – 그림 또는 질감 채우기)에서 그림 2 삽입(현재 슬라이드만 적용)
▶ 애니메이션 지정 ⇒ 차트 : 나타내기 – 나누기
▶ 지시사항이 없는 부분은 《 출력형태 》와 동일하게 작성하시오.

Chapter 09

SmartArt 삽입하기

>>> 핵심만 쏙쏙   ❶ SmartArt 삽입   ❷ SmartArt 디자인

시험에서는 목록형 이외에 다양한 형태의 SmartArt 그래픽(프로세스형, 주기형, 계층 구조형, 관계형 등)이 출제되고 있습니다.

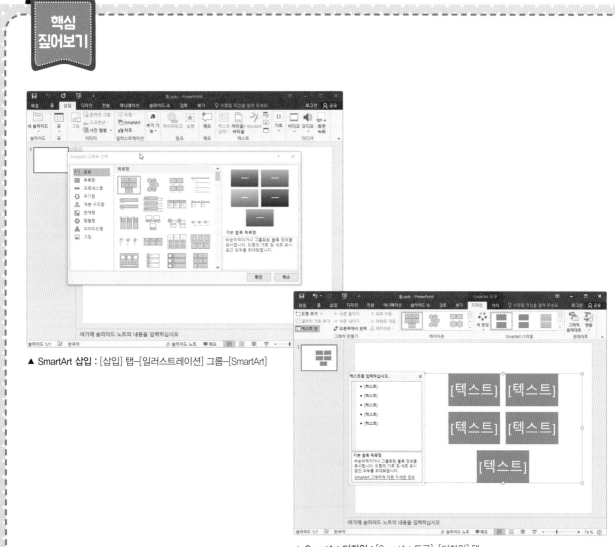

▲ SmartArt 삽입 : [삽입] 탭–[일러스트레이션] 그룹–[SmartArt]

▲ SmartArt 디자인 : [SmartArt 도구]–[디자인] 탭

클래스 업

• 시험에서는 [슬라이드 2] 작성시 〈작성조건〉으로 SmartArt를 삽입하는 문제가 출제되고 있습니다.

• SmartArt 삽입 후에는 [SmartArt 도구]–[디자인] 탭–[SmartArt 스타일] 그룹의 '자세히(⊽)' 단추를 클릭하고 조건에 해당하는 스타일을 지정합니다.

슬라이드 2   아래의 작성조건 및 출력형태에 알맞게 두 번째 슬라이드에 작업하시오.   50점

출력형태

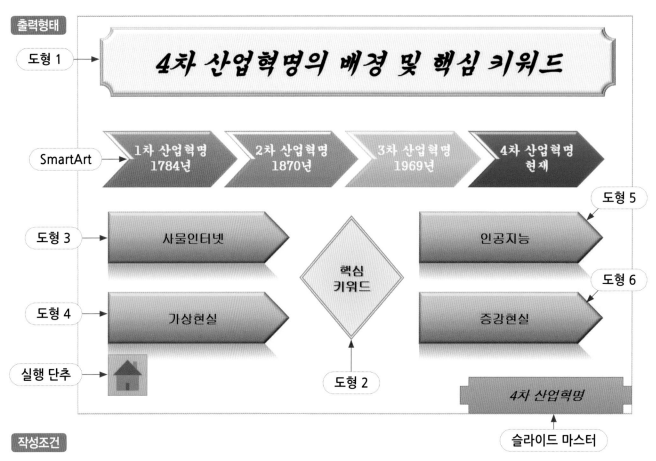

작성조건

(1) 제목

▶ 도형 1 ⇒ 기본 도형 : 배지, 도형 채우기('주황, 강조 2, 80% 더 밝게'),

　　　　도형 윤곽선(실선, 색 : 주황, 너비 : 3pt, 겹선 종류 : 단순형), 도형 효과(입체 효과 – 아트 데코),

　　　　글꼴(궁서, 36pt, 굵게, 기울임꼴, '검정, 텍스트 1')

(2) 본문

▶ 도형 2 ⇒ 기본 도형 : 다이아몬드, 도형 채우기(주황, 그라데이션 – 가운데에서),

　　　　도형 윤곽선(실선, 색 : '주황, 강조 2', 너비 : 4pt, 겹선 종류 : 이중),

　　　　글꼴(굴림, 18pt, 굵게, 텍스트 그림자, '검정, 텍스트 1')

▶ 도형 3~6 ⇒ 블록 화살표 : 오각형, 도형 채우기(주황, 그라데이션 – 선형 위쪽), 선 없음,

　　　　도형 효과(반사 – '근접 반사, 터치', 입체 효과 – 둥글게), 글꼴(굴림, 18pt, 굵게, '검정, 텍스트 1')

▶ 실행 단추 ⇒ 실행 단추 : 홈, 하이퍼링크 : 첫째 슬라이드, 도형 스타일('미세 효과 – 주황, 강조 2')

▶ SmartArt 삽입 ⇒ 프로세스형 : 기본 갈매기형 수장 프로세스형, 글꼴(궁서, 18pt, 굵게, 가운데 맞춤),

　　　　SmartArt 스타일(색 변경 – '색상형 – 강조색', 3차원 – 광택 처리),

　　　　(반드시 SmartArt 기능을 이용하여 작성할 것)

▶ 애니메이션 지정 ⇒ SmartArt : 나타내기 – 실선 무늬

▶ 지시사항이 없는 부분은《 출력형태 》와 동일하게 작성하시오.

① SmartArt 삽입

SmartArt 삽입하기

❶ [삽입] 탭-[일러스트레이션] 그룹-[SmartArt] 클릭
❷ [SmartArt 그래픽 선택] 대화상자에서 조건에 해당하는 그래픽 선택

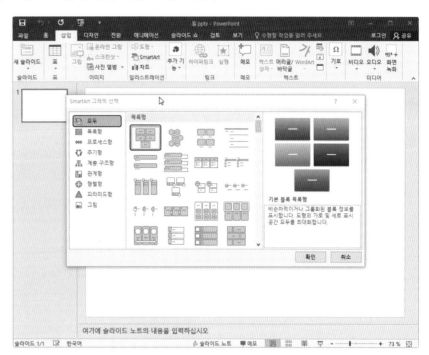

Tip

시험에서는 다양한 형태의 SmartArt 그래
픽(프로세스형, 주기형, 계층 구조형, 관계
형 등)이 출제되고 있습니다.

② SmartArt 디자인

SmartArt 디자인하기

[SmartArt 도구]-[디자인] 탭 이용

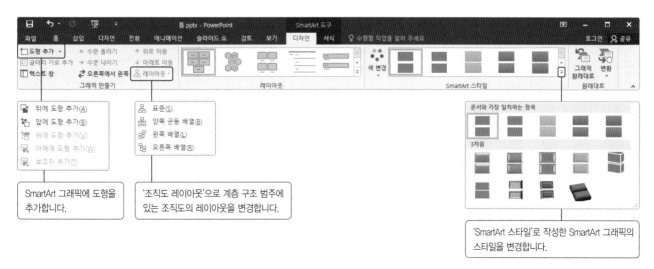

SmartArt 그래픽에 도형을
추가합니다.

'조직도 레이아웃'으로 계층 구조 범주에
있는 조직도의 레이아웃을 변경합니다.

'SmartArt 스타일'로 작성한 SmartArt 그래픽의
스타일을 변경합니다.

유의사항
- 《작성조건》을 준수하여 반드시 프리젠테이션 슬라이드로 작업합니다.
- 글꼴 및 기타 사항에 대해 별도의 지시사항이 없는 경우, 슬라이드 크기와 전체적인 균형을 고려하여 임의로 작성하되, 도형은 그룹으로 설정하지 않습니다.
- 모든 슬라이드 크기(A4), 방향(가로), 디자인 테마(Office 테마)로 지정합니다.
  ▶ 슬라이드, 크기, 방향 조정 시 '맞춤 확인'으로 지정하여야 합니다.
- 공통적용사항(슬라이드 마스터)
  ▶ 도형 ⇒ 기본 도형 : 십자형, 도형 스타일('미세 효과 – 파랑, 강조 5'), 글꼴(돋움, 18pt, 굵게, 기울임꼴)
- 그림 삽입 시 다운로드 한 그림 파일을 반드시 사용하여야 합니다.
- ⟶ 은 지시사항이므로 작성하지 않습니다.
- 슬라이드에 제시된 글자 및 숫자 오타는 감점처리 됩니다.

슬라이드 1 아래의 작성조건 및 출력형태에 알맞게 첫 번째 슬라이드에 작업하시오. 30점

출력형태

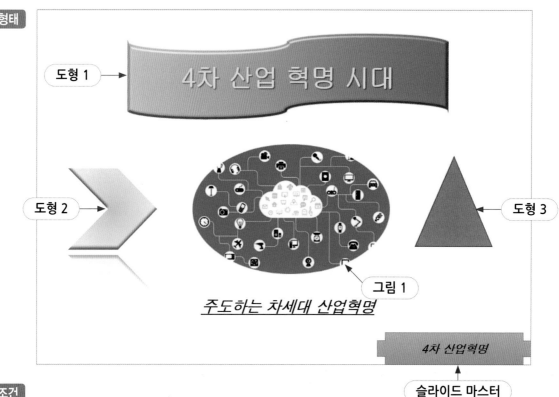

작성조건

▶ 도형 1 ⇒ 순서도 : 천공 테이프, 도형 채우기(그라데이션 : 미리 설정 – '가운데 그라데이션 – 강조 1', 종류 – 선형, 방향 – 선형 왼쪽), 도형 윤곽선(실선, 색 : 노랑, 너비 : 1pt, 겹선 종류 : 단순형), 도형 효과(입체 효과 – 비스듬하게), 글꼴(굴림, 40pt, 굵게, 텍스트 그림자, 노랑)

▶ 도형 2 ⇒ 블록 화살표 : 갈매기형 수장, 도형 채우기(연한 파랑, 그라데이션 – 가운데에서), 선 없음, 도형 효과(그림자 – 안쪽 아래쪽, 반사 – '1/2 반사, 8 pt 오프셋')

▶ 도형 3 ⇒ 기본 도형 : 이등변 삼각형, 도형 스타일('색 채우기– 주황, 강조 2')

▶ 그림 삽입 ⇒ 그림 1 삽입, 크기(높이 : 7cm, 너비 : 11cm)

▶ 텍스트 상자(주도하는 차세대 산업혁명) ⇒ 글꼴(돋움, 24pt, 굵게, 기울임꼴, 밑줄)

▶ 애니메이션 지정 ⇒ 도형 1 : 나타내기 – 올라오기

▶ 지시사항이 없는 부분은《 출력형태 》와 동일하게 작성하시오.

1 조건을 이용하여 다음과 같은 슬라이드를 완성해 보세요.   완성파일 : 기본09.pptx

작성조건 ▶ SmartArt 삽입 ⇒ 계층 구조형 : 조직도형, 글꼴(HY견고딕, 18pt, 가운데 맞춤),
SmartArt 스타일(색 변경 – '색상형 – 강조색', 3차원 – 만화),
(반드시 SmartArt 기능을 이용하여 작성할 것)

Tip

텍스트를 입력할 경우 [텍스트 창]을 이용하면 편리
합니다.

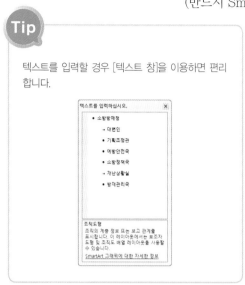

2 조건을 이용하여 다음과 같은 슬라이드를 완성해 보세요.   완성파일 : 기본09.pptx

작성조건 ▶ SmartArt 삽입 ⇒ 계층 구조형 : 조직도형, 글꼴(맑은 고딕, 20pt, 굵게, 가운데 맞춤),
SmartArt 스타일(색 변경 – '색상형 범위 – 강조색 3 또는 4', 3차원 – 경사),
(반드시 SmartArt 기능을 이용하여 작성할 것)

Tip

• 여러 도형 선택 : Shift + 클릭
• 전체 도형 선택 : Ctrl + A
[1세대], [2세대], [3세대], [4세대] 도형 선택 후
[SmartArt 도구]–[디자인] 탭–[그래픽 만들기] 그
룹–[레이아웃]에서 [표준]을 적용할 것

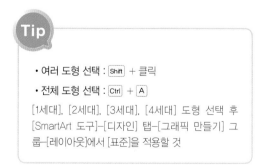

- 시험과목 : 프리젠테이션
- 시험일자 : 20XX. XX. XX(X)
- 응시자 기재사항 및 감독위원 확인

수 검 번 호	DIP - XXXX -	감독위원 확인
성 명		

응시자 유의사항

1. 응시자는 신분증을 지참하여야 시험에 응시할 수 있으며, 시험이 종료될 때까지 신분증을 제시하지 못 할 경우 해당 시험은 0점 처리됩니다.

2. 시스템(PC작동여부, 네트워크 상태 등)의 이상여부를 반드시 확인하여야 하며, 시스템 이상이 있을시 감독위원에게 조치를 받으셔야 합니다.

3. 시험 중 부주의 또는 고의로 시스템을 파손한 경우는 응시자 부담으로 합니다.

4. 답안 전송 프로그램을 통해 다운로드 받은 파일을 이용하여 답안파일을 작성하시기 바랍니다.

5. 작성한 답안 파일은 답안 전송 프로그램을 통하여 전송됩니다. 감독위원의 지시에 따라 주시기 바랍니다.

6. 다음사항의 경우 실격(0점) 혹은 부정행위 처리됩니다.

   1) 답안파일을 저장하지 않았거나, 저장한 파일이 손상되었을 경우
   2) 답안파일을 지정된 폴더(바탕화면 "KAIT" 폴더)에 저장하지 않았을 경우
      ※ 답안 전송 프로그램 로그인 시 바탕화면에 자동 생성됨
   3) 답안파일을 다른 보조 기억장치(USB) 혹은 네트워크(메신저, 게시판 등)로 전송할 경우
   4) 휴대용 전화기 등 통신기기를 사용할 경우

7. 슬라이드는 반드시 순서대로 작성해야 하며, 순서가 다를 경우 "0"점 처리 됩니다.

8. 시험지에 제시된 글꼴이 응시 프로그램에 없는 경우, 반드시 감독위원에게 해당 내용을 통보한 뒤 조치를 받아야 합니다.

9. 슬라이드 작성 시 도형의 그룹설정을 사용하는 경우, 채점에서 감점처리 됩니다.

10. 시험의 완료는 작성이 완료된 답안을 저장하고, 답안 전송이 완료된 상태를 확인한 것으로 합니다. 답안 전송 확인 후 문제지는 감독위원에게 제출한 후 퇴실하여야 합니다.

11. 답안전송이 완료된 경우에는 수정 또는 정정이 불가능합니다.

12. 시험시행 후 합격자 발표는 홈페이지(www.ihd.or.kr)에서 확인하시기 바랍니다.

   1) 문제 및 모범답안 공개 : 20XX. XX. XX(X)
   2) 합격자 발표 : 20XX. XX. XX(X)

식별CODE

프

Korea Association for ICT promotion
한국정보통신진흥협회 **KAIT**

3 조건을 이용하여 다음과 같은 슬라이드를 완성해 보세요.

완성파일 : 기본09.pptx

작성조건 ▶ SmartArt 삽입 ⇒ 계층 구조형 : 계층 구조형, 글꼴(굴림체, 20pt, 굵게, 기울임꼴 , 가운데 맞춤) , SmartArt 스타일(색 변경 – '색상형 범위 – 강조색 4 또는 5', 3차원 – 광택 처리), (반드시 SmartArt 기능을 이용하여 작성할 것)

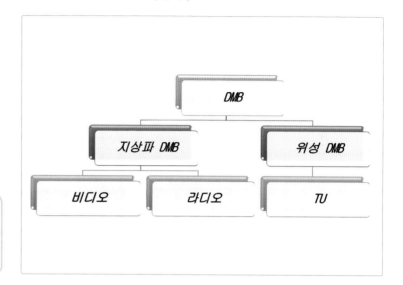

Tip

Ctrl + A 를 눌러 전체 도형 선택 후 마우스 드래그로 크기를 변경할 수 있습니다.

4 조건을 이용하여 다음과 같은 슬라이드를 완성해 보세요.

완성파일 : 기본09.pptx

작성조건 ▶ SmartArt 삽입 ⇒ 계층 구조형 : 가로 계층 구조형, 글꼴(궁서체, 18pt, 굵게, 기울임꼴, 가운데 맞춤), SmartArt 스타일(색 변경 – '색상형 범위 – 강조색 5 또는 6', 3차원 – 벽돌), (반드시 SmartArt 기능을 이용하여 작성할 것)

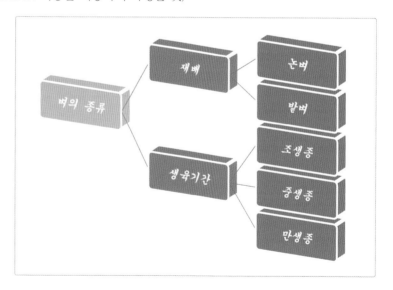

PART

03

최신기출유형

CONTENTS

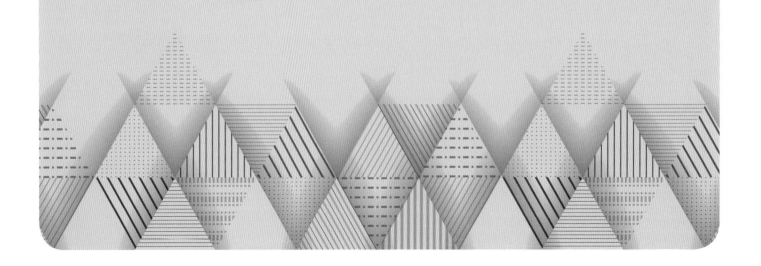

5 조건을 이용하여 다음과 같은 슬라이드를 완성해 보세요.

작성조건 ▶ SmartArt 삽입 ⇒ 주기형 : 분기 방사형, 글꼴(돋움체, 18pt, 굵게, 기울임꼴, 가운데 맞춤),
SmartArt 스타일(색 변경 – '색상형 – 강조색', 3차원 – 파우더),
(반드시 SmartArt 기능을 이용하여 작성할 것)

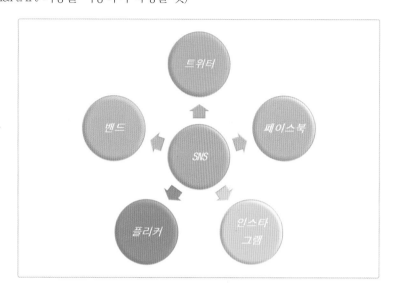

6 조건을 이용하여 다음과 같은 슬라이드를 완성해 보세요.

작성조건 ▶ SmartArt 삽입 ⇒ 프로세스형 : 연속 블록 프로세스형, 글꼴(휴먼옛체, 24pt, 가운데 맞춤),
SmartArt 스타일(색 변경 – '색상형 범위 – 강조색 4 또는 5', 3차원 – 금속),
(반드시 SmartArt 기능을 이용하여 작성할 것)

Tip
도형 안에서 텍스트 작성시 줄을 변경할 경우에는
Shift + Enter 를 이용합니다.

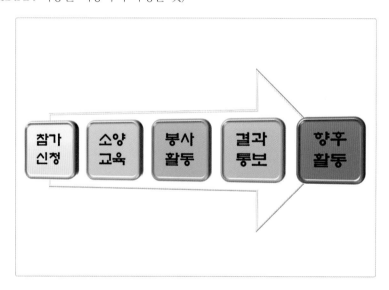

슬라이드 4 아래의 작성조건 및 출력형태에 알맞게 네 번째 슬라이드에 작업하시오.　　60점

출력형태

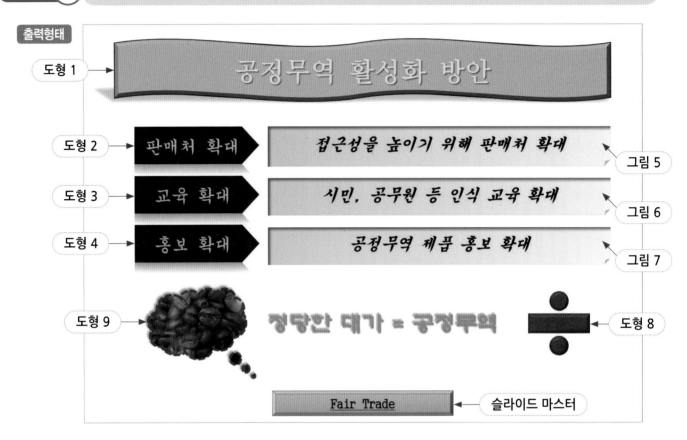

작성조건

(1) 제목

▶ 도형 1 ⇒ 별 및 현수막 : 이중 물결, 도형 채우기('파랑, 강조 5, 40% 더 밝게'),
　　　　　도형 윤곽선(실선, 색 : 진한 파랑, 너비 : 1pt, 겹선 종류 : 단순형),
　　　　　도형 효과(그림자 – 원근감 대각선 왼쪽 위, 입체 효과 – 각지게),
　　　　　글꼴(바탕체, 36pt, 굵게, 텍스트 그림자, 노랑)

(2) 본문

▶ 도형 2~4 ⇒ 블록 화살표 : 오각형, 도형 채우기(질감 : 자주 편물), 선 없음, 도형 효과(반사 – '근접 반사, 터치'),
　　　　　　글꼴(궁서체, 24pt, 텍스트 그림자, 주황)

▶ 도형 5~7 ⇒ 기본 도형 : 모서리가 접힌 도형, 도형 채우기(연한 파랑, 그라데이션 – 선형 오른쪽), 선 없음,
　　　　　　도형 효과(그림자 – 안쪽 대각선 왼쪽 위), 글꼴(궁서체, 22pt, 굵게, 기울임꼴, '검정, 텍스트 1')

▶ 도형 8 ⇒ 수식 도형 : 나눗셈 기호, 도형 채우기(빨강, 그라데이션 – 오른쪽 아래 모서리에서), 선 없음,
　　　　　도형 효과(입체 효과 – 둥글게)

▶ 도형 9 ⇒ 설명선 : 구름 모양 설명선, 도형 채우기(그림 또는 질감 채우기) 기능을 사용하여 그림 3 삽입,
　　　　　도형 윤곽선(실선, 색 : 빨강, 너비 : 3pt, 겹선 종류 : 단순형, 대시 종류 : 사각 점선),
　　　　　도형 효과(그림자 – 바깥쪽 – 오프셋 대각선 왼쪽 위)

▶ WordArt 삽입(정당한 대가 = 공정무역)
　⇒ WordArt 스타일('채우기 – 파랑, 강조 1, 그림자'), 글꼴(휴먼엣체, 30pt, 텍스트 그림자)

▶ 지시사항이 없는 부분은《 출력형태 》와 동일하게 작성하시오.

실행 단추 만들기

>>> **핵심만 쏙쏙** ❶ 실행 단추 삽입　❷ 하이퍼링크 지정

실행 단추를 작성한 후 하이퍼링크를 지정하는 문제가 출제되고 있습니다.

실행 단추를 작성하여 실행 설정과 채우기 색을 적용하는 방법도 함께 알아두도록 합니다.

핵심 짚어보기

▲ 실행 단추 : [삽입] 탭–[일러스트레이션] 그룹–[도형] 이용

▲ [실행 설정] 대화상자에서 하이퍼링크 지정

클래스 업

• [실행 단추] 삽입은 [삽입] 탭–[일러스트레이션] 그룹–[도형]에서 [실행 단추] 항목을 이용합니다.

• [실행 단추]를 삽입하면 자동으로 호출되는 [실행 설정] 대화상자에서 문제지에 제시된 하이퍼링크를 지정합니다.

슬라이드 **3**　아래의 작성조건 및 출력형태에 알맞게 세 번째 슬라이드에 작업하시오.　60점

출력형태

작성조건

(1) 제목

▶ 도형 1 ⇒ 별 및 현수막 : 이중 물결, 도형 채우기('파랑, 강조 5, 40% 더 밝게'),
　　　　　도형 윤곽선(실선, 색 : 진한 파랑, 너비 : 1pt, 겹선 종류 : 단순형),
　　　　　도형 효과(그림자 - 원근감 대각선 왼쪽 위, 입체 효과 - 각지게),
　　　　　글꼴(바탕체, 36pt, 굵게, 텍스트 그림자, 노랑)

(2) 본문

▶ 텍스트 상자 1([단위 : 억원]) ⇒ 글꼴(돋움, 18pt, 굵게, 기울임꼴)

▶ 표 ⇒ 표 스타일(보통 스타일 4 - 강조 2), 가장 위의 행 : 글꼴(궁서체, 20pt, 굵게, 텍스트 그림자, 가운데 맞춤),
　　　나머지 행 : 글꼴(바탕체, 18pt, 굵게, 기울임꼴, 가운데 맞춤)

▶ 텍스트 상자 2([출처 : 한국공정무역단체 협의회]) ⇒ 글꼴(돋움, 18pt, 굵게, 기울임꼴)

▶ 차트 ⇒ 가로 막대형 : 묶은 가로 막대형, 차트 스타일(색 변경 - '단색형 - 색 7', 스타일 8),
　　　축 서식/데이터 레이블 : 글꼴(돋움, 16pt, 굵게), 범례 서식 : 글꼴(돋움, 18pt, 굵게, 기울임꼴),
　　　데이터는 표 참고

▶ 배경 ⇒ 배경 서식(채우기 - 그림 또는 질감 채우기)에서 그림 2 삽입(현재 슬라이드만 적용)

▶ 애니메이션 지정 ⇒ 차트 : 나타내기 - 도형

▶ 지시사항이 없는 부분은 《 출력형태 》와 동일하게 작성하시오.

① 실행 단추 삽입

▣ 실행 단추 선택

[홈] 탭-[그리기] 그룹 또는 [삽입] 탭-[일러스트
레이션] 그룹-[도형]에서 해당하는 도형 작성

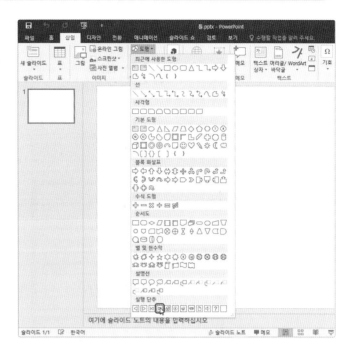

▣ 슬라이드에 실행 단추 작성

마우스 드래그를 이용해 시험에서 제시된 위치에 실행 단추를 작성

② 하이퍼링크 지정

하이퍼링크 지정/도형 서식 변경

❶ [실행 설정] 대화상자에서 조건에 해당하는 하이퍼링크 지정
❷ [그리기 도구]-[서식] 탭-[도형 스타일] 그룹을 이용하여 작성
한 실행 단추의 서식 변경

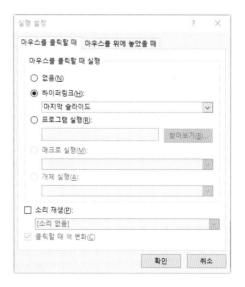

슬라이드 2 아래의 작성조건 및 출력형태에 알맞게 두 번째 슬라이드에 작업하시오.   50점

출력형태

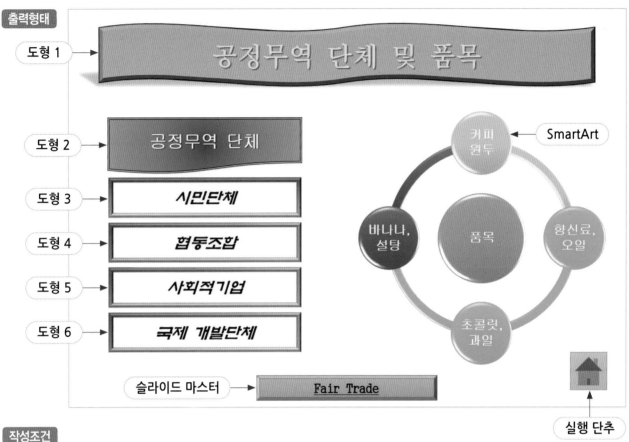

작성조건

(1) 제목

▶ 도형 1 ⇒ 별 및 현수막 : 이중 물결, 도형 채우기('파랑, 강조 5, 40% 더 밝게'),
              도형 윤곽선(실선, 색 : 진한 파랑, 너비 : 1pt, 겹선 종류 : 단순형),
              도형 효과(그림자 – 원근감 대각선 왼쪽 위, 입체 효과 – 각지게),
              글꼴(바탕체, 36pt, 굵게, 텍스트 그림자, 노랑)

(2) 본문

▶ 도형 2 ⇒ 순서도 : 문서, 도형 채우기(연한 파랑, 그라데이션 – 가운데에서),
              도형 윤곽선(실선, 색 : 자주, 너비 : 3pt, 겹선 종류 : 이중), 글꼴(굴림체, 24pt, 굵게, 텍스트 그림자)

▶ 도형 3~6 ⇒ 기본 도형 : 액자, 도형 채우기(주황, 그라데이션 – 선형 아래쪽), 선 없음,
              도형 효과(입체 효과 – 낮은 수준의 경사), 글꼴(휴먼옛체, 22pt, 기울임꼴, 진한 파랑)

▶ 실행 단추 ⇒ 실행 단추 : 홈, 하이퍼링크 : 첫째 슬라이드, 도형 스타일('미세 효과 – 녹색, 강조 6')

▶ SmartArt 삽입 ⇒ 주기형 : 방사 주기형, 글꼴(굴림, 18pt, 굵게, 가운데 맞춤),
                SmartArt 스타일(색 변경 – '색상형 범위– 강조색 4 또는 5', 3차원 – 광택 처리),
                (반드시 SmartArt 기능을 이용하여 작성할 것)

▶ 애니메이션 지정 ⇒ SmartArt : 나타내기 – 바운드

▶ 지시사항이 없는 부분은《 출력형태 》와 동일하게 작성하시오.

1 조건을 이용하여 다음과 같은 슬라이드를 완성해 보세요.

완성파일 : 기본10.pptx

작성조건
▶ 도형 1~3 ⇒ 기본 도형 : 육각형, 도형 채우기(파랑, 그라데이션 – 선형 위쪽), 선 없음, 도형 효과(입체 효과 – 디벗), 글꼴(돋움체, 24pt, 기울임꼴)
▶ 실행 단추 ⇒ 실행 단추 : 홈, 하이퍼링크 : 첫째 슬라이드, 도형 채우기('미세 효과 – 파랑, 강조 5')

2 조건을 이용하여 다음과 같은 슬라이드를 완성해 보세요.

완성파일 : 기본10.pptx

작성조건
▶ 도형 1~3 ⇒ 블록 화살표 : 왼쪽/오른쪽 화살표, 도형 채우기(녹색, 그라데이션 – 왼쪽 아래 모서리에서), 선 없음, 도형 효과(그림자 – 안쪽 위쪽), 글꼴(맑은 고딕, 24pt, 텍스트 그림자)
▶ 실행 단추 ⇒ 실행 단추 : 앞으로 또는 다음, 하이퍼링크 : 다음 슬라이드, 도형 채우기('강한 효과 – 주황, 강조 2')

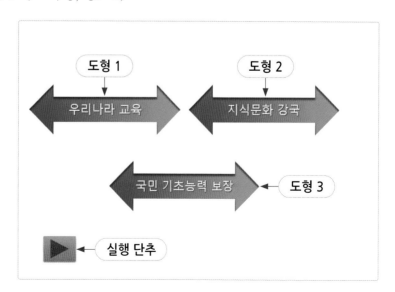

유의사항
● 《작성조건》을 준수하여 반드시 프리젠테이션 슬라이드로 작업합니다.
● 글꼴 및 기타 사항에 대해 별도의 지시사항이 없는 경우, 슬라이드 크기와 전체적인 균형을 고려하여 임의로 작성하되, 도형은 그룹으로 설정하지 않습니다.
● 모든 슬라이드 크기(A4), 방향(가로), 디자인 테마(Office 테마)로 지정합니다.
　▶ 슬라이드, 크기, 방향 조정 시 '맞춤 확인'으로 지정하여야 합니다.
● 공통적용사항(슬라이드 마스터)
　▶ 도형 ⇒ 기본 도형 : 빗면, 도형 스타일('미세 효과 – 파랑, 강조 5'), 글꼴(궁서체, 18pt, 밑줄)
● 그림 삽입 시 다운로드 한 그림 파일을 반드시 사용하여야 합니다.
● ⬭⟶ 은 지시사항이므로 작성하지 않습니다.
● 슬라이드에 제시된 글자 및 숫자 오타는 감점처리 됩니다.

슬라이드 1 **아래의 작성조건 및 출력형태에 알맞게 첫 번째 슬라이드에 작업하시오.**   30점

출력형태

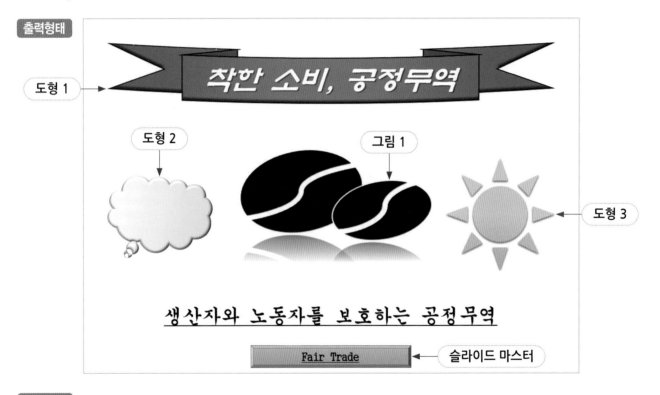

작성조건

▶ 도형 1 ⇒ 별 및 현수막 : 아래로 구부러진 리본, 도형 채우기(그라데이션 : 미리 설정 – '방사형 그라데이션 – 강조 1', 종류 – 방사형, 방향 – 가운데에서), 도형 윤곽선(실선, 색 : '검정, 텍스트 1', 너비 : 1pt, 겹선 종류 : 단순형), 도형 효과(그림자 – 안쪽 아래쪽), 글꼴(휴먼옛체, 44pt, 기울임꼴, 텍스트 그림자)
▶ 도형 2 ⇒ 설명선 : 구름 모양 설명선, 도형 채우기(연한 파랑, 그라데이션 – 선형 왼쪽), 선 없음, 도형 효과(그림자 – 안쪽 오른쪽, 입체 효과 – 둥글게)
▶ 도형 3 ⇒ 기본 도형 : 해 , 도형 스타일('강한 효과 – 황금색, 강조 4')
▶ 그림 삽입 ⇒ 그림 1 삽입, 크기(높이 : 7cm, 너비 : 12cm)
▶ 텍스트 상자(생산자와 노동자를 보호하는 공정무역) ⇒ 글꼴(궁서체, 30pt, 밑줄)
▶ 애니메이션 지정 ⇒ 도형 1 : 나타내기 – 올라오기
▶ 지시사항이 없는 부분은《 출력형태 》와 동일하게 작성하시오.

3 조건을 이용하여 다음과 같은 슬라이드를 완성해 보세요.

완성파일 : 기본10.pptx

작성조건

▶ 도형 1~3 ⇒ 기본 도형 : 눈물 방울, 도형 채우기(주황, 그라데이션 – 선형 오른쪽),
　　　　　　　　글꼴(궁서, 24pt, 기울임꼴, 텍스트 그림자)
▶ 실행 단추 ⇒ 실행 단추 : 뒤로 또는 이전, 하이퍼링크 : 이전 슬라이드,
　　　　　　　도형 채우기('미세 효과 – 녹색, 강조 6')
▶ 애니메이션 지정 ⇒ 실행 단추 : 나타내기 – 시계 방향 회전

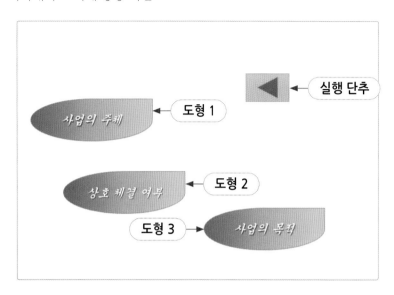

4 조건을 이용하여 다음과 같은 슬라이드를 완성해 보세요.

완성파일 : 기본10.pptx

작성조건

▶ SmartArt 삽입 ⇒ 계층 구조형 : 조직도형, 글꼴(궁서, 22pt, 굵게, 가운데 맞춤),
　　　　　　　　SmartArt 스타일(색 변경 – '색상형 범위 – 강조색 3 또는 4', 3차원 – 광택 처리),
　　　　　　　　(반드시 SmartArt 기능을 이용하여 작성할 것)
▶ 실행 단추 ⇒ 실행 단추 : 홈, 하이퍼링크 : 첫째 슬라이드, 도형 채우기('보통 효과 – 파랑, 강조 5')

Tip

레이아웃 변경

[국세] 또는 [지방세] 단추 선택 후 [디자인] 탭–[그래
픽 만들기] 그룹–[레이아웃]에서 [표준] 선택

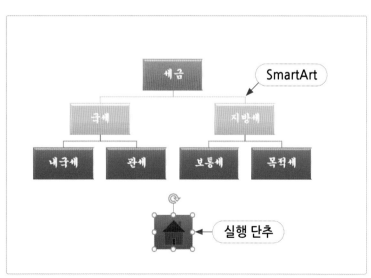

- 시험과목 : 프리젠테이션
- 시험일자 : 20XX. XX. XX(X)
- 응시자 기재사항 및 감독위원 확인

수 검 번 호	DIP – XXXX –	감독위원 확인
성 명		

응시자 유의사항

1. 응시자는 신분증을 지참하여야 시험에 응시할 수 있으며, 시험이 종료될 때까지 신분증을 제시하지 못 할 경우 해당 시험은 0점 처리됩니다.
2. 시스템(PC작동여부, 네트워크 상태 등)의 이상여부를 반드시 확인하여야 하며, 시스템 이상이 있을시 감독위원에게 조치를 받으셔야 합니다.
3. 시험 중 부주의 또는 고의로 시스템을 파손한 경우는 응시자 부담으로 합니다.
4. 답안 전송 프로그램을 통해 다운로드 받은 파일을 이용하여 답안파일을 작성하시기 바랍니다.
5. 작성한 답안 파일은 답안 전송 프로그램을 통하여 전송됩니다. 감독위원의 지시에 따라 주시기 바랍니다.
6. 다음사항의 경우 실격(0점) 혹은 부정행위 처리됩니다.
   1) 답안파일을 저장하지 않았거나, 저장한 파일이 손상되었을 경우
   2) 답안파일을 지정된 폴더(바탕화면 "KAIT" 폴더)에 저장하지 않았을 경우
      ※ 답안 전송 프로그램 로그인 시 바탕화면에 자동 생성됨
   3) 답안파일을 다른 보조 기억장치(USB) 혹은 네트워크(메신저, 게시판 등)로 전송할 경우
   4) 휴대용 전화기 등 통신기기를 사용할 경우
7. 슬라이드는 반드시 순서대로 작성해야 하며, 순서가 다를 경우 "0"점 처리 됩니다.
8. 시험지에 제시된 글꼴이 응시 프로그램에 없는 경우, 반드시 감독위원에게 해당 내용을 통보한 뒤 조치를 받아야 합니다.
9. 슬라이드 작성 시 도형의 그룹설정을 사용하는 경우, 채점에서 감점처리 됩니다.
10. 시험의 완료는 작성이 완료된 답안을 저장하고. 답안 전송이 완료된 상태를 확인한 것으로 합니다. 답안 전송 확인 후 문제지는 감독위원에게 제출한 후 퇴실하여야 합니다.
11. 답안전송이 완료된 경우에는 수정 또는 정정이 불가능합니다.
12. 시험시행 후 합격자 발표는 홈페이지(www.ihd.or.kr)에서 확인하시기 바랍니다.
    1) 문제 및 모범답안 공개 : 20XX. XX. XX(X)
    2) 합격자 발표 : 20XX. XX. XX(X)

식별CODE

프

Korea Association for ICT promotion
한국정보통신진흥협회 KAIT

1 학습한 기능을 이용하여 다음과 같은 슬라이드를 완성해 보세요. 완성파일 : 실전03-01.pptx

● 슬라이드 크기는 A4, 가로 방향으로 작성, ⟨⎯⎯⟩➔ 은 지시사항이므로 작성하지 않음
▶ 슬라이드, 크기, 방향 조정 시 '맞춤 확인'으로 지정하여야 합니다.

출력형태

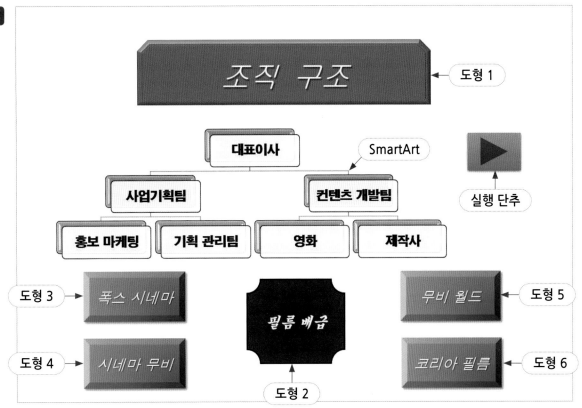

작성조건

(1) 제목
▶ 도형 1 ⇒ 사각형 : 양쪽 모서리가 잘린 사각형, 도형 채우기('녹색, 강조 6, 25% 더 어둡게'),
    도형 윤곽선(실선, 색 : 녹색, 너비 : 3pt, 겹선 종류 : 단순형)
    도형 효과(입체 효과 – 리블렛), 글꼴(굴림체, 40pt, 기울임꼴, 텍스트 그림자)

(2) 본문
▶ 도형 2 ⇒ 기본 도형 : 배지, 도형 채우기(자주, 그라데이션 – 가운데에서), 도형 윤곽선(실선, 색 : '검정, 텍스트 1',
    너비 : 2pt, 겹선 종류 : 단순형), 글꼴(궁서, 20pt, 굵게, 기울임꼴)
▶ 도형 3~6 ⇒ 기본 도형 : 빗면, 도형 채우기(연한 파랑, 그라데이션 – 오른쪽 아래 모서리에서), 선 없음,
    도형 효과(그림자 – 바깥쪽 – 오프셋 대각선 오른쪽 아래), 글꼴(돋움, 20pt, 기울임꼴, 텍스트 그림자)
▶ 실행 단추 ⇒ 실행 단추 : 앞으로 또는 다음, 하이퍼링크 : 다음 슬라이드, 도형 스타일('강한 효과, 파랑, 강조 1')
▶ SmartArt 삽입 ⇒ 계층 구조형 : 계층 구조형, 글꼴(HY견고딕, 17pt, 굵게, 가운데 맞춤), SmartArt 스타일(색
    변경 – '색상형 – 강조색', 3차원 – 만화), (반드시 SmartArt 기능을 이용하여 작성할 것)
▶ 애니메이션 지정 ⇒ SmartArt : 나타내기 – 실선 무늬
▶ 지시사항이 없는 부분은《출력형태》와 동일하게 작성하시오.

슬라이드 4 아래의 작성조건 및 출력형태에 알맞게 네 번째 슬라이드에 작업하시오. 60점

출력형태

작성조건

(1) 제목

▶ 도형 1 ⇒ 기본 도형 : 팔각형, 도형 채우기('녹색, 강조 6, 40% 더 밝게'),
　　　　　 도형 윤곽선(실선, 색 : 녹색, 너비 : 3pt, 겹선 종류 : 단순형),
　　　　　 도형 효과(그림자 – 바깥쪽 – 오프셋 대각선 오른쪽 아래, 입체 효과 – 둥글게),
　　　　　 글꼴(궁서체, 44pt, 굵게, 녹색)

(2) 본문

▶ 도형 2~4 ⇒ 블록 화살표 : 오각형, 도형 채우기(질감 : 재생지), 선 없음,
　　　　　　 도형 효과(입체 효과 – 부드럽게 둥글리기), 글꼴(돋움, 20pt, 굵게, '검정, 텍스트 1')

▶ 도형 5~7 ⇒ 기본 도형 : 빗면, 도형 채우기(파랑, 그라데이션 – 가운데에서), 선 없음,
　　　　　　 도형 효과(그림자 – 바깥쪽 – 오프셋 아래쪽), 글꼴(굴림, 22pt, 굵게, 기울임꼴, 텍스트 그림자)

▶ 도형 8 ⇒ 기본 도형 : 하트, 도형 채우기(연한 녹색, 그라데이션 – 선형 왼쪽), 선 없음,
　　　　　 도형 효과(네온 – '파랑, 5 pt 네온, 강조색 1')

▶ 도형 9 ⇒ 블록 화살표 : 아래쪽 화살표, 도형 채우기(그림 또는 질감 채우기) 기능을 사용하여 그림 3 삽입,
　　　　　 도형 윤곽선(실선, 색 : 빨강, 너비 : 2pt, 겹선 종류 : 단순형, 대시 종류 : 파선),
　　　　　 도형 효과(그림자 – 바깥쪽 – 오프셋 오른쪽)

▶ WordArt 삽입(운동과 식이요법으로 건강하게)
　　⇒ WordArt 스타일('그라데이션 채우기 – 황금색, 강조 4, 윤곽선 – 강조 4'), 글꼴(궁서체, 30pt, 굵게)

▶ 지시사항이 없는 부분은 《 출력형태 》와 동일하게 작성하시오.

● 슬라이드 크기는 A4, 가로 방향으로 작성, ⟨　⟩➔ 은 지시사항이므로 작성하지 않음
　　▶ 슬라이드, 크기, 방향 조정 시 '맞춤 확인'으로 지정하여야 합니다.

출력형태

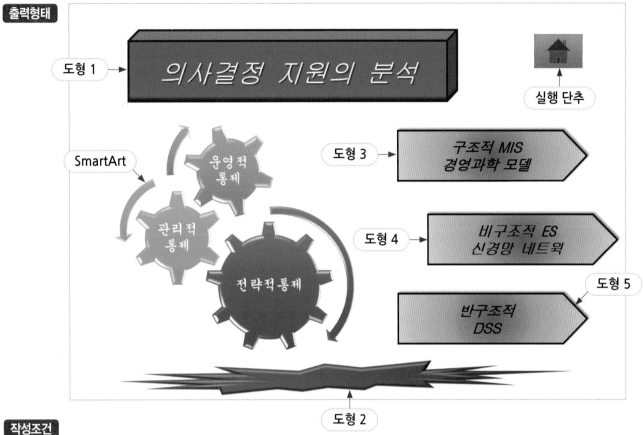

작성조건

(1) 제목
▶ 도형 1 ⇒ 기본 도형 : 정육면체, 도형 채우기('파랑, 강조 1, 25% 더 어둡게'),
　　　　　　도형 윤곽선(실선, 색 : 진한 파랑, 너비 : 3pt, 겹선 종류 : 단순형)
　　　　　　도형 효과(그림자 – 안쪽 아래쪽), 글꼴(굴림체, 36pt, 기울임꼴, 텍스트 그림자)

(2) 본문
▶ 도형 2 ⇒ 별 및 현수막 : 폭발 2, 도형 채우기(파랑, 그라데이션 – 선형 왼쪽), 선 없음
　　　　　　도형 효과(입체 효과 – 둥글게)
▶ 도형 3~5 ⇒ 블록 화살표 : 오각형, 도형 채우기(주황, 그라데이션 – 가운데에서),
　　　　　　도형 윤곽선(실선, 색 : '검정, 텍스트 1', 너비 : 2pt, 겹선 종류 : 단순형),
　　　　　　도형 효과(그림자 – 바깥쪽 – 오프셋 대각선 오른쪽 위),
　　　　　　글꼴(돋움, 20pt, 굵게, 기울임꼴, '검정, 텍스트 1')
▶ 실행 단추 ⇒ 실행 단추 : 홈, 하이퍼링크 : 첫째 슬라이드, 도형 스타일('보통 효과 – 주황, 강조 2'),
▶ SmartArt 삽입 ⇒ 주기형 : 톱니 바퀴형, 글꼴(궁서, 19pt, 가운데 맞춤),
　　　　　　SmartArt 스타일(색 변경 – '색상형 범위 – 강조색 5 또는 6', 3차원 – 광택 처리),
　　　　　　(반드시 SmartArt 기능을 이용하여 작성할 것)
▶ 애니메이션 지정 ⇒ SmartArt : 나타내기 – 바둑판 무늬
▶ 지시사항이 없는 부분은 《출력형태》와 동일하게 작성하시오.

슬라이드 ③ 아래의 작성조건 및 출력형태에 알맞게 세 번째 슬라이드에 작업하시오. 60점

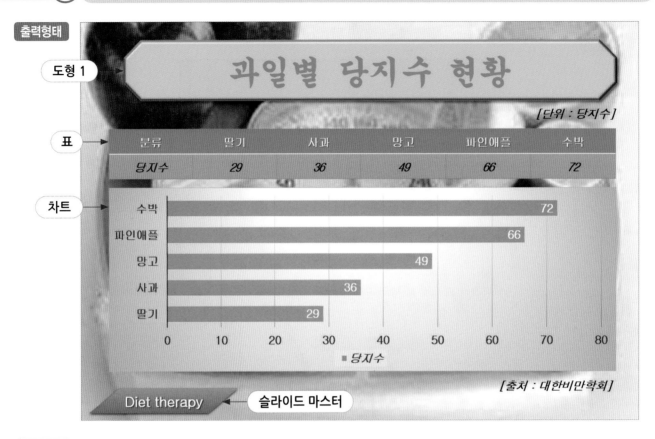

작성조건

(1) 제목

▶ 도형 1 ⇒ 기본 도형 : 팔각형, 도형 채우기('녹색, 강조 6, 40% 더 밝게'),
　　　　도형 윤곽선(실선, 색 : 녹색, 너비 : 3pt, 겹선 종류 : 단순형),
　　　　도형 효과(그림자 – 바깥쪽 – 오프셋 대각선 오른쪽 아래, 입체 효과 – 둥글게),
　　　　글꼴(궁서체, 44pt, 굵게, 녹색)

(2) 본문

▶ 텍스트 상자 1([단위 : 당지수]) ⇒ 글꼴(돋움, 16pt, 굵게, 기울임꼴)

▶ 표 ⇒ 표 스타일(테마 스타일 1 – 강조 1), 가장 위의 행 : 글꼴(굴림체, 16pt, 굵게, 텍스트 그림자, 가운데 맞춤),
　　나머지 행 : 글꼴(굴림체, 16pt, 굵게, 기울임꼴, 가운데 맞춤)

▶ 텍스트 상자 2([출처 : 대한비만학회]) ⇒ 글꼴(돋움, 16pt, 굵게, 기울임꼴)

▶ 차트 ⇒ 가로 막대형 : 묶은 가로 막대형, 차트 스타일(색 변경 – '색상형 – 색 3', 스타일 3),
　　축 서식/데이터 레이블 : 글꼴(굴림, 16pt, 굵게), 범례 서식 : 글꼴(굴림, 16pt, 굵게, 기울임꼴),
　　데이터는 표 참고

▶ 배경 ⇒ 배경 서식(채우기 – 그림 또는 질감 채우기)에서 그림 2 삽입(현재 슬라이드만 적용)

▶ 애니메이션 지정 ⇒ 차트 : 나타내기 – 밝기 변화

▶ 지시사항이 없는 부분은《 출력형태 》와 동일하게 작성하시오.

Chapter 11

표 만들기

>>> 핵심만 쏙쏙   ❶ 표 삽입   ❷ 표 도구

[슬라이드 3]을 작성할 때 표를 이용해야 하며, 표를 삽입한 후 표 스타일과 글꼴을 지정하는 형태로 출제되고 있습니다.

핵심 짚어보기

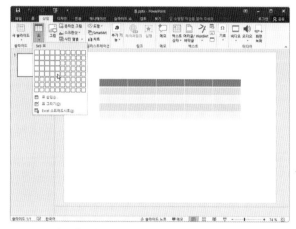

▲ 표 삽입 : [삽입] 탭–[표] 그룹–[표]

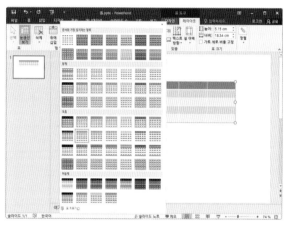

▲ 표 스타일 : [표 도구]–[디자인] 탭–[표 스타일] 그룹 이용

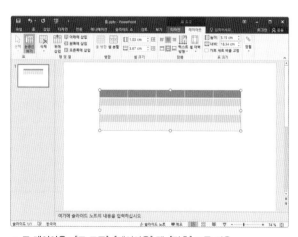

▲ 표 레이아웃 : [표 도구]–[레이아웃] 탭–[맞춤] 그룹 이용

클래스 업

• 표 스타일 : [표 도구]–[디자인] 탭–[표 스타일] 그룹에서 '자세히(▼)' 단추를 클릭한 후 표 스타일을 지정합니다.

• 표 레이아웃 : [표 도구]–[레이아웃] 탭–[맞춤] 그룹에서 '가운데 맞춤(▤)'과 '세로 가운데 맞춤(▤)'을 지정합니다.

슬라이드 2 아래의 작성조건 및 출력형태에 알맞게 두 번째 슬라이드에 작업하시오. 50점

출력형태

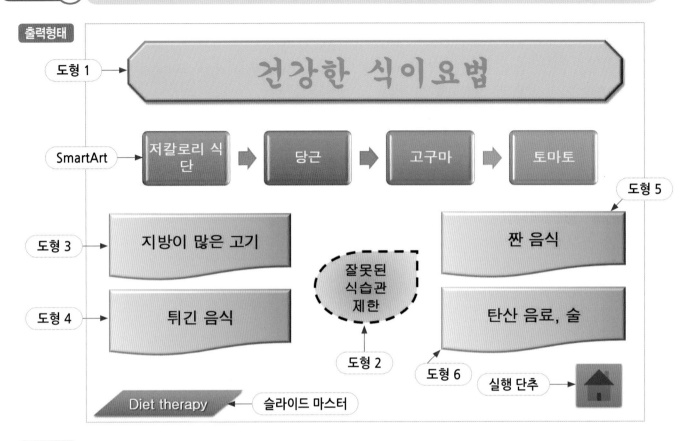

작성조건

(1) 제목

▶ 도형 1 ⇒ 기본 도형 : 팔각형, 도형 채우기('녹색, 강조 6, 40% 더 밝게'),

　　　　　도형 윤곽선(실선, 색 : 녹색, 너비 : 3pt, 겹선 종류 : 단순형),

　　　　　도형 효과(그림자 - 바깥쪽 - 오프셋 대각선 오른쪽 아래, 입체 효과 - 둥글게),

　　　　　글꼴(궁서체, 44pt, 굵게, 녹색)

(2) 본문

▶ 도형 2 ⇒ 기본 도형 : 눈물 방울, 도형 채우기(파랑, 그라데이션 - 가운데에서),

　　　　　도형 윤곽선(실선, 색 : '검정, 텍스트 1', 너비 : 3pt, 겹선 종류 : 단순형, 대시 종류 : 파선),

　　　　　글꼴(굴림체, 20pt, 굵게, '검정, 텍스트 1')

▶ 도형 3~6 ⇒ 순서도 : 문서, 도형 채우기(빨강, 그라데이션 - 선형 왼쪽), 선 없음,

　　　　　　도형 효과(입체 효과 - 둥글게), 글꼴(돋움, 22pt, 굵게, '검정, 텍스트 1')

▶ 실행 단추 ⇒ 실행 단추 : 홈, 하이퍼링크 : 첫째 슬라이드, 도형 스타일('강한 효과 - 파랑, 강조 1')

▶ SmartArt 삽입 ⇒ 프로세스형 : 기본 프로세스형, 글꼴(돋움, 20pt, 굵게, 가운데 맞춤),

　　　　　　　　SmartArt 스타일(색 변경 - '색상형 범위 - 강조색 2 또는 3', 3차원 - 경사),

　　　　　　　　(반드시 SmartArt 기능을 이용하여 작성할 것)

▶ 애니메이션 지정 ⇒ SmartArt : 나타내기 - 올라오기

▶ 지시사항이 없는 부분은《 출력형태 》와 동일하게 작성하시오.

① 표 삽입

표 삽입하기

[삽입] 탭-[표] 그룹-[표] 클릭 후 문제지의 출력형태를 보고 판단하여 표 작성

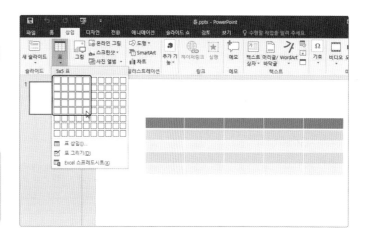

> **Tip**
>
> 표 작성 문제는 [슬라이드 3]에서 출제되고 있으며 표의 데이터는 차트 작성 시 입력 데이터로 활용됩니다.

② 표 도구

1 표 디자인 지정

[표 도구]-[디자인] 탭-[표 스타일] 그룹에서 '자세히(▼)' 단추를 클릭한 후 표 스타일 지정

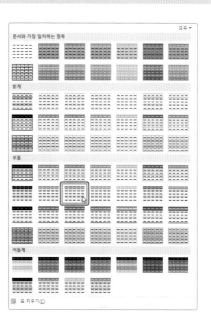

2 표 레이아웃 변경

[표 도구]-[레이아웃] 탭-[맞춤] 그룹에서 '가운데 맞춤(▤)'과 '세로 가운데 맞춤(▤)' 지정

> **Tip**
>
> **셀 병합**
>
> [표 도구]-[레이아웃] 탭-[병합] 그룹에서 [셀 병합]을 이용합니다.
>
>

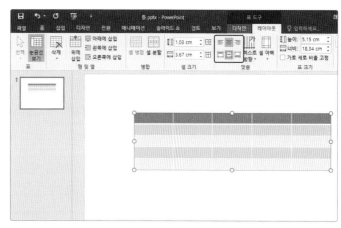

유의사항
- 《작성조건》을 준수하여 반드시 프리젠테이션 슬라이드로 작업합니다.
- 글꼴 및 기타 사항에 대해 별도의 지시사항이 없는 경우, 슬라이드 크기와 전체적인 균형을 고려하여 임의로 작성하되, 도형은 그룹으로 설정하지 않습니다.
- 모든 슬라이드 크기(A4), 방향(가로), 디자인 테마(Office 테마)로 지정합니다.
  - ▶ 슬라이드, 크기, 방향 조정 시 '맞춤 확인'으로 지정하여야 합니다.
- 공통적용사항(슬라이드 마스터)
  - ▶ 도형 ⇒ 순서도 : 데이터, 도형 스타일('강한 효과 – 주황, 강조 2'), 글꼴(굴림, 20pt, 굵게, 텍스트 그림자)
- 그림 삽입 시 다운로드 한 그림 파일을 반드시 사용하여야 합니다.
- ⟶ 은 지시사항이므로 작성하지 않습니다.
- 슬라이드에 제시된 글자 및 숫자 오타는 감점처리 됩니다.

슬라이드 **1**　　**아래의 작성조건 및 출력형태에 알맞게 첫 번째 슬라이드에 작업하시오.**　　30점

출력형태

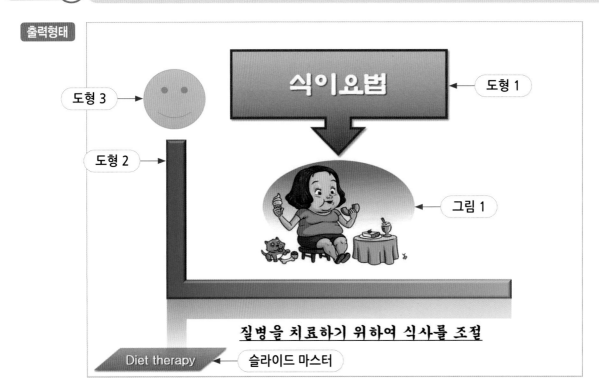

작성조건

▶ 도형 1 ⇒ 블록 화살표 : 아래쪽 화살표 설명선, 도형 채우기(그라데이션 : 미리 설정 – '가운데 그라데이션 – 강조 2', 종류 – 선형, 방향 – 선형 위쪽), 도형 윤곽선(실선, 색 : 자주, 너비 : 4pt, 겹선 종류 : 단순형), 도형 효과(그림자 – 바깥쪽 – 오프셋 대각선 오른쪽 아래), 글꼴(휴먼엣체, 40pt, 굵게, 텍스트 그림자)
▶ 도형 2 ⇒ 기본 도형 : L 도형, 도형 채우기(연한 파랑, 그라데이션 – 선형 오른쪽), 선 없음, 도형 효과(반사 – '근접 반사, 터치', 입체 효과 – 둥글게)
▶ 도형 3 ⇒ 기본 도형 : 웃는 얼굴, 도형 스타일('미세 효과 – 주황, 강조 2')
▶ 그림 삽입 ⇒ 그림 1 삽입, 크기(높이 : 6cm, 너비 : 10cm)
▶ 텍스트 상자(질병을 치료하기 위하여 식사를 조절) ⇒ 글꼴(궁서, 24pt, 굵게, 밑줄)
▶ 애니메이션 지정 ⇒ 도형 1 : 나타내기 – 확대/축소
▶ 지시사항이 없는 부분은《 출력형태 》와 동일하게 작성하시오.

1 **조건을 이용하여 다음과 같은 슬라이드를 완성해 보세요.** 완성파일 : 기본11.pptx

작성조건 ▶ 표 ⇒ 표 스타일(보통 스타일 2 – 강조 5),
가장 위의 행 : 글꼴(돋움, 24pt, 굵게, 가운데 맞춤),
나머지행 : 글꼴(돋움, 22pt, 가운데 맞춤)

구분	개화일	분포
서울	3월 17일	56
대전	3월 13일	55
울산	3월 10일	12
광주	3월 8일	25
부산	3월 4일	13

2 **조건을 이용하여 다음과 같은 슬라이드를 완성해 보세요.** 완성파일 : 기본11.pptx

작성조건 ▶ 표 ⇒ 표 스타일(어두운 스타일 1 – 강조 2),
가장 위의 행 : 글꼴(궁서, 22pt, 굵게, 가운데 맞춤),
나머지 행 : 글꼴(궁서, 20pt, 가운데 맞춤)

평가요소	2013년	2014년	2015년
원단소재구성	10	12	20
계절특성	35	20	25
과감한 시도	30	35	30
색상배합	15	25	15
전체균형 및 조화	10	8	10

실전모의고사

MS Office 2016 버전용

- 시험과목 : 프리젠테이션
- 시험일자 : 20XX. XX. XX(X)
- 응시자 기재사항 및 감독위원 확인

수 검 번 호	DIP – XXXX –	감독위원 확인
성 명		

응시자 유의사항

1. 응시자는 신분증을 지참하여야 시험에 응시할 수 있으며, 시험이 종료될 때까지 신분증을 제시하지 못 할 경우 해당 시험은 0점 처리됩니다.

2. 시스템(PC작동여부, 네트워크 상태 등)의 이상여부를 반드시 확인하여야 하며, 시스템 이상이 있을시 감독위원에게 조치를 받으셔야 합니다.

3. 시험 중 부주의 또는 고의로 시스템을 파손한 경우는 응시자 부담으로 합니다.

4. 답안 전송 프로그램을 통해 다운로드 받은 파일을 이용하여 답안파일을 작성하시기 바랍니다.

5. 작성한 답안 파일은 답안 전송 프로그램을 통하여 전송됩니다. 감독위원의 지시에 따라 주시기 바랍니다.

6. 다음사항의 경우 실격(0점) 혹은 부정행위 처리됩니다.

    1) 답안파일을 저장하지 않았거나, 저장한 파일이 손상되었을 경우

    2) 답안파일을 지정된 폴더(바탕화면 "KAIT" 폴더)에 저장하지 않았을 경우

        ※ 답안 전송 프로그램 로그인 시 바탕화면에 자동 생성됨

    3) 답안파일을 다른 보조 기억장치(USB) 혹은 네트워크(메신저, 게시판 등)로 전송할 경우

    4) 휴대용 전화기 등 통신기기를 사용할 경우

7. 슬라이드는 반드시 순서대로 작성해야 하며, 순서가 다를 경우 "0"점 처리 됩니다.

8. 시험지에 제시된 글꼴이 응시 프로그램에 없는 경우, 반드시 감독위원에게 해당 내용을 통보한 뒤 조치를 받아야 합니다.

9. 슬라이드 작성 시 도형의 그룹설정을 사용하는 경우, 채점에서 감점처리 됩니다.

10. 시험의 완료는 작성이 완료된 답안을 저장하고, 답안 전송이 완료된 상태를 확인한 것으로 합니다. 답안 전송 확인 후 문제지는 감독위원에게 제출한 후 퇴실하여야 합니다.

11. 답안전송이 완료된 경우에는 수정 또는 정정이 불가능합니다.

12. 시험시행 후 합격자 발표는 홈페이지(www.ihd.or.kr)에서 확인하시기 바랍니다.

    1) 문제 및 모범답안 공개 : 20XX. XX. XX(X)

    2) 합격자 발표 : 20XX. XX. XX(X)

식별CODE

프

Korea Association for ICT promotion
한국정보통신진흥협회 KAIT

조건을 이용하여 다음과 같은 슬라이드를 완성해 보세요.

완성파일 : 기본11.pptx

작성조건

▶ 표 ⇒ 표 스타일(보통 스타일 3 – 강조 2),
　　　가장 위의 행 : 글꼴(굴림, 22pt, 굵게, 텍스트 그림자, 가운데 맞춤),
　　　나머지 행 : 글꼴(굴림, 20pt, 가운데 맞춤)
▶ 텍스트 상자([단위 : %]) ⇒ 글꼴(돋움체, 18pt, 굵게, 기울임꼴)

[단위 : %]

구분	수행기업 비중	비고
한국	23	
핀란드	45	
덴마크	43	
스웨덴	40	
프랑스	37	

 조건을 이용하여 다음과 같은 슬라이드를 완성해 보세요.

완성파일 : 기본11.pptx

작성조건

▶ 표 ⇒ 표 스타일(보통 스타일 4 – 강조 1),
　　　가장 위의 행 : 글꼴(HY견고딕, 20pt, 굵게, 기울임꼴, 가운데 맞춤),
　　　나머지 행 : 글꼴(휴먼옛체, 18pt, 굵게, 기울임꼴, 가운데 맞춤)
▶ 텍스트 상자((단위 : 함유량-ppm/성분비율-%)) ⇒ 글꼴(굴림, 17pt, 굵게, 기울임꼴)

(단위 : 함유량-ppm/성분비율-%)

주성분	함유량	성분비율
수분	357	70
탄수화물	170.3	12
유기산	180.7	15
무기질	35.8	1.2
팩틴	15.6	0.51
탄닌	14.7	0.29

슬라이드 4　**아래의 작성조건 및 출력형태에 알맞게 네 번째 슬라이드에 작업하시오.**　　60점

출력형태

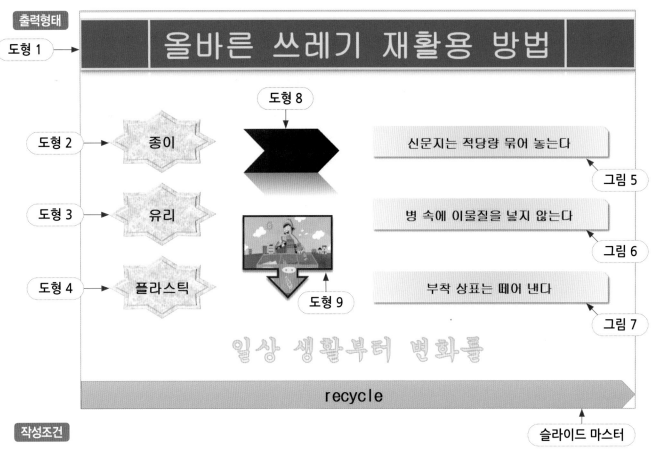

작성조건

(1) 제목

▶ 도형 1 ⇒ 순서도 : 종속 처리, 도형 채우기('파랑, 강조 1, 25% 더 어둡게'),
　　　　　　도형 윤곽선(실선, 색 : 노랑, 너비 : 3pt, 겹선 종류 : 단순형),
　　　　　　도형 효과(그림자 – 바깥쪽 – 오프셋 대각선 오른쪽 아래, 반사 – '근접 반사, 터치'),
　　　　　　글꼴(굴림체, 44pt, 굵게, 노랑)

(2) 본문

▶ 도형 2~4 ⇒ 별 및 현수막 : 포인트가 8개인 별, 도형 채우기(질감 : 꽃다발), 선 없음,
　　　　　　　도형 효과(입체 효과 – 십자형으로), 글꼴(굴림, 20pt, 굵게, '검정, 텍스트 1')

▶ 도형 5~7 ⇒ 사각형 : 한쪽 모서리가 잘린 사각형, 도형 채우기(주황, 그라데이션 – 가운데에서), 선 없음,
　　　　　　　도형 효과(그림자 – 바깥쪽 – 오프셋 대각선 오른쪽 아래), 글꼴(굴림, 18pt, 굵게, '검정, 텍스트 1')

▶ 도형 8 ⇒ 블록 화살표 : 갈매기형 수장, 도형 채우기(자주, 그라데이션 – 선형 왼쪽), 선 없음,
　　　　　　도형 효과(반사 – '1/2 반사, 터치')

▶ 도형 9 ⇒ 블록 화살표 : 아래쪽 화살표 설명선, 도형 채우기(그림 또는 질감 채우기) 기능을 사용하여 그림 3 삽입,
　　　　　　선 색(실선, 색 : 자주), 선 스타일(너비 : 2.5pt, 겹선 종류 : 단순형),
　　　　　　도형 효과(그림자 – 바깥쪽 – 오프셋 아래쪽)

▶ WordArt 삽입(일상 생활부터 변화를)
　　⇒ WordArt 스타일('그라데이션 채우기 – 황금색, 강조 4, 윤곽선 – 강조 4'), 글꼴(궁서체, 36pt, 굵게)

▶ 지시사항이 없는 부분은《 출력형태 》와 동일하게 작성하시오.

5 조건을 이용하여 다음과 같은 슬라이드를 완성해 보세요.

완성파일 : 기본11.pptx

작성조건 ▶ 표 ⇒ 표 스타일(보통 스타일 2 – 강조 6),
가장 위의 행 : 글꼴(돋움, 22pt, 굵게, 가운데 맞춤),
나머지 행 : 글꼴(돋움, 20pt, 기울임꼴, 가운데 맞춤)

희망 이유		선택 기준	
등록금 생활비	55.2%	보수	56.9%
다양한 체험	15.7%	시간대	21.5%
물건 구매	9.1%	취업 도움	10.7%

Tip

셀 병합

[표 도구]-[레이아웃] 탭-[병합]
그룹에서 [셀 병합]을 이용합니다.

6 조건을 이용하여 다음과 같은 슬라이드를 완성해 보세요.

완성파일 : 기본11.pptx

작성조건 ▶ 표 ⇒ 표 스타일(밝은 스타일 3 – 강조 2),
가장 위의 행 : 글꼴(굴림체, 22pt, 굵게, 가운데 맞춤),
나머지 행 : 글꼴(굴림체, 20pt, 기울임꼴, 가운데 맞춤)
▶ 텍스트 상자(〈단위 : 천톤〉) ⇒ 글꼴(궁서, 17pt, 굵게, 기울임꼴)

〈단위 : 천톤〉

년도	2014	2015	비고
강원	187	198	
인천경기	535	580	
대전충청	1057	1157	
광주전라	1535	1694	
부산경상	1035	1152	

슬라이드 **3** 아래의 작성조건 및 출력형태에 알맞게 세 번째 슬라이드에 작업하시오. 60점

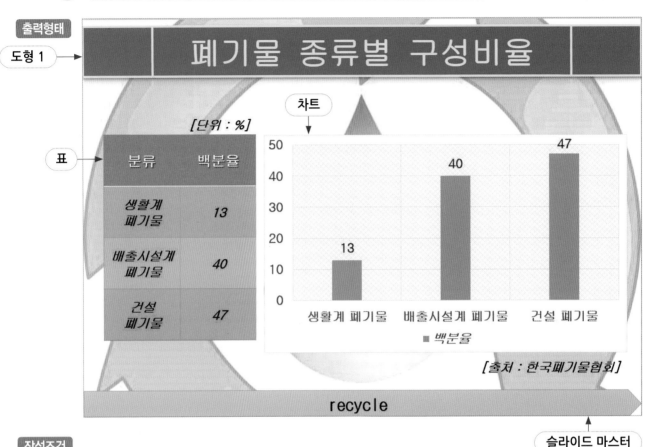

작성조건

(1) 제목

▶ 도형 1 ⇒ 순서도 : 종속 처리, 도형 채우기('파랑, 강조 1, 25% 더 어둡게'),
　　　　　 도형 윤곽선(실선, 색 : 노랑, 너비 : 3pt, 겹선 종류 : 단순형),
　　　　　 도형 효과(그림자 – 바깥쪽 – 오프셋 대각선 오른쪽 아래, 반사 – '근접 반사, 터치'),
　　　　　 글꼴(굴림체, 44pt, 굵게, 노랑)

(2) 본문

▶ 텍스트 상자 1([단위 : %]) ⇒ 글꼴(굴림, 18pt, 굵게, 기울임꼴)

▶ 표 ⇒ 표 스타일(테마 스타일 1 – 강조 2), 가장 위의 행 : 글꼴(굴림체, 20pt, 굵게, 텍스트 그림자, 가운데 맞춤),
　　　 나머지 행 : 글꼴(굴림, 18pt, 굵게, 기울임꼴, 가운데 맞춤)

▶ 텍스트 상자 2([자료 : 한국폐기물협회]) ⇒ 글꼴(굴림, 18pt, 굵게, 기울임꼴)

▶ 차트 ⇒ 세로 막대형 : 묶은 세로 막대형, 차트 스타일(색 변경 – '색상형 – 색 4', 스타일 8),
　　　 축 서식/데이터 레이블 : 글꼴(굴림, 18pt, 굵게), 범례 서식 : 글꼴(굴림, 18pt, 굵게, 기울임꼴),
　　　 데이터는 표 참고

▶ 배경 ⇒ 배경 서식(채우기 – 그림 또는 질감 채우기)에서 그림 2 삽입(현재 슬라이드만 적용)

▶ 애니메이션 지정 ⇒ 차트 : 나타내기 – 닦아내기

▶ 지시사항이 없는 부분은《 출력형태 》와 동일하게 작성하시오.

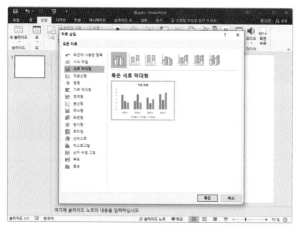

Chapter 12

차트 만들기

>>> 핵심만 쏙쏙 ❶ 차트 삽입 ❷ 차트 도구

시험에서는 [슬라이드 3]에서 표의 데이터 값을 이용하여 작성조건에 맞는 차트를 작성하는
문제가 출제되고 있습니다.

핵심 짚어보기

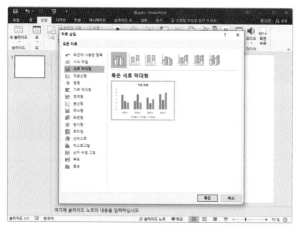

▲ 차트 삽입 : [삽입] 탭-[일러스트레이션] 그룹-[차트]

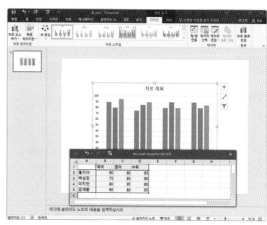

▲ [엑셀] 창에서 차트 데이터 입력

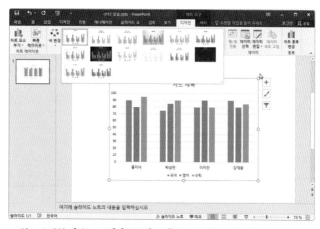

▲ 차트 스타일 : [차트 도구]-[디자인] 탭-[차트 스타일] 그룹 이용

클래스 업

• 차트 삽입 후에는 [차트 도구]-[디자인] 탭-[차트 스타일] 그룹의 '자세히(▾)' 단추를 클릭하고 조건에 해당
하는 스타일을 지정합니다.

• 차트 제목, 축 제목, 범례 위치, 데이터 레이블 서식 등을 변경할 경우에는 [레이아웃] 탭을 이용하도록 합니다.

슬라이드 **2** 　아래의 작성조건 및 출력형태에 알맞게 두 번째 슬라이드에 작업하시오.　　50점

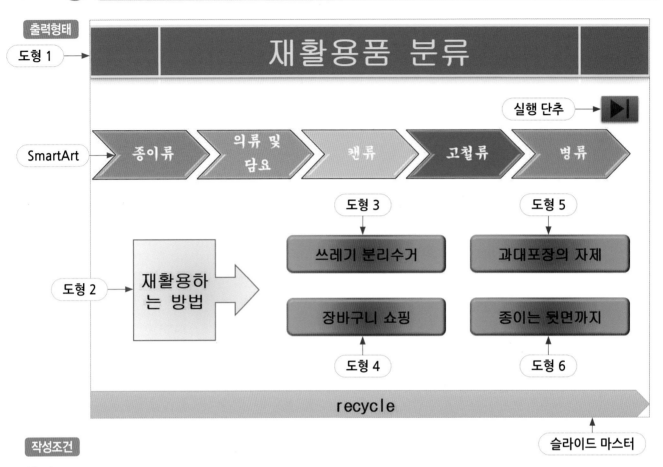

작성조건

(1) 제목

▶ 도형 1 ⇒ 순서도 : 종속 처리, 도형 채우기('파랑, 강조 1, 25% 더 어둡게'),
　　　　　도형 윤곽선(실선, 색 : 노랑, 너비 : 3pt, 겹선 종류 : 단순형),
　　　　　도형 효과(그림자 – 바깥쪽 – 오프셋 대각선 오른쪽 아래, 반사 – '근접 반사, 터치'),
　　　　　글꼴(굴림체, 44pt, 굵게, 노랑)

(2) 본문

▶ 도형 2 ⇒ 블록 화살표 : 오른쪽 화살표 설명선, 도형 채우기(연한 녹색, 그라데이션 – 가운데에서),
　　　　　도형 윤곽선(실선, 색 : 파랑, 너비 : 1.5pt, 겹선 종류 : 단순형), 글꼴(굴림체, 24pt, 굵게, '검정, 텍스트 1')
▶ 도형 3~6 ⇒ 사각형 : 모서리가 둥근 직사각형, 도형 채우기(녹색, 그라데이션 – 가운데에서), 선 없음,
　　　　　도형 효과(입체 효과 – 둥글게), 글꼴(굴림, 20pt, 굵게, '검정, 텍스트 1')
▶ 실행 단추 ⇒ 실행 단추 : 끝, 하이퍼링크 : 마지막 슬라이드,
　　　　　도형 스타일('강한 효과 – 파랑, 강조 5')
▶ SmartArt 삽입 ⇒ 프로세스 : 기본 갈매기형 수장 프로세스형, 글꼴(궁서체, 20pt, 굵게, 가운데 맞춤),
　　　　　SmartArt 스타일(색 변경 – '색상형 – 강조색', 3차원 – 만화),
　　　　　(반드시 SmartArt 기능을 이용하여 작성할 것)
▶ 애니메이션 지정 ⇒ SmartArt : 나타내기 – 날아오기
▶ 지시사항이 없는 부분은《 출력형태 》와 동일하게 작성하시오.

① 차트 삽입

1 차트 삽입하기

[삽입] 탭–[일러스트레이션] 그룹–[차트] 클릭 후 [차트 삽입] 대화상자에서 작성조건에 해당하는 차트 선택

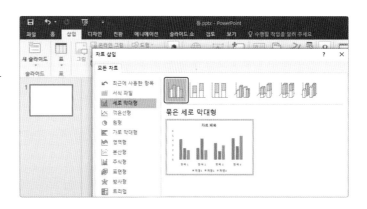

2 차트 데이터 입력

[엑셀] 창이 실행되면 문제지의 표를 참고하여 차트 데이터 입력 후 [엑셀] 창 종료

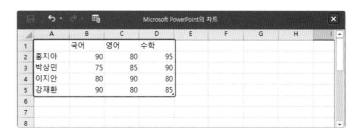

Tip

데이터 편집을 할 수 있는 [엑셀] 창을 다시 열려면 차트가 선택된 상태에서 [차트 도구]–[디자인] 탭–[데이터] 그룹–[데이터 편집]을 선택합니다.

3 차트 데이터 입력

문제지의 차트 〈출력형태〉를 보고 판단하여 필요시 [차트 도구]–[디자인] 탭–[데이터] 그룹–[행/열 전환] 클릭

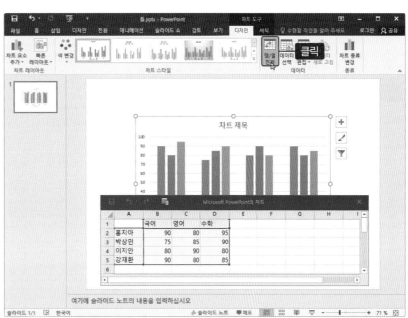

Tip

[엑셀] 창이 열려있는 상태에서만 [행/열 전환]이 가능합니다.

유의사항
- 《작성조건》을 준수하여 반드시 프리젠테이션 슬라이드로 작업합니다.
- 글꼴 및 기타 사항에 대해 별도의 지시사항이 없는 경우, 슬라이드 크기와 전체적인 균형을 고려하여 임의로 작성하되, 도형은 그룹으로 설정하지 않습니다.
- 모든 슬라이드 크기(A4), 방향(가로), 디자인 테마(Office 테마)로 지정합니다.
  - ▶ 슬라이드, 크기, 방향 조정 시 '맞춤 확인'으로 지정하여야 합니다.
- 공통적용사항(슬라이드 마스터)
  - ▶ 도형 ⇒ 블록 화살표 : 오각형, 도형 스타일('미세 효과 – 녹색, 강조 6'), 글꼴(굴림체, 24pt, 굵게)
- 그림 삽입 시 다운로드 한 그림 파일을 반드시 사용하여야 합니다.
- ⬤────▶ 은 지시사항이므로 작성하지 않습니다.
- 슬라이드에 제시된 글자 및 숫자 오타는 감점처리 됩니다.

슬라이드 1 **아래의 작성조건 및 출력형태에 알맞게 첫 번째 슬라이드에 작업하시오.** 　　30점

출력형태

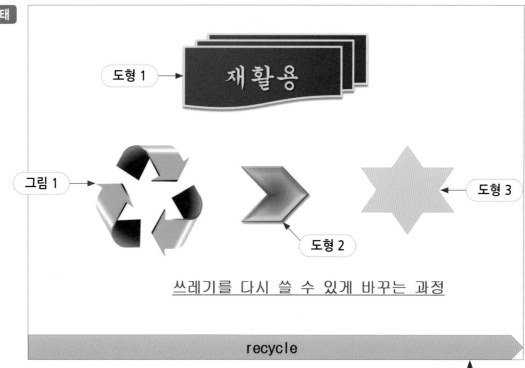

작성조건

▶ 도형 1 ⇒ 순서도 : 다중 문서, 도형 채우기(그라데이션 : 미리 설정 – '방사형 그라데이션 – 강조 5', 종류 – 방사형, 방향 – 왼쪽 위 모서리에서), 도형 윤곽선(실선, 색 : 노랑, 너비 : 3pt, 겹선 종류 : 단순형), 도형 효과(그림자 – 바깥쪽 – 오프셋 아래쪽), 글꼴(궁서체, 40pt, 텍스트 그림자, 노랑)
▶ 도형 2 ⇒ 블록 화살표 : 갈매기형 수장, 도형 채우기(연한 녹색, 그라데이션 – 가운데에서), 선 없음, 도형 효과(그림자 – 바깥쪽 – 오프셋 대각선 오른쪽 아래, 입체 효과 – 부드럽게 둥글리기)
▶ 도형 3 ⇒ 별 및 현수막 : 포인트가 6개인 별 , 도형 스타일('미세 효과 – 황금색, 강조 4')
▶ 그림 삽입 ⇒ 그림 1 삽입, 크기(높이 : 6cm, 너비 : 6cm)
▶ 텍스트 상자(쓰레기를 다시 쓸 수 있게 바꾸는 과정) ⇒ 글꼴(굴림체, 24pt, 굵게, 밑줄, 빨강)
▶ 애니메이션 지정 ⇒ 도형 1 : 나타내기 – 날아오기
▶ 지시사항이 없는 부분은《 출력형태 》와 동일하게 작성하시오.

② 차트 도구

1 차트 스타일 지정

[차트 도구]-[디자인] 탭-[차트 스타일] 그룹에서 '자세히(▼)' 단추를 클릭한 후 차트 스타일 지정

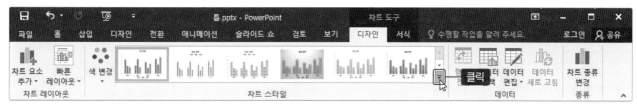

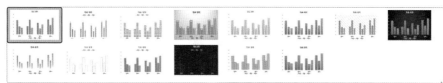

2 차트 레이아웃 변경

작성조건이 없더라도 〈출력형태〉를 보고 판단하여 차트 레이아웃 변경(범례 위치, 데이터 레이블 값 표시, 차트 제목 등)

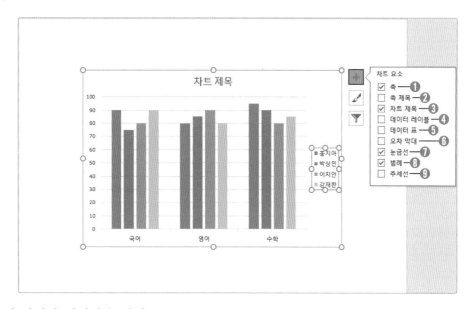

❶ 축 : 각 축의 서식과 레이아웃 변경

❷ 축 제목 : 각 축의 레이블 지정(텍스트 추가, 제거 또는 위치 지정)

❸ 차트 제목 : 차트 제목의 추가, 제거 또는 위치 지정

❹ 데이터 레이블 : 데이터 레이블의 추가, 제거 또는 위치 지정

❺ 데이터 표 : 차트에 데이터 표 추가 또는 제거

❻ 오차 막대 : 오차 막대의 추가 또는 제거

❼ 눈금선 : 차트 눈금선 설정 또는 해제

❽ 범례 : 차트 범례의 추가, 제거 또는 위치 지정

❾ 추세선 : 추세선 추가 또는 제거

Tip

차트에서 해당 영역을 선택하고 마우스 오른쪽 단추를 클릭한 후 바로 가기 메뉴를 이용해 각 영역의 서식 및 레이아웃을 변경할 수도 있습니다.

실전모의고사

MS Office 2016 버전용

● 시험과목 : 프리젠테이션

● 시험일자 : 20XX. XX. XX(X)

● 응시자 기재사항 및 감독위원 확인

수 검 번 호	DIP - XXXX -	감독위원 확인
성 명		

응시자 유의사항

1. 응시자는 신분증을 지참하여야 시험에 응시할 수 있으며, 시험이 종료될 때까지 신분증을 제시하지 못 할 경우 해당 시험은 0점 처리됩니다.

2. 시스템(PC작동여부, 네트워크 상태 등)의 이상여부를 반드시 확인하여야 하며, 시스템 이상이 있을시 감독위원에게 조치를 받으셔야 합니다.

3. 시험 중 부주의 또는 고의로 시스템을 파손한 경우는 응시자 부담으로 합니다.

4. 답안 전송 프로그램을 통해 다운로드 받은 파일을 이용하여 답안파일을 작성하시기 바랍니다.

5. 작성한 답안 파일은 답안 전송 프로그램을 통하여 전송됩니다. 감독위원의 지시에 따라 주시기 바랍니다.

6. 다음사항의 경우 실격(0점) 혹은 부정행위 처리됩니다.

    1) 답안파일을 저장하지 않았거나, 저장한 파일이 손상되었을 경우
    2) 답안파일을 지정된 폴더(바탕화면 "KAIT" 폴더)에 저장하지 않았을 경우
        ※ 답안 전송 프로그램 로그인 시 바탕화면에 자동 생성됨
    3) 답안파일을 다른 보조 기억장치(USB) 혹은 네트워크(메신저, 게시판 등)로 전송할 경우
    4) 휴대용 전화기 등 통신기기를 사용할 경우

7. 슬라이드는 반드시 순서대로 작성해야 하며, 순서가 다를 경우 "0"점 처리 됩니다.

8. 시험지에 제시된 글꼴이 응시 프로그램에 없는 경우, 반드시 감독위원에게 해당 내용을 통보한 뒤 조치를 받아야 합니다.

9. 슬라이드 작성 시 도형의 그룹설정을 사용하는 경우, 채점에서 감점처리 됩니다.

10. 시험의 완료는 작성이 완료된 답안을 저장하고, 답안 전송이 완료된 상태를 확인한 것으로 합니다. 답안 전송 확인 후 문제지는 감독위원에게 제출한 후 퇴실하여야 합니다.

11. 답안전송이 완료된 경우에는 수정 또는 정정이 불가능합니다.

12. 시험시행 후 합격자 발표는 홈페이지(www.ihd.or.kr)에서 확인하시기 바랍니다.

    1) 문제 및 모범답안 공개 : 20XX. XX. XX(X)
    2) 합격자 발표 : 20XX. XX. XX(X)

식별CODE

Korea Association for ICT promotion
한국정보통신진흥협회 **KAIT**

1 **조건을 이용하여 다음과 같은 슬라이드를 완성해 보세요.** 완성파일 : 기본12.pptx

작성조건
▶ 표 ⇒ 표 스타일(보통 스타일 2 – 강조 5), 가장 위의 행 : 글꼴(굴림체, 20pt, 굵게, 가운데 맞춤), 나머지 행 : 글꼴(굴림체, 18pt, 가운데 맞춤)
▶ 차트 ⇒ 세로 막대형 : 3차원 묶은 세로 막대형, 차트 스타일(색 변경 – '색상형 – 색 2', 스타일 4), 축 서식/데이터 레이블 : 글꼴(굴림체, 16pt, 굵게), 범례 서식 : 글꼴(굴림체, 16pt, 굵게, 기울임꼴), 데이터는 표 참고

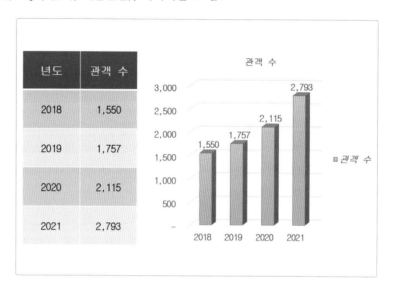

2 **조건을 이용하여 다음과 같은 슬라이드를 완성해 보세요.** 완성파일 : 기본12.pptx

작성조건
▶ 표 ⇒ 표 스타일(보통 스타일 2 – 강조 1), 가장 위의 행 : 글꼴(돋움, 18pt, 굵게, 가운데 맞춤), 나머지 행 : 글꼴(돋움, 17pt, 굵게, 가운데 맞춤)
▶ 차트 ⇒ 세로 막대형 : 묶은 세로 막대형, 차트 스타일(색 변경 – '단색형 – 색 6', 스타일 3), 축 서식/범례 서식 : 글꼴(돋움, 16pt, 굵게), 데이터는 표 참고

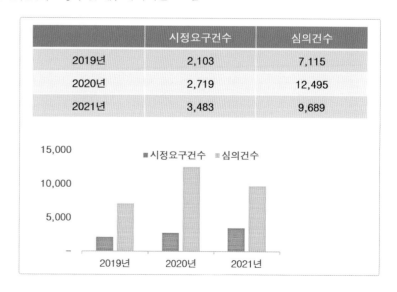

슬라이드 4 아래의 작성조건 및 출력형태에 알맞게 네 번째 슬라이드에 작업하시오.   60점

출력형태

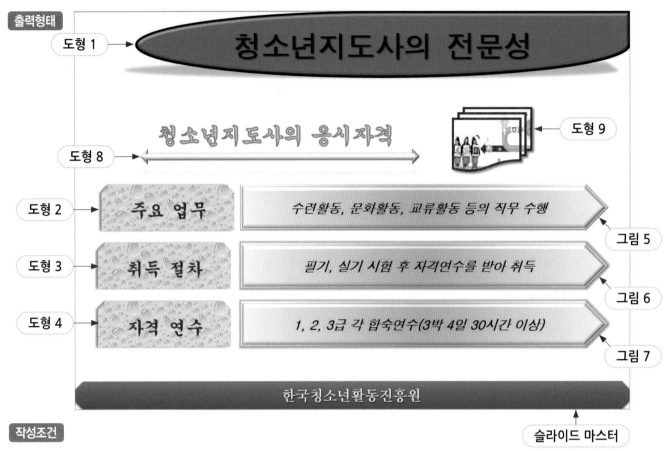

작성조건

(1) 제목

▶ 도형 1 ⇒ 기본 도형 : 눈물 방울, 도형 채우기('파랑, 강조 5'),

　　　　　　도형 윤곽선(실선, 색 : '검정, 텍스트 1', 너비 : 2.5pt, 겹선 종류 : 단순형),

　　　　　　도형 효과(그림자 – 원근감 대각선 왼쪽 위, 입체 효과 – 비스듬하게),

　　　　　　글꼴(돋움체, 40pt, 굵게, 텍스트 그림자, 진한 파랑)

(2) 본문

▶ 도형 2~4 ⇒ 사각형 : 양쪽 모서리가 잘린 사각형, 도형 채우기(질감 : 작은 물방울), 선 없음,

　　　　　　도형 효과(그림자 – 바깥쪽 – 오프셋 왼쪽), 글꼴(궁서체, 24pt, 굵게, 자주)

▶ 도형 5~7 ⇒ 블록 화살표 : 오각형, 도형 채우기(파랑, 그라데이션 – 가운데에서), 선 없음,

　　　　　　도형 효과(입체 효과 – 아트 데코), 글꼴(돋움, 18pt, 굵게, 기울임꼴, '검정, 텍스트 1')

▶ 도형 8 ⇒ 블록 화살표 : 왼쪽/오른쪽 화살표, 도형 채우기(연한 녹색, 그라데이션 – 선형 위쪽), 선 없음,

　　　　　　도형 효과(반사 – '전체 반사, 4 pt 오프셋')

▶ 도형 9 ⇒ 순서도 : 다중 문서, 도형 채우기(그림 또는 질감 채우기) 기능을 사용하여 그림 3 삽입,

　　　　　　도형 윤곽선(실선, 색 : 빨강, 너비 : 3pt, 겹선 종류 : 단순형),

　　　　　　도형 효과(그림자 – 바깥쪽 – 오프셋 대각선 오른쪽 아래')

▶ WordArt 삽입(청소년지도사의 응시자격)

　　⇒ WordArt 스타일('채우기 – 주황 – 강조 2, 윤곽선 – 강조 2'), 글꼴(궁서, 30pt, 굵게)

▶ 지시사항이 없는 부분은《 출력형태 》와 동일하게 작성하시오.

3 조건을 이용하여 다음과 같은 슬라이드를 완성해 보세요.

작성조건
▶ 표 ⇒ 표 스타일(보통 스타일 1 – 강조 2), 가장 위의 행 : 글꼴(궁서, 20pt, 굵게, 가운데 맞춤),
　　나머지행 : 글꼴(궁서, 18pt, 굵게, 기울임꼴, 가운데 맞춤)
▶ 차트 ⇒ 가로 막대형 : 100% 기준 누적 가로 막대형,
　　차트 스타일(색 변경 – '색상형 – 색 4', 스타일 6), 축 서식 : 글꼴(궁서, 14pt, 기울임꼴),
　　데이터는 표 참고

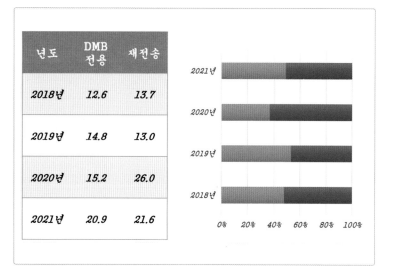

Tip
범례 삭제
차트에서 범례 선택 후 Delete 를 누름

4 조건을 이용하여 다음과 같은 슬라이드를 완성해 보세요.

완성파일 : 기본12.pptx

작성조건
▶ 표 ⇒ 표 스타일(밝은 스타일 2 – 강조 2), 가장 위의 행 : 글꼴(휴먼옛체, 20pt, 굵게, 가운데 맞춤),
　　나머지 행 : 글꼴(휴먼옛체, 20pt, 기울임꼴, 가운데 맞춤)
▶ 차트 ⇒ 세로 막대형 : 3차원 묶은 가로 막대형, 차트 스타일(색 변경 – '단색형 – 색 8', 스타일 3),
　　축 서식 : 글꼴(굴림, 16pt, 굵게), 범례 서식 : 글꼴(굴림, 16pt, 굵게, 기울임꼴),
　　데이터는 표 참고

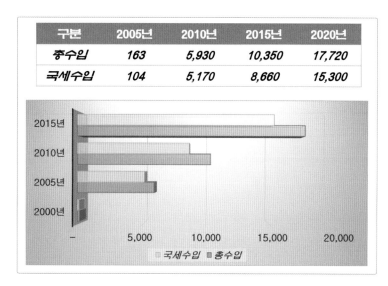

Tip
행/열 전환
차트의 〈출력형태〉를 보고 판단하여 [디자인] 탭–
[데이터] 그룹–[행/열 전환] 클릭

DIAT 프리젠테이션 **068** Chapter 12 차트 만들기

슬라이드 **3** 아래의 작성조건 및 출력형태에 알맞게 세 번째 슬라이드에 작업하시오. 60점

출력형태

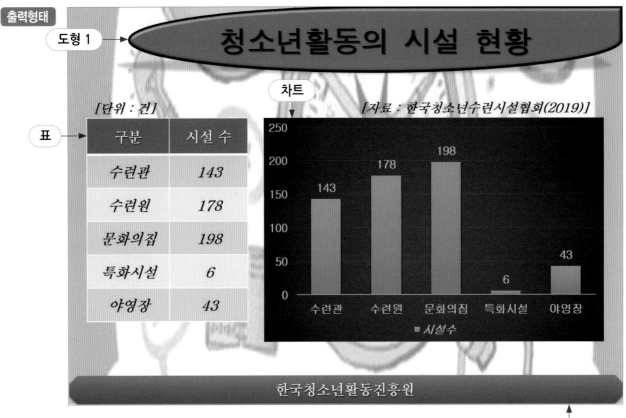

도형 1 → 청소년활동의 시설 현황

차트

[단위 : 건]

[자료 : 한국청소년수련시설협회(2019)]

표 →

구분	시설 수
수련관	143
수련원	178
문화의집	198
특화시설	6
야영장	43

한국청소년활동진흥원

슬라이드 마스터

작성조건

(1) 제목

▶ 도형 1 ⇒ 기본 도형 : 눈물 방울, 도형 채우기('파랑, 강조 5'),
　　　　　도형 윤곽선(실선, 색 : '검정, 텍스트 1', 너비 : 2.5pt, 겹선 종류 : 단순형),
　　　　　도형 효과(그림자 – 원근감 대각선 왼쪽 위, 입체 효과 – 비스듬하게),
　　　　　글꼴(돋움체, 40pt, 굵게, 텍스트 그림자, 진한 파랑)

(2) 본문

▶ 텍스트 상자 1([단위 : 건]) ⇒ 글꼴(바탕, 18pt, 굵게, 기울임꼴)

▶ 표 ⇒ 표 스타일(보통 스타일 2 – 강조 5), 가장 위의 행 : 글꼴(바탕, 20pt, 굵게, 텍스트 그림자, 가운데 맞춤),
　　　나머지 행 : 글꼴(바탕, 20pt, 굵게, 기울임꼴, 가운데 맞춤)

▶ 텍스트 상자 2([자료 : 한국청소년수련시설협회(2019)]) ⇒ 글꼴(바탕, 18pt, 굵게, 기울임꼴)

▶ 차트 ⇒ 세로 막대형 : 묶은 세로 막대형, 차트 스타일(색 변경 – '색상형 – 색 2', 스타일 9),
　　　축 서식/데이터 레이블 : 글꼴(굴림, 16pt, 굵게), 범례 서식 : 글꼴(굴림, 16pt, 굵게, 기울임꼴),
　　　데이터는 표 참고

▶ 배경 ⇒ 배경 서식(채우기 – 그림 또는 질감 채우기)에서 그림 2 삽입(현재 슬라이드만 적용)

▶ 애니메이션 지정 ⇒ 차트 : 나타내기 – 바둑판 무늬

▶ 지시사항이 없는 부분은《 출력형태 》와 동일하게 작성하시오.

5 조건을 이용하여 다음과 같은 슬라이드를 완성해 보세요.

완성파일 : 기본12.pptx

작성조건
▶ 표 ⇒ 표 스타일(보통 스타일 3 – 강조 2),
　　가장 위의 행 : 글꼴(궁서, 17pt, 굵게, 텍스트 그림자, 가운데 맞춤),
　　나머지 행 : 글꼴(궁서, 16pt, 굵게, 기울임꼴, 가운데 맞춤)
▶ 차트 ⇒ 세로 막대형 : 묶은 세로 막대형, 차트 스타일(색 변경 – '색상형 – 색 1', 스타일 6),
　　축 서식/데이터 레이블 서식 : 글꼴(궁서, 17pt, 굵게), 데이터는 표 참고

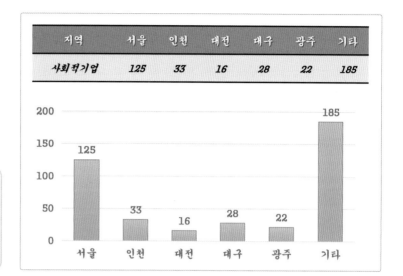

Tip
데이터 레이블 추가
① 데이터 계열을 클릭하여 선택
② 마우스 오른쪽 단추를 클릭한 후 [데이터 레이블 추가] 선택

지역	서울	인천	대전	대구	광주	기타
사회적기업	125	33	16	28	22	185

---

6 조건을 이용하여 다음과 같은 슬라이드를 완성해 보세요.

완성파일 : 기본12.pptx

작성조건
▶ 표 ⇒ 표 스타일(보통 스타일 2 – 강조 2), 가장 위의 행 : 글꼴(휴먼옛체, 22pt, 굵게, 가운데 맞춤),
　　나머지 행 : 글꼴(휴먼옛체, 20pt, 굵게, 가운데 맞춤)
▶ 차트 ⇒ 꺾은선형 : 꺾은선형, 차트 스타일(색 변경 – '색상형 – 색 3', 스타일 4),
　　축 서식/데이터 레이블 서식 : 글꼴(휴먼옛체, 20pt, 기울임꼴),
　　범례 서식 : 글꼴(휴먼옛체, 17pt, 굵게), 데이터는 표 참고

Tip
데이터 레이블 서식(행복반)
• 레이블 내용 : '값'
• 레이블 위치 : '위쪽'

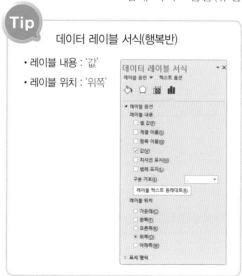

	행복반	사랑반
A형	15	10
B형	7	8
O형	6	5
AB형	3	2

슬라이드 2 아래의 작성조건 및 출력형태에 알맞게 두 번째 슬라이드에 작업하시오. 50점

출력형태

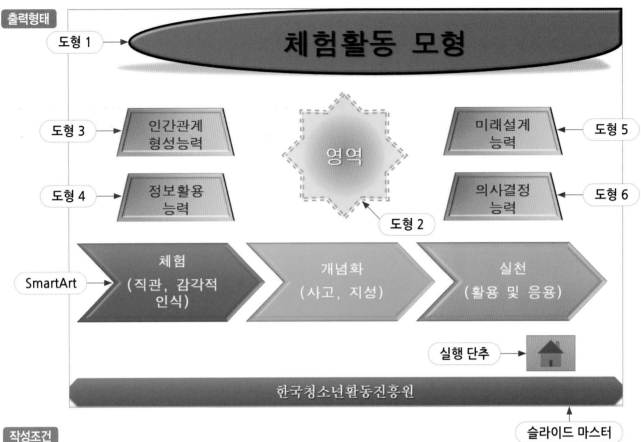

작성조건

(1) 제목

▶ 도형 1 ⇒ 기본 도형 : 눈물 방울, 도형 채우기('파랑, 강조 5'),
　　　　　　도형 윤곽선(실선, 색 : '검정, 텍스트 1', 너비 : 2.5pt, 겹선 종류 : 단순형),
　　　　　　도형 효과(그림자 – 원근감 대각선 왼쪽 위, 입체 효과 – 비스듬하게),
　　　　　　글꼴(돋움체, 40pt, 굵게, 텍스트 그림자, 진한 파랑)

(2) 본문

▶ 도형 2 ⇒ 별 및 현수막 : 포인트가 8개인 별, 도형 채우기(노랑, 그라데이션 – 가운데에서),
　　　　　　도형 윤곽선(실선, 색 : 녹색, 너비 : 6pt, 겹선 종류 : 이중, 대시 종류 : 둥근 점선),
　　　　　　글꼴(굴림, 28pt, 굵게, 텍스트 그림자)

▶ 도형 3~6 ⇒ 기본 도형 : 사다리꼴, 도형 채우기('황금색, 강조 4', 그라데이션 – 왼쪽 위 모서리에서), 선 없음,
　　　　　　　도형 효과(입체 효과 – 딱딱한 가장자리), 글꼴(돋움, 20pt, 굵게, 빨강)

▶ 실행 단추 ⇒ 실행 단추 : 홈, 하이퍼링크 : 첫째 슬라이드, 도형 스타일('미세 효과 – 파랑, 강조 5')

▶ SmartArt 삽입 ⇒ 프로세스 : 기본 갈매기형 수장 프로세스형, 글꼴(돋움체, 20pt, 굵게, 가운데 맞춤),
　　　　　　　　SmartArt 스타일(색 변경 – '색상형 범위 – 강조색 5 또는 6', 3차원 – 경사),
　　　　　　　　(반드시 SmartArt 기능을 이용하여 작성할 것)

▶ 애니메이션 지정 ⇒ SmartArt : 나타내기 – 바운드

▶ 지시사항이 없는 부분은《 출력형태 》와 동일하게 작성하시오.

배경 지정하기

>>> **핵심만 쏙쏙** ❶ 배경 서식 ❷ 그림 파일 지정

[슬라이드 3]을 작성할 때 시험장에서 배부된 그림을 이용하여 현재 슬라이드만 배경으로 지정하는 문제가 출제되고 있습니다.

핵심 짚어보기

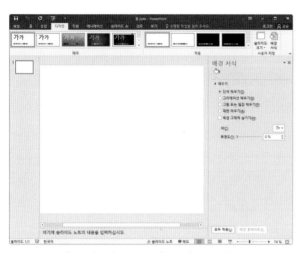

▲ 배경 서식 : [디자인] 탭–[사용자 지정] 그룹–[배경 서식] 클릭

▲ [배경 서식] 작업창의 [그림 또는 질감 채우기] 항목 이용

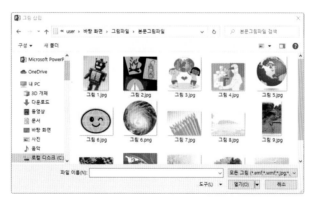

▲ [그림 삽입] 대화상자

클래스 업

• **배경 서식** : [디자인] 탭–[사용자 지정] 그룹–[배경 서식]을 클릭하거나 슬라이드에서 마우스 오른쪽 단추 클릭 후 바로 가기 메뉴에서 [배경 서식]을 선택합니다.

• 시험에서는 현재 슬라이드만 배경으로 그림을 지정하는 문제가 출제되고 있습니다.

유의사항
- 《작성조건》을 준수하여 반드시 프리젠테이션 슬라이드로 작업합니다.
- 글꼴 및 기타 사항에 대해 별도의 지시사항이 없는 경우, 슬라이드 크기와 전체적인 균형을 고려하여 임의로 작성하되, 도형은 그룹으로 설정하지 않습니다.
- 모든 슬라이드 크기(A4), 방향(가로), 디자인 테마(Office 테마)로 지정합니다.
  - ▶ 슬라이드, 크기, 방향 조정 시 '맞춤 확인'으로 지정하여야 합니다.
- 공통적용사항(슬라이드 마스터)
  - ▶ 도형 ⇒ 기본 도형 : 팔각형, 도형 스타일('강한 효과 – 파랑, 강조 5'), 글꼴(바탕, 20pt, 굵게, 텍스트 그림자)
- 그림 삽입 시 다운로드 한 그림 파일을 반드시 사용하여야 합니다.
- ⬭→ 은 지시사항이므로 작성하지 않습니다.
- 슬라이드에 제시된 글자 및 숫자 오타는 감점처리 됩니다.

슬라이드 1   아래의 작성조건 및 출력형태에 알맞게 첫 번째 슬라이드에 작업하시오.   30점

작성조건

▶ 도형 1 ⇒ 기본 도형 : 모서리가 접힌 도형, 도형 채우기(그라데이션 : 미리 설정 – '가운데 그라데이션 – 강조 1', 종류 – 선형, 방향 – 선형 아래쪽), 도형 윤곽선(실선, 색 : 진한 파랑, 너비 : 3pt, 겹선 종류 : 단순형), 도형 효과(네온 – '파랑, 8 pt 네온, 강조색 5'), 글꼴(궁서체, 40pt, 굵게, 기울임꼴, 진한 파랑)

▶ 도형 2 ⇒ 기본 도형 : 도넛, 도형 채우기(녹색, 그라데이션 – 선형 위쪽), 선 없음, 도형 효과(반사 – '근접 반사, 터치', 입체 효과 – 리블렛)

▶ 도형 3 ⇒ 기본 도형 : 웃는 얼굴, 도형 스타일('미세 효과 – 주황, 강조 2')

▶ 그림 삽입 ⇒ 그림 1 삽입, 크기(높이 : 8cm, 너비 : 12cm)

▶ 텍스트 상자(청소년 진로의식 및 진로) ⇒ 글꼴(궁서체, 24pt, 굵게, 밑줄)

▶ 애니메이션 지정 ⇒ 도형 1 : 나타내기 – 밝기 변화

▶ 지시사항이 없는 부분은《 출력형태 》와 동일하게 작성하시오.

① 배경 서식

배경 서식 선택

[디자인] 탭-[사용자 지정] 그룹에서 [배경 서식]을 클릭

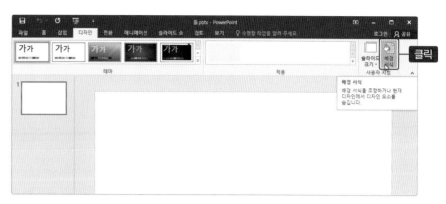

Tip

슬라이드에서 마우스 오른쪽 단추 클릭 후 바로 가기 메뉴에서 [배경 서식] 선택 할 수도 있습니다.

② 그림 파일 지정

1 [배경 서식] 작업창

[배경 서식] 작업창의 '그림 또는 질감 채우기' 항목을 체크한 후 [파일] 단추 클릭

Tip

• 시험에서는 답안 전송 프로그램으로 설치된 바탕 화면의 [KAIT]-[제출파일] 폴더에 있는 그림을 이용해야 합니다.

• 본 교재에서는 편의상 제공된 그림파일을 이용하도록 합니다.

2 [그림 삽입] 대화상자

[그림 삽입] 대화상자에서 조건에 제시된 그림 삽입

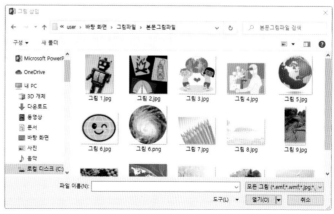

Tip

[배경 서식] 작업창에서 그림을 찾아 삽입한 후에는 [닫기] 단추를 선택하도록 합니다.

- 시험과목 : 프리젠테이션
- 시험일자 : 20XX. XX. XX(X)
- 응시자 기재사항 및 감독위원 확인

수 검 번 호	DIP – XXXX –	감독위원 확인
성 명		

응시자 유의사항

1. 응시자는 신분증을 지참하여야 시험에 응시할 수 있으며, 시험이 종료될 때까지 신분증을 제시하지 못 할 경우 해당 시험은 0점 처리됩니다.

2. 시스템(PC작동여부, 네트워크 상태 등)의 이상여부를 반드시 확인하여야 하며, 시스템 이상이 있을시 감독위원에게 조치를 받으셔야 합니다.

3. 시험 중 부주의 또는 고의로 시스템을 파손한 경우는 응시자 부담으로 합니다.

4. 답안 전송 프로그램을 통해 다운로드 받은 파일을 이용하여 답안파일을 작성하시기 바랍니다.

5. 작성한 답안 파일은 답안 전송 프로그램을 통하여 전송됩니다. 감독위원의 지시에 따라 주시기 바랍니다.

6. 다음사항의 경우 실격(0점) 혹은 부정행위 처리됩니다.

　　1) 답안파일을 저장하지 않았거나, 저장한 파일이 손상되었을 경우

　　2) 답안파일을 지정된 폴더(바탕화면 "KAIT" 폴더)에 저장하지 않았을 경우

　　　※ 답안 전송 프로그램 로그인 시 바탕화면에 자동 생성됨

　　3) 답안파일을 다른 보조 기억장치(USB) 혹은 네트워크(메신저, 게시판 등)로 전송할 경우

　　4) 휴대용 전화기 등 통신기기를 사용할 경우

7. 슬라이드는 반드시 순서대로 작성해야 하며, 순서가 다를 경우 "0"점 처리 됩니다.

8. 시험지에 제시된 글꼴이 응시 프로그램에 없는 경우, 반드시 감독위원에게 해당 내용을 통보한 뒤 조치를 받아야 합니다.

9. 슬라이드 작성 시 도형의 그룹설정을 사용하는 경우, 채점에서 감점처리 됩니다.

10. 시험의 완료는 작성이 완료된 답안을 저장하고, 답안 전송이 완료된 상태를 확인한 것으로 합니다. 답안 전송 확인 후 문제지는 감독위원에게 제출한 후 퇴실하여야 합니다.

11. 답안전송이 완료된 경우에는 수정 또는 정정이 불가능합니다.

12. 시험시행 후 합격자 발표는 홈페이지(www.ihd.or.kr)에서 확인하시기 바랍니다.

　　1) 문제 및 모범답안 공개 : 20XX. XX. XX(X)

　　2) 합격자 발표 : 20XX. XX. XX(X)

식별CODE

프

Korea Association for ICT promotion
한국정보통신진흥협회 **KAIT**

1 조건을 이용하여 다음과 같은 슬라이드를 완성해 보세요. 완성파일 : 기본13.pptx

작성조건 ▶ 도형 1 ⇒ 순서도 : 문서, 도형 채우기('파랑, 강조 1, 80% 더 밝게'),
　　　　　　도형 윤곽선(실선, 색 : 파랑, 너비 : 3pt, 겹선 종류 : 단순형),
　　　　　　도형 효과(입체 효과 – 비스듬하게), 글꼴(굴림, 32pt, 기울임꼴, '검정, 텍스트 1')
　　　　▶ 배경 ⇒ 배경 서식(채우기 – 그림 또는 질감 채우기)에서 배경 1 삽입(현재 슬라이드만 적용)

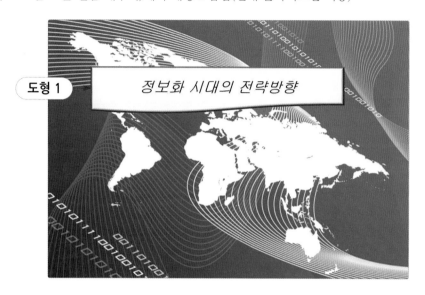

2 조건을 이용하여 다음과 같은 슬라이드를 완성해 보세요. 완성파일 : 기본13.pptx

작성조건 ▶ 도형 1 ⇒ 순서도 : 내부 저장소, 도형 채우기('녹색, 강조 6, 25% 더 어둡게'),
　　　　　　도형 윤곽선(실선, 색 : 주황, 너비 : 1pt, 겹선 종류 : 단순형),
　　　　　　도형 효과(그림자 – 안쪽 대각선 오른쪽 아래), 글꼴(돋움, 40pt, 텍스트 그림자)
　　　　▶ 배경 ⇒ 배경 서식(채우기 – 그림 또는 질감 채우기)에서 배경 2 삽입(현재 슬라이드만 적용)

슬라이드 4 아래의 작성조건 및 출력형태에 알맞게 네 번째 슬라이드에 작업하시오. 　　60점

출력형태

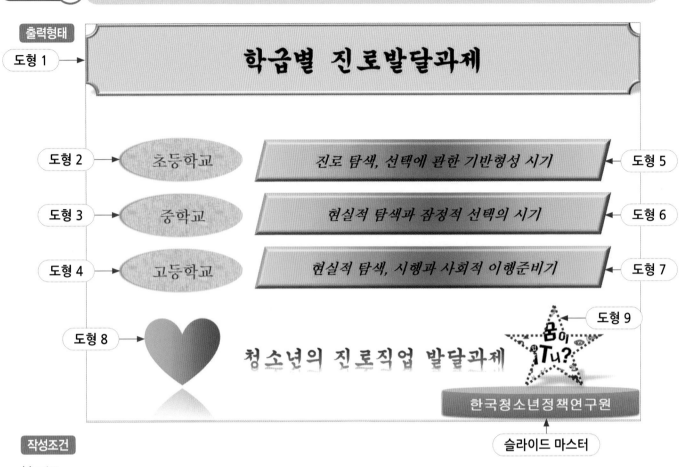

도형 1 → 학급별 진로발달과제

도형 2 → 초등학교　　진로 탐색, 선택에 관한 기반형성 시기 ← 도형 5

도형 3 → 중학교　　현실적 탐색과 잠정적 선택의 시기 ← 도형 6

도형 4 → 고등학교　　현실적 탐색, 시행과 사회적 이행준비기 ← 도형 7

도형 9

도형 8 → 청소년의 진로직업 발달과제　　봄이 Tu?

한국청소년정책연구원

슬라이드 마스터

작성조건

(1) 제목

▶ 도형 1 ⇒ 기본 도형 : 배지, 도형 채우기('주황, 강조 2, 60% 더 밝게'),

　　　　　도형 윤곽선(실선, 색 : 주황, 너비 : 2.5pt, 겹선 종류 : 단순형),

　　　　　도형 효과(그림자 – 원근감 대각선 오른쪽 위, 입체 효과 – 낮은 수준의 경사),

　　　　　글꼴(궁서체, 36pt, 굵게, 진한 파랑)

(2) 본문

▶ 도형 2~4 ⇒ 기본 도형 : 타원, 도형 채우기(질감 : 분홍 박엽지), 선 없음,

　　　　　　도형 효과(그림자 – 바깥쪽 – 오프셋 왼쪽), 글꼴(바탕, 22pt, 굵게, 빨강)

▶ 도형 5~7 ⇒ 기본 도형 : 평행 사변형, 도형 채우기(주황, 그라데이션 – 가운데에서), 선 없음,

　　　　　　도형 효과(입체 효과 – 비스듬하게), 글꼴(바탕, 20pt, 굵게, 기울임꼴, '검정, 텍스트 1')

▶ 도형 8 ⇒ 기본 도형 : 하트, 도형 채우기(연한 녹색, 그라데이션 – 선형 왼쪽), 선 없음,

　　　　　도형 효과(반사 – '1/2 반사, 4 pt 오프셋')

▶ 도형 9 ⇒ 별 및 현수막 : 포인트가 5개인 별, 도형 채우기(그림 또는 질감 채우기) 기능을 사용하여 그림 3 삽입,

　　　　　도형 윤곽선(실선, 색 : 빨강, 너비 : 3pt, 겹선 종류 : 단순형, 대시 종류 : 둥근 점선),

　　　　　도형 효과(그림자 – 원근감 대각선 오른쪽 위)

▶ WordArt 삽입(청소년의 진로직업 발달과제)

　⇒ WordArt 스타일('그라데이션 채우기 – 파랑, 강조 1, 반사'), 글꼴(궁서, 30pt, 굵게)

▶ 지시사항이 없는 부분은《 출력형태 》와 동일하게 작성하시오.

3 조건을 이용하여 다음과 같은 슬라이드를 완성해 보세요.

완성파일 : 기본13.pptx

작성조건
▶ 도형 1 ⇒ 블록 화살표 : 오각형, 도형 채우기('주황, 강조 2, 60% 더 밝게'),
　　　　　도형 윤곽선(실선, 색 : 녹색, 너비 : 2pt, 겹선 종류 : 단순형),
　　　　　도형 효과(입체 효과 – 디벗), 글꼴(궁서, 30pt, 굵게, 기울임꼴, '파랑, 강조 1')
▶ 배경 ⇒ 배경 서식(채우기 – 그림 또는 질감 채우기)에서 배경 3 삽입(현재 슬라이드만 적용)

4 조건을 이용하여 다음과 같은 슬라이드를 완성해 보세요.

완성파일 : 기본13.pptx

작성조건
▶ 도형 1 ⇒ 도형 1 ⇒ 기본 도형 : 정육면체, 도형 채우기('파랑, 강조 5, 80% 더 밝게'),
　　　　　도형 윤곽선(실선, 색 : 파랑, 너비 : 2pt, 겹선 종류 : 단순형),
　　　　　도형 효과(그림자 – 원근감 대각선 왼쪽 위),
　　　　　글꼴(맑은 고딕, 32pt, 기울임꼴, 밑줄, '검정, 텍스트 1')
▶ 배경 ⇒ 배경 서식(채우기 – 그림 또는 질감 채우기)에서 배경 4 삽입(현재 슬라이드만 적용)

슬라이드 3　아래의 작성조건 및 출력형태에 알맞게 세 번째 슬라이드에 작업하시오.　60점

출력형태

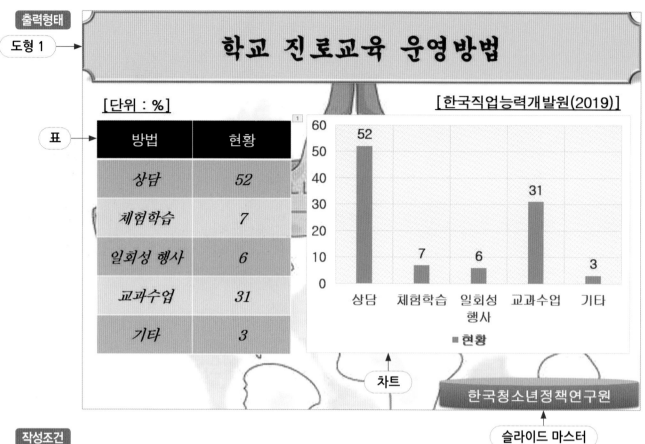

작성조건

(1) 제목

▶ 도형 1 ⇒ 기본 도형 : 배지, 도형 채우기('주황, 강조 2, 60% 더 밝게'),
　　　　　　도형 윤곽선(실선, 색 : 주황, 너비 : 2.5pt, 겹선 종류 : 단순형),
　　　　　　도형 효과(그림자 – 원근감 대각선 오른쪽 위, 입체 효과 – 낮은 수준의 경사),
　　　　　　글꼴(궁서체, 36pt, 굵게, 진한 파랑)

(2) 본문

▶ 텍스트 상자 1([단위 : %]) ⇒ 글꼴(돋움, 20pt, 굵게, 밑줄)

▶ 표 ⇒ 표 스타일(보통 스타일 2), 가장 위의 행 : 글꼴(돋움, 20pt, 굵게, 텍스트 그림자, 가운데 맞춤),
　　　　나머지 행 : 글꼴(바탕, 20pt, 굵게, 기울임꼴, 가운데 맞춤)

▶ 텍스트 상자 2([한국직업능력개발원(2019)]) ⇒ 글꼴(돋움, 20pt, 굵게, 밑줄)

▶ 차트 ⇒ 세로 막대형 : 묶은 세로 막대형, 차트 스타일(색 변경 – '단색형 – 색 7', 스타일 8),
　　　　　축 서식/데이터 레이블 : 글꼴(굴림, 18pt, 굵게), 범례 서식 : 글꼴(굴림, 18pt, 굵게, 텍스트 그림자),
　　　　　데이터는 표 참고

▶ 배경 ⇒ 배경 서식(채우기 – 그림 또는 질감 채우기)에서 그림 2 삽입(현재 슬라이드만 적용)

▶ 애니메이션 지정 ⇒ 차트 : 나타내기 – 올라오기

▶ 지시사항이 없는 부분은《 출력형태 》와 동일하게 작성하시오.

1 학습한 기능을 이용하여 다음과 같은 슬라이드를 완성해 보세요. 완성파일 : 실전04-01.pptx

● 슬라이드 크기는 A4, 가로 방향으로 작성, ⬭━➤ 은 지시사항이므로 작성하지 않음
  ▶ 슬라이드, 크기, 방향 조정 시 '맞춤 확인'으로 지정하여야 합니다.

출력형태

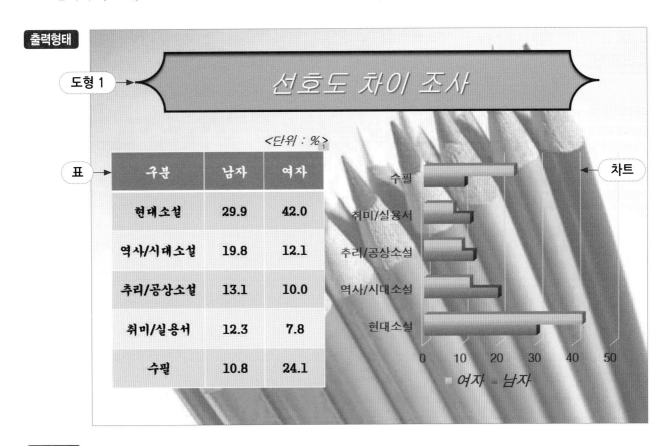

작성조건

(1) 제목
▶ 도형 1 ⇒ 기본 도형 : 배지, 도형 채우기('파랑, 강조 1, 40% 더 밝게'),
      도형 윤곽선(실선, 색 : 진한 파랑, 너비 : 3pt, 겹선 종류 : 단순형), 도형 효과(그림자 – 안쪽 위쪽),
      글꼴(굴림, 36pt, 기울임꼴, 텍스트 그림자)

(2) 본문
▶ 텍스트 상자(〈단위 : %〉) ⇒ 글꼴(돋움, 17pt, 기울임꼴)
▶ 표 ⇒ 표 스타일(보통 스타일 2 – 강조 2), 가장 위의 행 : 글꼴(궁서, 18pt, 굵게, 가운데 맞춤),
      나머지 행 : 글꼴(궁서, 17pt, 굵게, 가운데 맞춤)
▶ 차트 ⇒ 가로 막대형 : 3차원 묶은 가로 막대형, 차트 스타일(색 변경 – '색상형 – 색 3', 스타일 5),
      축 서식 : 글꼴(돋움, 16pt, 굵게), 범례 서식 : 글꼴(돋움, 20pt, 굵게, 기울임꼴), 데이터는 표 참고
▶ 배경 ⇒ 배경 서식(채우기 – 그림 또는 질감 채우기)에서 그림 7 삽입(현재 슬라이드만 적용)
▶ 애니메이션 지정 ⇒ 차트 : 나타내기 – 시계 방향 회전
▶ 지시사항이 없는 부분은《출력형태》와 동일하게 작성하시오.

슬라이드 2 아래의 작성조건 및 출력형태에 알맞게 두 번째 슬라이드에 작업하시오. 50점

출력형태

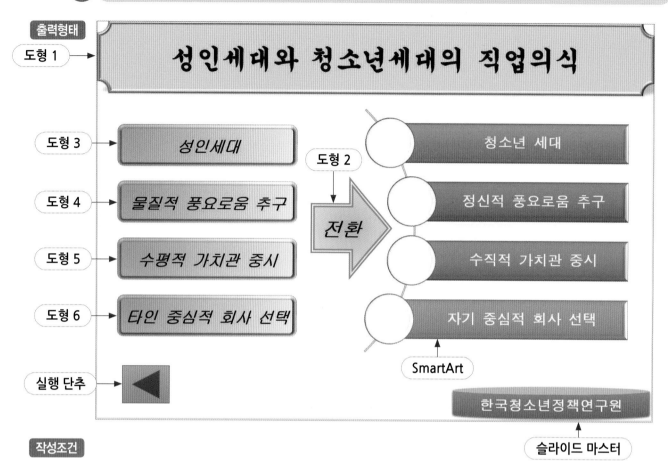

작성조건

(1) 제목

▶ 도형 1 ⇒ 기본 도형 : 배지, 도형 채우기('주황, 강조 2, 60% 더 밝게'),
　　　　　　도형 윤곽선(실선, 색 : 주황, 너비 : 2.5pt, 겹선 종류 : 단순형),
　　　　　　도형 효과(그림자 – 원근감 대각선 오른쪽 위, 입체 효과 – 낮은 수준의 경사),
　　　　　　글꼴(궁서체, 36pt, 굵게, 진한 파랑)

(2) 본문

▶ 도형 2 ⇒ 블록 화살표 : 오른쪽 화살표, 도형 채우기(연한 녹색, 그라데이션 – 가운데에서),
　　　　　　도형 윤곽선(실선, 색 : 녹색, 너비 : 6pt, 겹선 종류 : 이중),
　　　　　　글꼴(굴림체, 28pt, 굵게, 기울임꼴, '검정, 텍스트 1')

▶ 도형 3~6 ⇒ 사각형 : 모서리가 둥근 직사각형, 도형 채우기(자주, 그라데이션 – 왼쪽 위 모서리에서), 선 없음,
　　　　　　도형 효과(입체 효과 – 볼록하게), 글꼴(굴림체, 22pt, 굵게, 기울임꼴, '검정, 텍스트 1')

▶ 실행 단추 ⇒ 실행 단추 : 뒤로 또는 이전, 하이퍼링크 : 이전 슬라이드, 도형 스타일('미세 효과 – 파랑, 강조 5')

▶ SmartArt 삽입 ⇒ 목록형 : 세로 곡선 목록형, 글꼴(돋움체, 20pt, 굵게, 가운데 맞춤),
　　　　　　SmartArt 스타일(색 변경 – '색상형 범위 – 강조색 2 또는 3', 3차원 – 경사),
　　　　　　(반드시 SmartArt 기능을 이용하여 작성할 것)

▶ 애니메이션 지정 ⇒ SmartArt : 나타내기 – 시계 방향 회전

▶ 지시사항이 없는 부분은《 출력형태 》와 동일하게 작성하시오.

2 학습한 기능을 이용하여 다음과 같은 슬라이드를 완성해 보세요.

완성파일 : 실전04-02.pptx

● 슬라이드 크기는 A4, 가로 방향으로 작성, ⬭➞ 은 지시사항이므로 작성하지 않음
  ▶ 슬라이드, 크기, 방향 조정 시 '맞춤 확인'으로 지정하여야 합니다.

출력형태

년도	입국	출국
2011	6,022	10,080
2012	6,155	11,610
2013	6,455	13,327
2014	6,890	11,995
2015	7,818	12,494

작성조건

(1) 제목

▶ 도형 1 ⇒ 기본 도형 : 십자형, 도형 채우기('주황, 강조 2, 25% 더 어둡게'),
          도형 윤곽선(실선, 색 : 노랑, 너비 : 3pt, 겹선 종류 : 단순형),
          도형 효과(입체 효과 – 리블렛), 글꼴(맑은 고딕, 40pt, 기울임꼴, 텍스트 그림자)

(2) 본문

▶ 텍스트 상자 1(〈출처 : 한국관광공사〉) ⇒ 글꼴(굴림, 16pt, 굵게, 기울임꼴)
▶ 차트 ⇒ 세로 막대형 : 3차원 누적 세로 막대형, 차트 스타일(색 변경 – '단색형 – 색 6', 스타일 1),
        축 서식/데이터 레이블 서식 : 글꼴(돋움, 16pt, 굵게), 범례 서식 : 글꼴(돋움, 15pt, 굵게, 기울임꼴),
        데이터는 표 참고
▶ 텍스트 상자 2([단위 : 천명]) ⇒ 글꼴(굴림, 16pt, 굵게, 기울임꼴)
▶ 표 ⇒ 표 스타일(보통 스타일 2 – 강조 1),
      가장 위의 행 : 글꼴(맑은 고딕, 22pt, 굵게, 텍스트 그림자, 가운데 맞춤),
      나머지 행 : 글꼴(맑은 고딕, 20pt, 굵게, 기울임꼴, 가운데 맞춤)
▶ 배경 ⇒ 배경 서식(채우기 – 그림 또는 질감 채우기)에서 그림 8 삽입(현재 슬라이드만 적용)
▶ 애니메이션 지정 ⇒ 차트 : 나타내기 – 닦아내기
▶ 지시사항이 없는 부분은 《출력형태》와 동일하게 작성하시오.

유의사항
- 《작성조건》을 준수하여 반드시 프리젠테이션 슬라이드로 작업합니다.
- 글꼴 및 기타 사항에 대해 별도의 지시사항이 없는 경우, 슬라이드 크기와 전체적인 균형을 고려하여 임의로 작성하되, 도형은 그룹으로 설정하지 않습니다.
- 모든 슬라이드 크기(A4), 방향(가로), 디자인 테마(Office 테마)로 지정합니다.
  ▶ 슬라이드, 크기, 방향 조정 시 '맞춤 확인'으로 지정하여야 합니다.
- 공통적용사항(슬라이드 마스터)
  ▶ 도형 ⇒ 기본 도형 : 원통, 도형 스타일('강한 효과 – 주황, 강조 2'), 글꼴(굴림체, 20pt, 굵게)
- 그림 삽입 시 다운로드 한 그림 파일을 반드시 사용하여야 합니다.
- ⬩━━▶ 은 지시사항이므로 작성하지 않습니다.
- 슬라이드에 제시된 글자 및 숫자 오타는 감점처리 됩니다.

슬라이드 1 아래의 작성조건 및 출력형태에 알맞게 첫 번째 슬라이드에 작업하시오. 30점

작성조건

▶ 도형 1 ⇒ 기본 도형 : 액자, 도형 채우기(그라데이션 : 미리 설정 – '방사형 그라데이션 – 강조 5', 종류 – 방사형, 방향 – 가운데에서), 도형 윤곽선(실선, 색 : 진한 파랑, 너비 : 3pt, 겹선 종류 : 단순형), 도형 효과(그림자 – 원근감 – 아래쪽), 글꼴(돋움, 44pt, 굵게, 텍스트 그림자, 파랑)
▶ 도형 2 ⇒ 수식 도형 : 부등호, 도형 채우기(연한 파랑, 그라데이션 – 선형 왼쪽), 선 없음, 도형 효과(반사 – '근접 반사, 터치', 입체 효과 – 둥글게)
▶ 도형 3 ⇒ 수식 도형 : 나눗셈 기호, 도형 스타일('강한 효과 – 녹색, 강조 6')
▶ 그림 삽입 ⇒ 그림 1 삽입, 크기(높이 : 8cm, 너비 : 6cm)
▶ 텍스트 상자(청소년 진로발달의 영향요인) ⇒ 글꼴(궁서체, 24pt, 기울임꼴, 밑줄)
▶ 애니메이션 지정 ⇒ 도형 1 : 나타내기 – 도형
▶ 지시사항이 없는 부분은 《 출력형태 》와 동일하게 작성하시오.

WordArt 삽입하기

>>> **핵심만 쏙쏙** **❶** WordArt 삽입   **❷** WordArt 글꼴

워드아트는 문자열에 특수효과를 적용하여 예쁘게 꾸미는 기능입니다.
시험에서는 [슬라이드 4]에서 워드아트를 삽입하는 문제가 출제되고 있습니다.

**핵심
짚어보기**

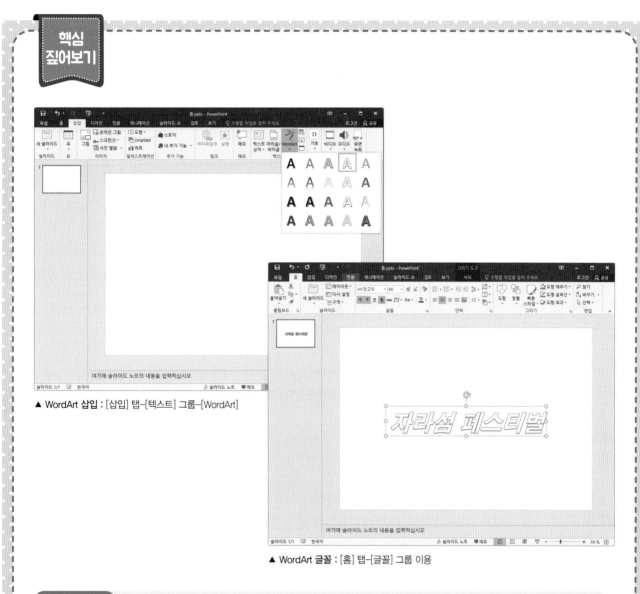

▲ WordArt 삽입 : [삽입] 탭-[텍스트] 그룹-[WordArt]

▲ WordArt 글꼴 : [홈] 탭-[글꼴] 그룹 이용

클래스 업

• **WordArt 삽입** : WordArt 스타일을 지정한 후 텍스트를 입력하고 글꼴을 지정하는 형태로 출제되고 있습니다.

• 만약 별도의 조건 없이 WordArt의 모양에 변동이 있을 경우 '회전 조절점(ⓒ)' 또는 '텍스트 효과(ㄱ)' 등을 이용해 〈출력형태〉와 동일한 모양으로 작성하도록 합니다.

- 시험과목 : 프리젠테이션
- 시험일자 : 20XX. XX. XX(X)
- 응시자 기재사항 및 감독위원 확인

수 검 번 호	DIP - XXXX -	감독위원 확인
성 명		

응시자 유의사항

1. 응시자는 신분증을 지참하여야 시험에 응시할 수 있으며, 시험이 종료될 때까지 신분증을 제시하지 못 할 경우 해당 시험은 0점 처리됩니다.
2. 시스템(PC작동여부, 네트워크 상태 등)의 이상여부를 반드시 확인하여야 하며, 시스템 이상이 있을시 감독위원에게 조치를 받으셔야 합니다.
3. 시험 중 부주의 또는 고의로 시스템을 파손한 경우는 응시자 부담으로 합니다.
4. 답안 전송 프로그램을 통해 다운로드 받은 파일을 이용하여 답안파일을 작성하시기 바랍니다.
5. 작성한 답안 파일은 답안 전송 프로그램을 통하여 전송됩니다. 감독위원의 지시에 따라 주시기 바랍니다.
6. 다음사항의 경우 실격(0점) 혹은 부정행위 처리됩니다.
   1) 답안파일을 저장하지 않았거나, 저장한 파일이 손상되었을 경우
   2) 답안파일을 지정된 폴더(바탕화면 "KAIT" 폴더)에 저장하지 않았을 경우
      ※ 답안 전송 프로그램 로그인 시 바탕화면에 자동 생성됨
   3) 답안파일을 다른 보조 기억장치(USB) 혹은 네트워크(메신저, 게시판 등)로 전송할 경우
   4) 휴대용 전화기 등 통신기기를 사용할 경우
7. 슬라이드는 반드시 순서대로 작성해야 하며, 순서가 다를 경우 "0"점 처리 됩니다.
8. 시험지에 제시된 글꼴이 응시 프로그램에 없는 경우, 반드시 감독위원에게 해당 내용을 통보한 뒤 조치를 받아야 합니다.
9. 슬라이드 작성 시 도형의 그룹설정을 사용하는 경우, 채점에서 감점처리 됩니다.
10. 시험의 완료는 작성이 완료된 답안을 저장하고, 답안 전송이 완료된 상태를 확인한 것으로 합니다. 답안 전송 확인 후 문제지는 감독위원에게 제출한 후 퇴실하여야 합니다.
11. 답안전송이 완료된 경우에는 수정 또는 정정이 불가능합니다.
12. 시험시행 후 합격자 발표는 홈페이지(www.ihd.or.kr)에서 확인하시기 바랍니다.
    1) 문제 및 모범답안 공개 : 20XX. XX. XX(X)
    2) 합격자 발표 : 20XX. XX. XX(X)

식별CODE

프

Korea Association for ICT promotion
한국정보통신진흥협회 **KAIT**

1 WordArt 삽입

1 WordArt 스타일 지정

[삽입] 탭–[텍스트] 그룹–[WordArt] 클릭 후 조건에 해당하는 WordArt 스타일 선택

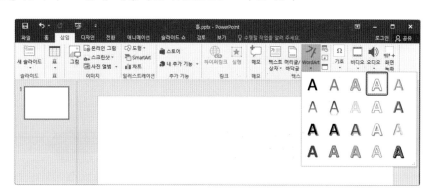

Tip

WordArt를 삽입하면 '텍스트를 입력하십시오.'라는 글자에 자동으로 블록이 지정되어 있습니다. 바로 조건에 해당하는 텍스트를 입력하면 됩니다.

2 텍스트 입력

'텍스트를 입력하십시오.'라는 글자에 블록이 지정된 상태에서 조건에 해당하는 텍스트 입력

2 WordArt 글꼴

WordArt 글꼴 지정

[홈] 탭–[글꼴] 그룹에서 조건에 해당하는 글꼴 지정

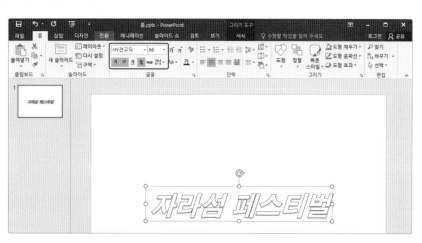

Tip

만약 별도의 조건 없이 WordArt의 모양에 변동이 있을 경우 '회전 조절점(⟳)'을 이용하거나 [서식] 탭–[Word Art 스타일]–[텍스트 효과] 클릭 후 [변환]에서 해당하는 모양 지정

슬라이드 4 아래의 작성조건 및 출력형태에 알맞게 네 번째 슬라이드에 작업하시오.   60점

출력형태

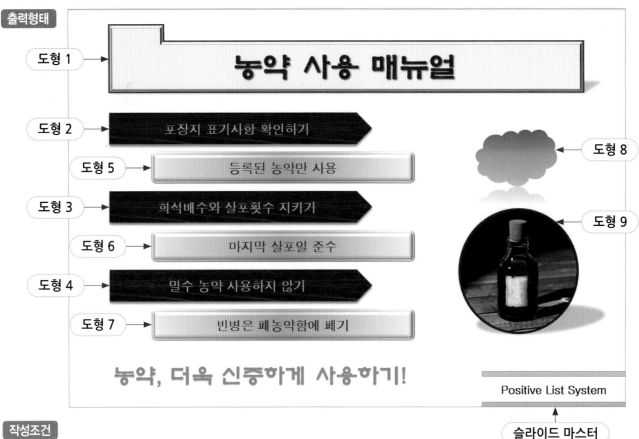

작성조건

(1) 제목

▶ 도형 1 ⇒ 기본 도형 : L 도형, 도형 채우기('주황, 강조 2, 80% 더 밝게'),
         도형 윤곽선(실선, 색 : 빨강, 너비 : 2pt, 겹선 종류 : 단순형),
         도형 효과(그림자 – 원근감 대각선 오른쪽 위, 입체 효과 – 볼록하게),
         글꼴(휴먼옛체, 40pt, 텍스트 그림자, 진한 빨강)

(2) 본문

▶ 도형 2~4 ⇒ 블록 화살표 : 오각형, 도형 채우기(질감 : 월넛), 선 없음,
         도형 효과(그림자 – 바깥쪽 – 오프셋 아래쪽), 글꼴(돋움, 18pt, 굵게, 주황)

▶ 도형 5~7 ⇒ 순서도 : 대체 처리, 도형 채우기(자주, 그라데이션 – 가운데에서), 선 없음,
         도형 효과(입체 효과 – 아트 데코), 글꼴(돋움, 18pt, 굵게, 자주)

▶ 도형 8 ⇒ 기본 도형 : 구름, 도형 채우기(주황, 그라데이션 – 선형 아래쪽), 선 없음,
         도형 효과(반사 – '근접 반사, 터치')

▶ 도형 9 ⇒ 기본 도형 : 타원, 도형 채우기(그림 또는 질감 채우기) 기능을 사용하여 그림 3 삽입,
         도형 윤곽선(실선, 색 : 진한 빨강, 너비 : 3pt, 겹선 종류 : 단순형),
         도형 효과(그림자 – 원근감 대각선 오른쪽 위)

▶ WordArt 삽입(농약, 더욱 신중하게 사용하기!)
   ⇒ WordArt 스타일('채우기 – 파랑, 강조 1, 그림자'), 글꼴(휴먼옛체, 30pt, 텍스트 그림자)

▶ 지시사항이 없는 부분은 《 출력형태 》와 동일하게 작성하시오.

① 조건을 이용하여 다음과 같은 슬라이드를 완성해 보세요.

완성파일 : 기본14.pptx

작성조건 ▶ WordArt 삽입(별난 과학놀이 체험전)
⇒ WordArt 스타일(채우기 – '주황, 강조 2, 윤곽선 – 강조 2'), 글꼴(굴림, 54pt, 굵게, 기울임꼴)

별난 과학놀이 체험전

② 조건을 이용하여 다음과 같은 슬라이드를 완성해 보세요.

완성파일 : 기본14.pptx

작성조건 ▶ WordArt 삽입(제주-세계7대자연경관)
⇒ WordArt 스타일(채우기 – '파랑, 강조 1, 그림자'), 글꼴(HY견고딕, 48pt, 기울임꼴, 텍스트 그림자)

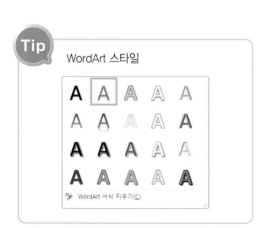

제주-세계7대자연경관

출력형태

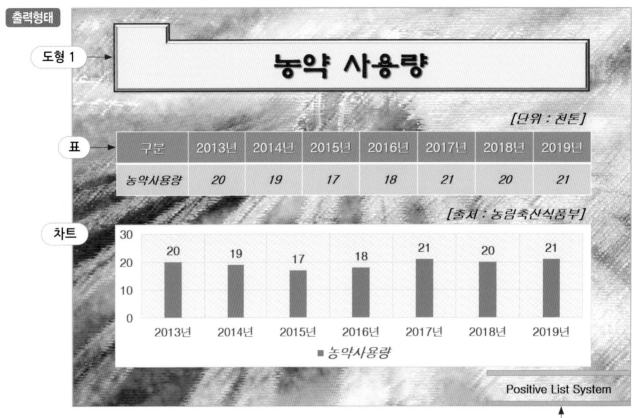

작성조건

(1) 제목

▶ 도형 1 ⇒ 기본 도형 : L 도형, 도형 채우기('주황, 강조 2, 80% 더 밝게'),
　　　　　도형 윤곽선(실선, 색 : 빨강, 너비 : 2pt, 겹선 종류 : 단순형),
　　　　　도형 효과(그림자 – 원근감 대각선 오른쪽 위, 입체 효과 – 볼록하게),
　　　　　글꼴(휴먼옛체, 40pt, 텍스트 그림자, 진한 빨강)

(2) 본문

▶ 텍스트 상자 1([단위 : 천톤]) ⇒ 글꼴(굴림, 18pt, 굵게, 기울임꼴)

▶ 표 ⇒ 표 스타일(보통 스타일 2 – 강조 3), 가장 위의 행 : 글꼴(굴림, 18pt, 굵게, 텍스트 그림자, 가운데 맞춤),
　　　나머지 행 : 글꼴(굴림, 16pt, 굵게, 기울임꼴, 가운데 맞춤)

▶ 텍스트 상자 2([출처 : 농림축산식품부]) ⇒ 글꼴(굴림, 18pt, 굵게, 기울임꼴)

▶ 차트 ⇒ 세로 막대형 : 묶은 세로 막대형, 차트 스타일(색 변경 – '색상형 – 색 2', 스타일 8),
　　　축 서식/데이터 레이블 서식 : 글꼴(돋움, 16pt, 굵게), 범례 서식 : 글꼴(돋움, 18pt, 굵게, 기울임꼴),
　　　데이터는 표 참고

▶ 배경 ⇒ 배경 서식(채우기 – 그림 또는 질감 채우기)에서 그림 2 삽입(현재 슬라이드만 적용)

▶ 애니메이션 지정 ⇒ 차트 : 나타내기 – 블라인드

▶ 지시사항이 없는 부분은《 출력형태 》와 동일하게 작성하시오.

③ 조건을 이용하여 다음과 같은 슬라이드를 완성해 보세요.

완성파일 : 기본14.pptx

작성조건 ▶ WordArt 삽입(Social Enterprise)
⇒ WordArt 스타일(채우기 - '황금색, 강조 4, 부드러운 입체'), 글꼴(돋움, 60pt, 굵게, 기울임꼴)

Social Enterprise

④ 조건을 이용하여 다음과 같은 슬라이드를 완성해 보세요.

완성파일 : 기본14.pptx

작성조건 ▶ WordArt 삽입(인적 네트워크 형성)
⇒ WordArt 스타일(그라데이션 채우기 - '파랑, 강조 1, 반사'), 글꼴(궁서체, 60pt, 굵게, 기울임꼴)

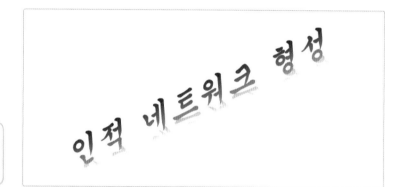

Tip
WordArt 스타일
WordArt의 '회전 조절점()'을 이용해 회전시킴

⑤ 조건을 이용하여 다음과 같은 슬라이드를 완성해 보세요.

완성파일 : 기본14.pptx

작성조건 ▶ WordArt 삽입(블로그 and E-mail)
⇒ WordArt 스타일(채우기 - '흰색, 윤곽선 - 강조 2, 진한 그림자 - 강조 2'),
글꼴(맑은 고딕, 56pt, 굵게, 텍스트 그림자)

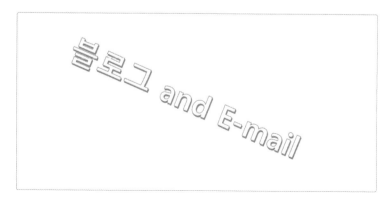

슬라이드 2 아래의 작성조건 및 출력형태에 알맞게 두 번째 슬라이드에 작업하시오.   50점

출력형태

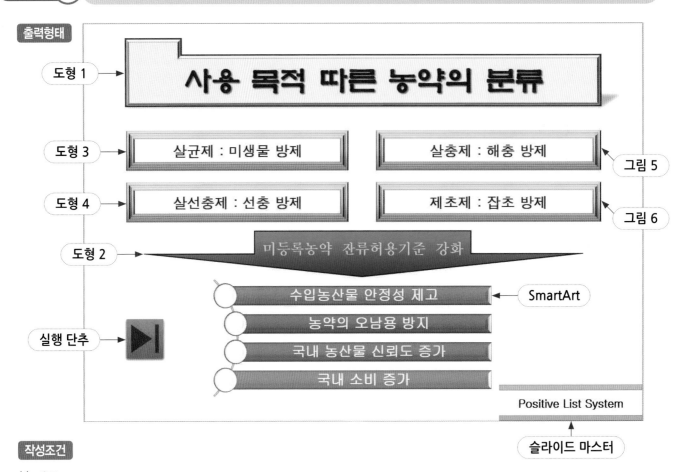

작성조건

(1) 제목

▶ 도형 1 ⇒ 기본 도형 : L 도형, 도형 채우기('주황, 강조 2, 80% 더 밝게'),
　　　　　 도형 윤곽선(실선, 색 : 빨강, 너비 : 2pt, 겹선 종류 : 단순형),
　　　　　 도형 효과(그림자 – 원근감 대각선 오른쪽 위, 입체 효과 – 볼록하게),
　　　　　 글꼴(휴먼옛체, 40pt, 텍스트 그림자, 진한 빨강)

(2) 본문

▶ 도형 2 ⇒ 블록 화살표 : 아래쪽 화살표, 도형 채우기(녹색, 그라데이션 – 선형 위쪽),
　　　　　 도형 윤곽선(실선, 색 : 진한 파랑, 너비 : 1pt, 겹선 종류 : 단순형), 글꼴(바탕, 20pt, 굵게, 노랑)

▶ 도형 3~6 ⇒ 기본 도형 : 액자, 도형 채우기(노랑, 그라데이션 – 선형 위쪽), 선 없음,
　　　　　 도형 효과(입체 효과 – 급경사), 글꼴(돋움, 20pt, 굵게, 진한 빨강)

▶ 실행 단추 ⇒ 실행 단추 : 끝, 하이퍼링크 : 마지막 슬라이드, 도형 스타일('강한 효과 – 주황, 강조 2')

▶ SmartArt 삽입 ⇒ 목록형 : 세로 곡선 목록형, 글꼴(굴림, 20pt, 굵게, 가운데 맞춤),
　　　　　 SmartArt 스타일(색 변경 – '색상형 범위 – 강조색 2 또는 3', 3차원 – 경사),
　　　　　 (반드시 SmartArt 기능을 이용하여 작성할 것)

▶ 애니메이션 지정 ⇒ SmartArt : 나타내기 – 날아오기

▶ 지시사항이 없는 부분은《 출력형태 》와 동일하게 작성하시오.

1 학습한 기능을 이용하여 다음과 같은 슬라이드를 완성해 보세요. 완성파일 : 실전05-01.pptx

● 슬라이드 크기는 A4, 가로 방향으로 작성, ⬭ ➞ 은 지시사항이므로 작성하지 않음
  ▶ 슬라이드, 크기, 방향 조정 시 '맞춤 확인'으로 지정하여야 합니다.

출력형태

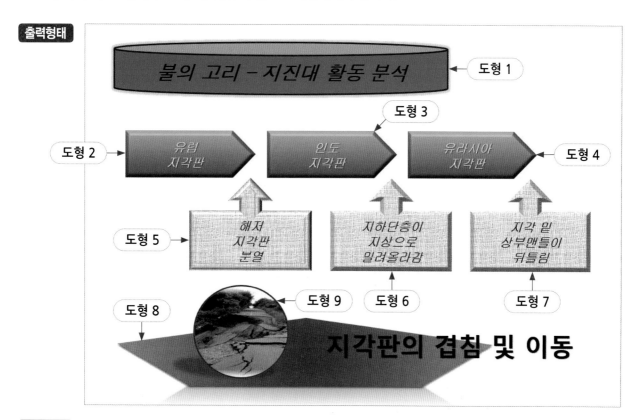

작성조건

(1) 제목
▶ 도형 1 ⇒ 기본 도형 : 원통, 도형 채우기('파랑, 강조 1, 25% 더 어둡게'),
　　　　　　도형 윤곽선(실선, 색 : 진한 파랑, 너비 : 2pt, 겹선 종류 : 단순형),
　　　　　　도형 효과(네온 − '파랑, 8 네온, 강조색 1'), 글꼴(돋움, 28pt, 굵게, 기울임꼴, '검정, 텍스트 1')

(2) 본문
▶ 도형 2~4 ⇒ 블록 화살표 : 오각형, 도형 채우기('녹색, 강조 6', 그라데이션 − 선형 위쪽), 선 없음,
　　　　　　　도형 효과(입체 효과 − 비스듬하게), 글꼴(굴림, 18pt, 기울임꼴, 텍스트 그림자)
▶ 도형 5~7 ⇒ 블록 화살표 : 위쪽 화살표 설명선, 도형 채우기(질감 : 캔버스), 선 없음,
　　　　　　　도형 효과(입체 효과 − 디벗), 글꼴(굴림, 18pt, 기울임꼴, '검정, 텍스트 1')
▶ 도형 8 ⇒ 기본 도형 : 정오각형, 도형 채우기('주황, 강조 2', 그라데이션 − 가운데에서), 신 없음,
　　　　　　도형 효과(반사 − '근접 반사, 터치')
▶ 도형 9 ⇒ 기본 도형 : 타원, 도형 채우기(그림 또는 질감 채우기) 기능을 사용하여 그림 9 삽입,
　　　　　　도형 윤곽선(실선, 색 : 자주, 너비 : 2pt, 겹선 종류 : 단순형), 도형 효과(그림자 − 원근감 대각선 왼쪽 위)
▶ WordArt 삽입(지각판의 겹침 및 이동)
　　⇒ WordArt 스타일(채우기 − '검정, 텍스트 1, 그림자'), 글꼴(맑은 고딕, 36pt, 굵게, 텍스트 그림자)
▶ 지시사항이 없는 부분은 《출력형태》와 동일하게 작성하시오.

유의사항
- 《작성조건》을 준수하여 반드시 프리젠테이션 슬라이드로 작업합니다.
- 글꼴 및 기타 사항에 대해 별도의 지시사항이 없는 경우, 슬라이드 크기와 전체적인 균형을 고려하여 임의로 작성하되, 도형은 그룹으로 설정하지 않습니다.
- 모든 슬라이드 크기(A4), 방향(가로), 디자인 테마(Office 테마)로 지정합니다.
  - ▶ 슬라이드, 크기, 방향 조정 시 '맞춤 확인'으로 지정하여야 합니다.
- 공통적용사항(슬라이드 마스터)
  - ▶ 도형 ⇒ 수식 도형 : 등호, 도형 스타일('미세 효과 – 주황, 강조 2'), 글꼴(굴림, 16pt, 굵게)
- 그림 삽입 시 다운로드 한 그림 파일을 반드시 사용하여야 합니다.
- ⟳ ⟶ 은 지시사항이므로 작성하지 않습니다.
- 슬라이드에 제시된 글자 및 숫자 오타는 감점처리 됩니다.

슬라이드 1 **아래의 작성조건 및 출력형태에 알맞게 첫 번째 슬라이드에 작업하시오.** 30점

출력형태

작성조건

- ▶ 도형 1 ⇒ 별 및 현수막 : 이중 물결, 도형 채우기(그라데이션 : 미리 설정 – '가운데 그라데이션 – 강조 2', 종류 – 선형, 방향 – 선형 오른쪽), 도형 윤곽선(실선, 색 : '녹색, 강조 6, 50% 더 어둡게', 너비 : 3pt, 겹선 종류 : 단순형), 도형 효과(입체 효과 – 아트 데코), 글꼴(휴먼옛체, 40pt, 텍스트 그림자)
- ▶ 도형 2 ⇒ 설명선 : 구름 모양 설명선, 도형 채우기(녹색, 그라데이션 – 선형 왼쪽), 선 없음, 도형 효과(그림자 – 안쪽 가운데, 반사 – '근접 반사, 터치')
- ▶ 도형 3 ⇒ 기본 도형 : "없음" 기호, 도형 스타일('강한 효과 – 주황, 강조 2')
- ▶ 그림 삽입 ⇒ 그림 1 삽입, 크기(높이 : 6cm, 너비 : 9cm)
- ▶ 텍스트 상자(농약의 안전관리기준 대폭 강화) ⇒ 글꼴(돋움, 24pt, 굵게, 밑줄, 진한 빨강)
- ▶ 애니메이션 지정 ⇒ 도형 1 : 나타내기 – 닦아내기
- ▶ 지시사항이 없는 부분은《 출력형태 》와 동일하게 작성하시오.

● 슬라이드 크기는 A4, 가로 방향으로 작성, ⬭—▶ 은 지시사항이므로 작성하지 않음
  ▶ 슬라이드, 크기, 방향 조정 시 '맞춤 확인'으로 지정하여야 합니다.

출력형태

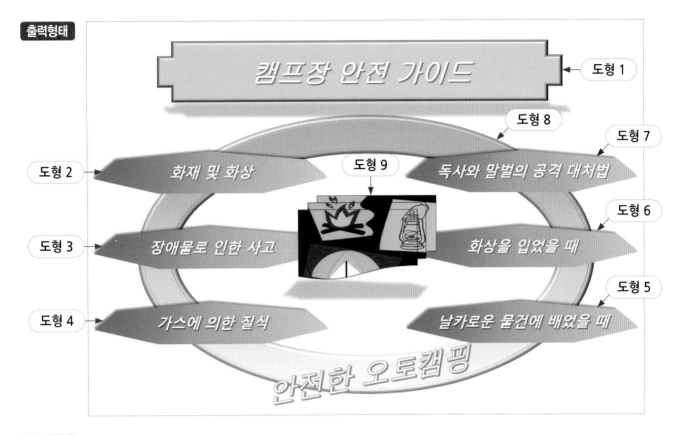

작성조건

(1) 제목
▶ 도형 1 ⇒ 기본 도형 : 십자형, 도형 채우기('녹색, 강조 6, 40% 더 밝게'),
        도형 윤곽선(실선, 색 : 녹색, 너비 : 3pt, 겹선 종류 : 단순형),
        도형 효과(그림자 – 원근감 대각선 오른쪽 아래, 입체 효과 – 둥글게),
        글꼴(굴림, 36pt, 굵게, 기울임꼴, 텍스트 그림자)

(2) 본문
▶ 도형 2~7 ⇒ 기본 도형 : 칠각형, 도형 채우기(주황, 그라데이션 – 왼쪽 위 모서리에서),
        선 없음, 도형 효과(그림자 – 바깥쪽 – 오프셋 대각선 왼쪽 위),
        글꼴(맑은 고딕, 20pt, 굵게, 기울임꼴, 텍스트 그림자)
▶ 도형 8 ⇒ 기본 도형 : 도넛, 도형 채우기(파랑, 그라데이션 – 선형 아래쪽), 선 없음,
        도형 효과(입체 효과 – 리블렛)
▶ 도형 9 ⇒ 순서도 : 다중 문서, 도형 채우기(그림 또는 질감 채우기) 기능을 사용하여 그림 2 삽입,
        도형 윤곽선(실선, 색 : 빨강, 너비 : 1pt, 겹선 종류 : 단순형),
        도형 효과(그림자 – 원근감 대각선 왼쪽 아래)
▶ WordArt 삽입(안전한 오토캠핑) ⇒ WordArt 스타일(채우기 – '흰색, 윤곽선 – 강조 2, 진한 그림자 – 강조 2'),
        글꼴(돋움, 40pt, 굵게, 기울임꼴, 텍스트 그림자)
▶ 지시사항이 없는 부분은《출력형태》와 동일하게 작성하시오.

- 시험과목 : 프리젠테이션
- 시험일자 : 20XX. XX. XX(X)
- 응시자 기재사항 및 감독위원 확인

수 검 번 호	DIP – XXXX –	감독위원 확인
성 명		

응시자 유의사항

1. 응시자는 신분증을 지참하여야 시험에 응시할 수 있으며, 시험이 종료될 때까지 신분증을 제시하지 못 할 경우 해당 시험은 0점 처리됩니다.

2. 시스템(PC작동여부, 네트워크 상태 등)의 이상여부를 반드시 확인하여야 하며, 시스템 이상이 있을시 감독위원에게 조치를 받으셔야 합니다.

3. 시험 중 부주의 또는 고의로 시스템을 파손한 경우는 응시자 부담으로 합니다.

4. 답안 전송 프로그램을 통해 다운로드 받은 파일을 이용하여 답안파일을 작성하시기 바랍니다.

5. 작성한 답안 파일은 답안 전송 프로그램을 통하여 전송됩니다. 감독위원의 지시에 따라 주시기 바랍니다.

6. 다음사항의 경우 실격(0점) 혹은 부정행위 처리됩니다.
   1) 답안파일을 저장하지 않았거나, 저장한 파일이 손상되었을 경우
   2) 답안파일을 지정된 폴더(바탕화면 "KAIT" 폴더)에 저장하지 않았을 경우
      ※ 답안 전송 프로그램 로그인 시 바탕화면에 자동 생성됨
   3) 답안파일을 다른 보조 기억장치(USB) 혹은 네트워크(메신저, 게시판 등)로 전송할 경우
   4) 휴대용 전화기 등 통신기기를 사용할 경우

7. 슬라이드는 반드시 순서대로 작성해야 하며, 순서가 다를 경우 "0"점 처리 됩니다.

8. 시험지에 제시된 글꼴이 응시 프로그램에 없는 경우, 반드시 감독위원에게 해당 내용을 통보한 뒤 조치를 받아야 합니다.

9. 슬라이드 작성 시 도형의 그룹설정을 사용하는 경우, 채점에서 감점처리 됩니다.

10. 시험의 완료는 작성이 완료된 답안을 저장하고, 답안 전송이 완료된 상태를 확인한 것으로 합니다. 답안 전송 확인 후 문제지는 감독위원에게 제출한 후 퇴실하여야 합니다.

11. 답안전송이 완료된 경우에는 수정 또는 정정이 불가능합니다.

12. 시험시행 후 합격자 발표는 홈페이지(www.ihd.or.kr)에서 확인하시기 바랍니다.
    1) 문제 및 모범답안 공개 : 20XX. XX. XX(X)
    2) 합격자 발표 : 20XX. XX. XX(X)

식별CODE
프
한국정보통신진흥협회 KAIT
Korea Association for ICT promotion

실전모의고사

CONTENTS

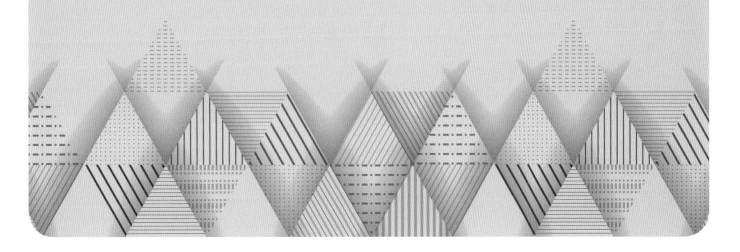

슬라이드 4 아래의 작성조건 및 출력형태에 알맞게 네 번째 슬라이드에 작업하시오. 60점

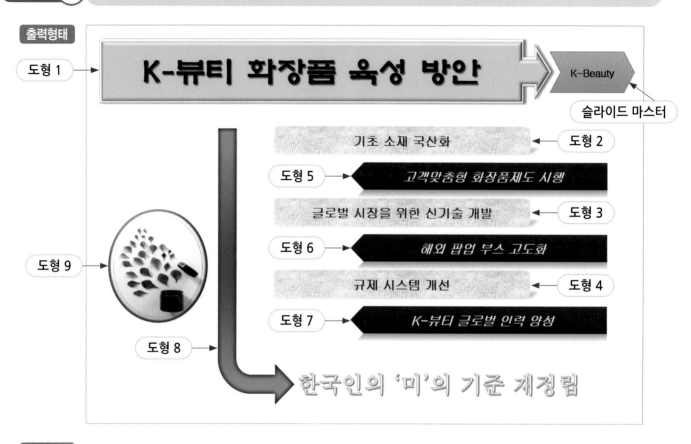

작성조건

(1) 제목

▶ 도형 1 ⇒ 블록 화살표 : 오른쪽 화살표 설명선, 도형 채우기('녹색, 강조 6, 40% 더 밝게'),
　　　　　도형 윤곽선(실선, 색 : '흰색, 배경 1', 너비 : 3pt, 겹선 종류 : 단순형),
　　　　　도형 효과(그림자 – 바깥쪽 – 오프셋 오른쪽, 입체 효과 – 아트 데코),
　　　　　글꼴(휴먼옛체, 42pt, 텍스트 그림자, 진한 파랑)

(2) 본문

▶ 도형 2~4 ⇒ 순서도 : 대체 처리, 도형 채우기(질감 : 편지지), 선 없음,
　　　　　도형 효과(그림자 – 원근감 대각선 오른쪽 위), 글꼴(굴림, 18pt, 굵게, '검정, 텍스트 1')

▶ 도형 5~7 ⇒ 블록 화살표 : 오각형, 도형 채우기(자주, 그라데이션 – 선형 위쪽), 선 없음,
　　　　　도형 효과(반사 – '근접 반사, 터치'), 글꼴(굴림, 18pt, 굵게, 기울임꼴)

▶ 도형 8 ⇒ 블록 화살표 : 굽은 화살표, 도형 채우기(녹색, 그라데이션 – 가운데에서), 선 없음,
　　　　　도형 효과(그림자 – 안쪽 가운데)

▶ 도형 9 ⇒ 기본 도형 : 타원, 도형 채우기(그림 또는 질감 채우기) 기능을 사용하여 그림 3 삽입,
　　　　　도형 윤곽선(실선, 색 : 녹색, 너비 : 3pt, 겹선 종류 : 단순형), 도형 효과(입체 효과 – 리블렛)

▶ WordArt 삽입(한국인의 '미'의 기준 재정립)
　　⇒ WordArt 스타일('채우기 – 흰색, 윤곽선 – 강조 2, 진한 그림자 – 강조 2'), 글꼴(바탕, 32pt, 굵게, 텍스트 그림자)

▶ 지시사항이 없는 부분은《 출력형태 》와 동일하게 작성하시오.

실전모의고사

MS Office 2016 버전용

- 시험과목 : 프리젠테이션
- 시험일자 : 20XX. XX. XX(X)
- 응시자 기재사항 및 감독위원 확인

수 검 번 호	DIP – XXXX –	감독위원 확인
성 명		

응시자 유의사항

1. 응시자는 신분증을 지참하여야 시험에 응시할 수 있으며, 시험이 종료될 때까지 신분증을 제시하지 못 할 경우 해당 시험은 0점 처리됩니다.
2. 시스템(PC작동여부, 네트워크 상태 등)의 이상여부를 반드시 확인하여야 하며, 시스템 이상이 있을시 감독위원에게 조치를 받으셔야 합니다.
3. 시험 중 부주의 또는 고의로 시스템을 파손한 경우는 응시자 부담으로 합니다.
4. 답안 전송 프로그램을 통해 다운로드 받은 파일을 이용하여 답안파일을 작성하시기 바랍니다.
5. 작성한 답안 파일은 답안 전송 프로그램을 통하여 전송됩니다. 감독위원의 지시에 따라 주시기 바랍니다.
6. 다음사항의 경우 실격(0점) 혹은 부정행위 처리됩니다.
    1) 답안파일을 저장하지 않았거나, 저장한 파일이 손상되었을 경우
    2) 답안파일을 지정된 폴더(바탕화면 "KAIT" 폴더)에 저장하지 않았을 경우
       ※ 답안 전송 프로그램 로그인 시 바탕화면에 자동 생성됨
    3) 답안파일을 다른 보조 기억장치(USB) 혹은 네트워크(메신저, 게시판 등)로 전송할 경우
    4) 휴대용 전화기 등 통신기기를 사용할 경우
7. 슬라이드는 반드시 순서대로 작성해야 하며, 순서가 다를 경우 "0"점 처리 됩니다.
8. 시험지에 제시된 글꼴이 응시 프로그램에 없는 경우, 반드시 감독위원에게 해당 내용을 통보한 뒤 조치를 받아야 합니다.
9. 슬라이드 작성 시 도형의 그룹설정을 사용하는 경우, 채점에서 감점처리 됩니다.
10. 시험의 완료는 작성이 완료된 답안을 저장하고, 답안 전송이 완료된 상태를 확인한 것으로 합니다. 답안 전송 확인 후 문제지는 감독위원에게 제출한 후 퇴실하여야 합니다.
11. 답안전송이 완료된 경우에는 수정 또는 정정이 불가능합니다.
12. 시험시행 후 합격자 발표는 홈페이지(www.ihd.or.kr)에서 확인하시기 바랍니다.
    1) 문제 및 모범답안 공개 : 20XX. XX. XX(X)
    2) 합격자 발표 : 20XX. XX. XX(X)

식별CODE

Korea Association for ICT promotion
한국정보통신진흥협회 **KAIT**

슬라이드 **3** 아래의 작성조건 및 출력형태에 알맞게 세 번째 슬라이드에 작업하시오.   60점

출력형태

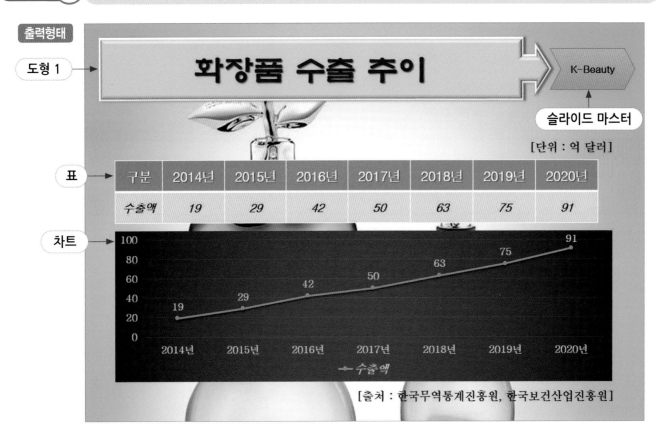

도형 1

슬라이드 마스터

표

차트

작성조건

(1) 제목

▶ 도형 1 ⇒ 블록 화살표 : 오른쪽 화살표 설명선, 도형 채우기('녹색, 강조 6, 40% 더 밝게'),
　　　　　도형 윤곽선(실선, 색 : '흰색, 배경 1', 너비 : 3pt, 겹선 종류 : 단순형),
　　　　　도형 효과(그림자 – 바깥쪽 – 오프셋 오른쪽, 입체 효과 – 아트 데코),
　　　　　글꼴(휴먼옛체, 42pt, 텍스트 그림자, 진한 파랑)

(2) 본문

▶ 텍스트 상자 1([단위 : 억 달러]) ⇒ 글꼴(바탕, 16pt, 굵게)

▶ 표 ⇒ 표 스타일(보통 스타일 2 – 강조 2), 가장 위의 행 : 글꼴(돋움, 18pt, 굵게, 텍스트 그림자, 가운데 맞춤),
　　　나머지 행 : 글꼴(돋움, 16pt, 굵게, 기울임꼴, 가운데 맞춤)

▶ 텍스트 상자 2([출처 : 한국무역통계진흥원, 한국보건산업진흥원]) ⇒ 글꼴(바탕, 16pt, 굵게)

▶ 차트 ⇒ 꺾은선형 : 표식이 있는 꺾은선형, 차트 스타일(색 변경 – '단색형 – 색 5', 스타일 7),
　　　축 서식/데이터 레이블 : 글꼴(바탕, 14pt, 굵게), 범례 서식 : 글꼴(바탕, 16pt, 굵게, 기울임꼴),
　　　데이터는 표 참고

▶ 배경 ⇒ 배경 서식(채우기 – 그림 또는 질감 채우기)에서 그림 2 삽입(현재 슬라이드만 적용)

▶ 애니메이션 지정 ⇒ 차트 : 나타내기 – 블라인드

▶ 지시사항이 없는 부분은《 출력형태 》와 동일하게 작성하시오.

유의사항
● 《작성조건》을 준수하여 반드시 프리젠테이션 슬라이드로 작업합니다.
● 글꼴 및 기타 사항에 대해 별도의 지시사항이 없는 경우, 슬라이드 크기와 전체적인 균형을 고려하여 임의로 작성하되, 도형은 그룹으로 설정하지 않습니다.
● 모든 슬라이드 크기(A4), 방향(가로), 디자인 테마(Office 테마)로 지정합니다.
　▶ 슬라이드, 크기, 방향 조정 시 '맞춤 확인'으로 지정하여야 합니다.
● 공통적용사항(슬라이드 마스터)
　▶ 도형 ⇒ 블록 화살표 : 갈매기형 수장, 도형 스타일('미세 효과 – 황금색, 강조 4'), 글꼴(굴림, 18pt, 굵게)
● 그림 삽입 시 다운로드 한 그림 파일을 반드시 사용하여야 합니다.
● ⬭⟶ 은 지시사항이므로 작성하지 않습니다.
● 슬라이드에 제시된 글자 및 숫자 오타는 감점처리 됩니다.

슬라이드 **1** 아래의 작성조건 및 출력형태에 알맞게 첫 번째 슬라이드에 작업하시오. 30점

출력형태

작성조건

▶ 도형 1 ⇒ 기본 도형 : 사다리꼴, 도형 채우기(그라데이션 : 미리 설정 – '가운데 그라데이션 – 강조 2',
　　　　　종류 – 선형, 방향 – 선형 왼쪽), 도형 윤곽선(실선, 색 : 노랑, 너비 : 3pt, 겹선 종류 : 단순형),
　　　　　도형 효과(그림자 – 원근감 대각선 왼쪽 위), 글꼴(돋움, 40pt, 굵게, 진한 파랑)
▶ 도형 2 ⇒ 기본 도형 : 하트, 도형 채우기(빨강, 그라데이션 – 가운데에서), 선 없음,
　　　　　도형 효과(그림자 – 안쪽 대각선 오른쪽 아래, 반사 – '전체 반사, 터치')
▶ 도형 3 ⇒ 별 및 현수막 : 포인트가 5개인 별, 도형 스타일('미세 효과 – 파랑, 강조 5')
▶ 그림 삽입 ⇒ 그림 1 삽입, 크기(높이 : 6cm, 너비 : 9cm)
▶ 텍스트 상자(사회 전반적으로 출산율이 감소하는 사회 현상) ⇒ 글꼴(굴림, 24pt, 굵게, 기울임꼴)
▶ 애니메이션 지정 ⇒ 도형 2 : 나타내기 – 확대/축소
▶ 지시사항이 없는 부분은 《 출력형태 》와 동일하게 작성하시오.

슬라이드 **2** 아래의 작성조건 및 출력형태에 알맞게 두 번째 슬라이드에 작업하시오. 50점

출력형태

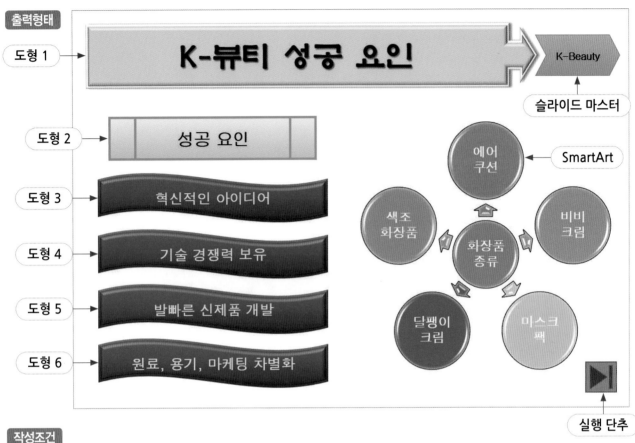

도형 1
도형 2
도형 3
도형 4
도형 5
도형 6
슬라이드 마스터
SmartArt
실행 단추

작성조건

(1) 제목
▶ 도형 1 ⇒ 블록 화살표 : 오른쪽 화살표 설명선, 도형 채우기('녹색, 강조 6, 40% 더 밝게'),
　　　　　도형 윤곽선(실선, 색 : '흰색, 배경 1', 너비 : 3pt, 겹선 종류 : 단순형),
　　　　　도형 효과(그림자 – 바깥쪽 – 오프셋 오른쪽, 입체 효과 – 아트 데코),
　　　　　글꼴(휴먼옛체, 42pt, 텍스트 그림자, 진한 파랑)

(2) 본문
▶ 도형 2 ⇒ 블순서도 : 종속 처리, 도형 채우기(녹색, 그라데이션 – 선형 위쪽),
　　　　　도형 윤곽선(실선, 색 : 녹색, 너비 : 3pt, 겹선 종류 : 단순형), 글꼴(굴림, 24pt, 굵게, '검정, 텍스트 1')
▶ 도형 3~6 ⇒ 별 및 현수막 : 물결, 도형 채우기(파랑, 그라데이션 – 선형 위쪽), 선 없음,
　　　　　도형 효과(입체효과 – 아트 데코), 글꼴(돋움, 20pt, 굵게, 노랑)
▶ 실행 단추 ⇒ 실행 단추 : 끝, 하이퍼링크 : 마지막 슬라이드, 도형 스타일('색 채우기 – 주황, 강조 2')
▶ SmartArt 삽입 ⇒ 주기형 : 분기 방사형, 글꼴(돋움, 18pt, 굵게, 가운데 맞춤),
　　　　　SmartArt 스타일(색 변경 – '색상형 – 강조색', 3차원 – 만화),
　　　　　(반드시 SmartArt 기능을 이용하여 작성할 것)
▶ 애니메이션 지정 ⇒ SmartArt : 나타내기 – 닦아내기
▶ 지시사항이 없는 부분은《 출력형태 》와 동일하게 작성하시오.

슬라이드 2 아래의 작성조건 및 출력형태에 알맞게 두 번째 슬라이드에 작업하시오.　　50점

출력형태

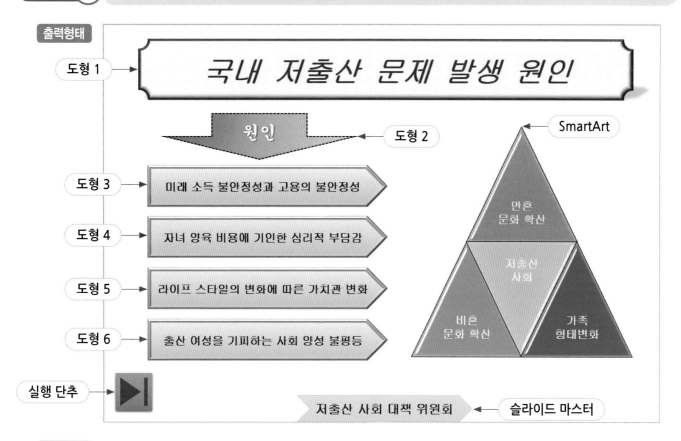

작성조건

(1) 제목

▶ 도형 1 ⇒ 기본 도형 : 배지, 도형 채우기('녹색, 강조 6, 80% 더 밝게'),
　　　　　　도형 윤곽선(실선, 색 : 진한 빨강, 너비 : 3pt, 겹선 종류 : 단순형),
　　　　　　도형 효과(그림자 – 원근감 대각선 오른쪽 위, 입체 효과 – 아트 데코),
　　　　　　글꼴(굴림체, 40pt, 굵게, 기울임꼴, 진한 빨강)

(2) 본문

▶ 도형 2 ⇒ 블록 화살표 : 아래쪽 화살표, 도형 채우기('황금색, 강조 4', 그라데이션 – 왼쪽 위 모서리에서),
　　　　　　도형 윤곽선(실선, 색 : '검정, 텍스트 1', 너비 : 1pt, 겹선 종류 : 단순형, 대시 종류 : 사각 점선),
　　　　　　글꼴(궁서, 24pt, 굵게, 텍스트 그림자)

▶ 도형 3~6 ⇒ 블록 화살표 : 오각형, 도형 채우기('주황, 강조 2', 그라데이션 – 선형 위쪽), 선 없음,
　　　　　　　도형 효과(입체 효과 – 낮은 수준의 경사), 글꼴(굴림, 16pt, 굵게, '검정, 텍스트 1')

▶ 실행 단추 ⇒ 실행 단추 : 끝, 하이퍼링크 : 마지막 슬라이드, 도형 스타일('강한 효과 – 녹색, 강소 6')

▶ SmartArt 삽입 ⇒ 피라미드형 : 세그먼트 피라미드형, 글꼴(굴림, 16pt, 굵게, 가운데 맞춤),
　　　　　　　　　SmartArt 스타일(색 변경 – '색상형 – 강조색', 3차원 – 만화),
　　　　　　　　　(반드시 SmartArt 기능을 이용하여 작성할 것)

▶ 애니메이션 지정 ⇒ SmartArt : 나타내기 – 닦아내기

▶ 지시사항이 없는 부분은 《 출력형태 》와 동일하게 작성하시오.

유의사항
- 《작성조건》을 준수하여 반드시 프리젠테이션 슬라이드로 작업합니다.
- 글꼴 및 기타 사항에 대해 별도의 지시사항이 없는 경우, 슬라이드 크기와 전체적인 균형을 고려하여 임의로 작성하되, 도형은 그룹으로 설정하지 않습니다.
- 모든 슬라이드 크기(A4), 방향(가로), 디자인 테마(Office 테마)로 지정합니다.
  - ▶ 슬라이드, 크기, 방향 조정 시 '맞춤 확인'으로 지정하여야 합니다.
- 공통적용사항(슬라이드 마스터)
  - ▶ 도형 ⇒ 블록 화살표 : 갈매기형 수장, 도형 스타일('미세 효과 – 파랑, 강조 5'), 글꼴(굴림, 14pt, 굵게)
- 그림 삽입 시 다운로드 한 그림 파일을 반드시 사용하여야 합니다.
- ⬭━━▶ 은 지시사항이므로 작성하지 않습니다.
- 슬라이드에 제시된 글자 및 숫자 오타는 감점처리 됩니다.

슬라이드 1 **아래의 작성조건 및 출력형태에 알맞게 첫 번째 슬라이드에 작업하시오.**   30점

출력형태

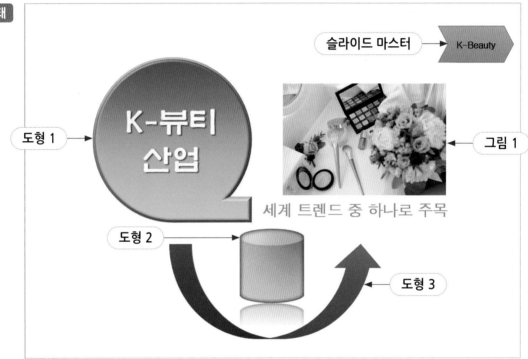

작성조건

- ▶ 도형 1 ⇒ 순서도 : 순차적 액세스 저장소, 도형 채우기(그라데이션 : 미리 설정 – '가운데 그라데이션 – 강조 6', 종류 – 선형, 방향 – 선형 아래쪽), 도형 윤곽선(실선, 색 : 연한 녹색, 너비 : 3pt, 겹선 종류 : 단순형), 도형 효과(입체 효과 – 비스듬하게), 글꼴(휴먼옛체, 48pt, 텍스트 그림자)
- ▶ 도형 2 ⇒ 기본 도형 : 원통, 도형 채우기(주황, 그라데이션 – 오른쪽 위 모서리에서), 선 없음, 도형 효과(그림자 – 안쪽 가운데, 반사 – '근접 반사, 터치')
- ▶ 도형 3 ⇒ 블록 화살표 : 위로 구부러진 화살표, 도형 스타일('보통 효과 – 파랑, 강조 5')
- ▶ 그림 삽입 ⇒ 그림 1 삽입, 크기(높이 : 6cm, 너비 : 9cm)
- ▶ 텍스트 상자(세계 트렌드 중 하나로 주목) ⇒ 글꼴(돋움, 24pt, 굵게, 녹색)
- ▶ 애니메이션 지정 ⇒ 도형 1 : 나타내기 – 날아오기
- ▶ 지시사항이 없는 부분은 《 출력형태 》와 동일하게 작성하시오.

슬라이드 **3** 아래의 작성조건 및 출력형태에 알맞게 세 번째 슬라이드에 작업하시오.   60점

출력형태

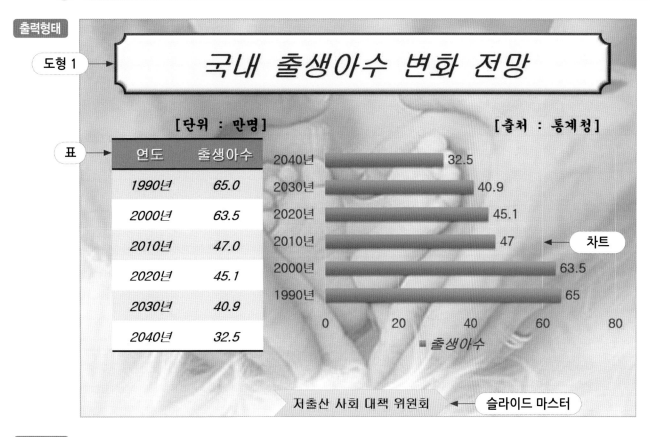

작성조건

(1) 제목

▶ 도형 1 ⇒ 기본 도형 : 배지, 도형 채우기('녹색, 강조 6, 80% 더 밝게'),

            도형 윤곽선(실선, 색 : 진한 빨강, 너비 : 3pt, 겹선 종류 : 단순형),

            도형 효과(그림자 – 원근감 대각선 오른쪽 위, 입체 효과 – 아트 데코),

            글꼴(굴림체, 40pt, 굵게, 기울임꼴, 진한 빨강)

(2) 본문

▶ 텍스트 상자 1([단위 : 만명]) ⇒ 글꼴(궁서체, 20pt, 굵게)

▶ 표 ⇒ 표 스타일(보통 스타일 3 – 강조 2), 가장 위의 행 : 글꼴(굴림, 20pt, 굵게, 텍스트 그림자, 가운데 맞춤),

      나머지 행 : 글꼴(굴림, 18pt, 굵게, 기울임꼴, 가운데 맞춤)

▶ 텍스트 상자 2([출처 : 통계청]) ⇒ 글꼴(궁서체, 20pt, 굵게)

▶ 차트 ⇒ 세로 막대형 : 묶은 세로 막대형, 차트 스타일(색 변경 – '색상형 – 색 4', 스타일 5),

      축 서식/데이터 레이블 : 글꼴(굴림, 18pt, 굵게), 범례 서식 : 글꼴(굴림, 20pt, 굵게, 기울임꼴),

      데이터는 표 참고

▶ 배경 ⇒ 배경 서식(채우기 – 그림 또는 질감 채우기)에서 그림 2 삽입(현재 슬라이드만 적용)

▶ 애니메이션 지정 ⇒ 차트 : 나타내기 – 바둑판 무늬

▶ 지시사항이 없는 부분은《 출력형태 》와 동일하게 작성하시오.

- 시험과목 : 프리젠테이션
- 시험일자 : 20XX. XX. XX(X)
- 응시자 기재사항 및 감독위원 확인

수 검 번 호	DIP – XXXX –	감독위원 확인
성 명		

응시자 유의사항

1. 응시자는 신분증을 지참하여야 시험에 응시할 수 있으며, 시험이 종료될 때까지 신분증을 제시하지 못 할 경우 해당 시험은 0점 처리됩니다.
2. 시스템(PC작동여부, 네트워크 상태 등)의 이상여부를 반드시 확인하여야 하며, 시스템 이상이 있을시 감독위원에게 조치를 받으셔야 합니다.
3. 시험 중 부주의 또는 고의로 시스템을 파손한 경우는 응시자 부담으로 합니다.
4. 답안 전송 프로그램을 통해 다운로드 받은 파일을 이용하여 답안파일을 작성하시기 바랍니다.
5. 작성한 답안 파일은 답안 전송 프로그램을 통하여 전송됩니다. 감독위원의 지시에 따라 주시기 바랍니다.
6. 다음사항의 경우 실격(0점) 혹은 부정행위 처리됩니다.
    1) 답안파일을 저장하지 않았거나, 저장한 파일이 손상되었을 경우
    2) 답안파일을 지정된 폴더(바탕화면 "KAIT" 폴더)에 저장하지 않았을 경우
       ※ 답안 전송 프로그램 로그인 시 바탕화면에 자동 생성됨
    3) 답안파일을 다른 보조 기억장치(USB) 혹은 네트워크(메신저, 게시판 등)로 전송할 경우
    4) 휴대용 전화기 등 통신기기를 사용할 경우
7. 슬라이드는 반드시 순서대로 작성해야 하며, 순서가 다를 경우 "0"점 처리 됩니다.
8. 시험지에 제시된 글꼴이 응시 프로그램에 없는 경우, 반드시 감독위원에게 해당 내용을 통보한 뒤 조치를 받아야 합니다.
9. 슬라이드 작성 시 도형의 그룹설정을 사용하는 경우, 채점에서 감점처리 됩니다.
10. 시험의 완료는 작성이 완료된 답안을 저장하고, 답안 전송이 완료된 상태를 확인한 것으로 합니다. 답안 전송 확인 후 문제지는 감독위원에게 제출한 후 퇴실하여야 합니다.
11. 답안전송이 완료된 경우에는 수정 또는 정정이 불가능합니다.
12. 시험시행 후 합격자 발표는 홈페이지(www.ihd.or.kr)에서 확인하시기 바랍니다.
    1) 문제 및 모범답안 공개 : 20XX. XX. XX(X)
    2) 합격자 발표 : 20XX. XX. XX(X)

식별CODE
프

Korea Association for ICT promotion
한국정보통신진흥협회 KAIT

슬라이드 4　아래의 작성조건 및 출력형태에 알맞게 네 번째 슬라이드에 작업하시오.　　　60점

출력형태

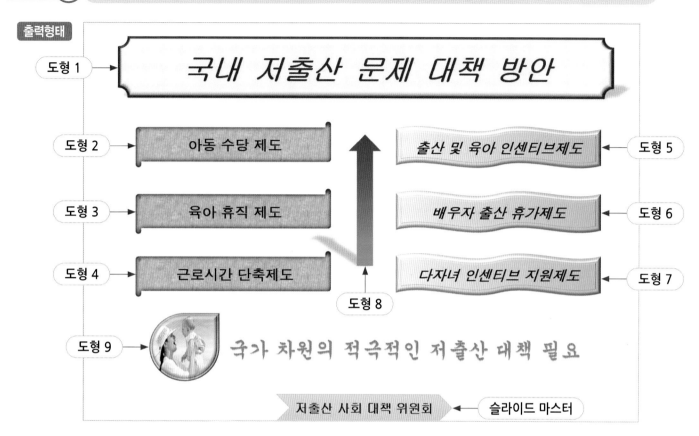

작성조건

(1) 제목

▶ 도형 1 ⇒ 기본 도형 : 배지, 도형 채우기('녹색, 강조 6, 80% 더 밝게'),
　　　　　　도형 윤곽선(실선, 색 : 진한 빨강, 너비 : 3pt, 겹선 종류 : 단순형),
　　　　　　도형 효과(그림자 – 원근감 대각선 오른쪽 위, 입체 효과 – 아트 데코),
　　　　　　글꼴(굴림체, 40pt, 굵게, 기울임꼴, 진한 빨강)

(2) 본문

▶ 도형 2~4 ⇒ 별 및 현수막 : 가로로 말린 두루마리 모양, 도형 채우기(질감 : 분홍 박엽지), 선 없음,
　　　　　　　도형 효과(그림자 – 안쪽 가운데), 글꼴(돋움, 20pt, 굵게, '검정, 텍스트 1')

▶ 도형 5~7 ⇒ 별 및 현수막 : 이중 물결, 도형 채우기('주황, 강조 2', 그라데이션 – 선형 왼쪽), 선 없음,
　　　　　　　도형 효과(입체 효과 – 리블렛), 글꼴(돋움, 20pt, 굵게, 기울임꼴, '검정, 텍스트 1')

▶ 도형 8 ⇒ 블록 화살표 : 위쪽 화살표, 도형 채우기(녹색, 그라데이션 – 선형 아래쪽), 선 없음,
　　　　　　도형 효과(그림자 – 원근감 대각선 왼쪽 위)

▶ 도형 9 ⇒ 기본 도형 : 눈물 방울, 도형 채우기(그림 또는 질감 채우기) 기능을 사용하여 그림 3 삽입,
　　　　　　도형 윤곽선(실선, 색 : '파랑, 강조 5', 너비 : 1pt, 겹선 종류 : 단순형), 도형 효과(입체 효과 – 아트 데코)

▶ WordArt 삽입(국가 차원의 적극적인 저출산 대책 필요)
　⇒ WordArt 스타일('채우기 – 파랑, 강조 1, 그림자'), 글꼴(궁서, 28pt, 텍스트 그림자)

▶ 지시사항이 없는 부분은《 출력형태 》와 동일하게 작성하시오.

슬라이드 **4** 아래의 작성조건 및 출력형태에 알맞게 네 번째 슬라이드에 작업하시오.   60점

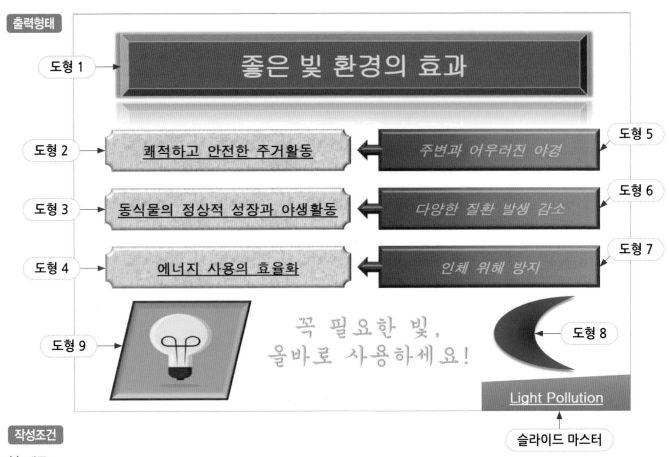

출력형태

작성조건

(1) 제목

▶ 도형 1 ⇒ 기본 도형 : 빗면, 도형 채우기('주황, 강조 2, 25% 더 어둡게'),
　　　　　도형 윤곽선(실선, 색 : 연한 녹색, 너비 : 1pt, 겹선 종류 : 단순형),
　　　　　도형 효과(그림자 – 바깥쪽 – 오프셋 가운데, 반사 – '근접 반사, 8 pt 오프셋'),
　　　　　글꼴(굴림, 36pt, 굵게, 노랑)

(2) 본문

▶ 도형 2~4 ⇒ 기본 도형 : 배지, 도형 채우기(질감 : 분홍 박엽지), 선 없음, 도형 효과(입체 효과 – 둥글게),
　　　　　　글꼴(돋움체, 20pt, 굵게, 밑줄, '검정, 텍스트 1')

▶ 도형 5~7 ⇒ 블록 화살표 : 왼쪽 화살표 설명선, 도형 채우기('주황, 강조 2', 그라데이션 – 왼쪽 아래 모서리에서),
　　　　　　선 없음, 도형 효과(입체 효과 – 비스듬하게), 글꼴(돋움체, 20pt, 굵게, 기울임꼴, 주황)

▶ 도형 8 ⇒ 기본 도형 : 달, 도형 채우기(파랑, 그라데이션 – 가운데에서), 선 없음,
　　　　　도형 효과(그림자 – 바깥쪽 – 오프셋 아래쪽)

▶ 도형 9 ⇒ 기본 도형 : 평행 사변형, 도형 채우기(그림 또는 질감 채우기) 기능을 사용하여 그림 3 삽입,
　　　　　도형 윤곽선(실선, 색 : 자주, 너비 : 3pt, 겹선 종류 : 단순형, 대시 종류 : 사각 점선),
　　　　　도형 효과(입체 효과 – 부드럽게 둥글리기)

▶ WordArt 삽입(꼭 필요한 빛, 올바로 사용하세요!)
　⇒ WordArt 스타일('채우기 – 황금색, 강조 4, 부드러운 입체'), 글꼴(궁서체, 32pt, 굵게)

▶ 지시사항이 없는 부분은《 출력형태 》와 동일하게 작성하시오.

실전모의고사

- 시험과목 : 프리젠테이션
- 시험일자 : 20XX. XX. XX(X)
- 응시자 기재사항 및 감독위원 확인

수 검 번 호	DIP - XXXX -	감독위원 확인
성 명		

응시자 유의사항

1. 응시자는 신분증을 지참하여야 시험에 응시할 수 있으며, 시험이 종료될 때까지 신분증을 제시하지 못 할 경우 해당 시험은 0점 처리됩니다.

2. 시스템(PC작동여부, 네트워크 상태 등)의 이상여부를 반드시 확인하여야 하며, 시스템 이상이 있을시 감독위원에게 조치를 받으셔야 합니다.

3. 시험 중 부주의 또는 고의로 시스템을 파손한 경우는 응시자 부담으로 합니다.

4. 답안 전송 프로그램을 통해 다운로드 받은 파일을 이용하여 답안파일을 작성하시기 바랍니다.

5. 작성한 답안 파일은 답안 전송 프로그램을 통하여 전송됩니다. 감독위원의 지시에 따라 주시기 바랍니다.

6. 다음사항의 경우 실격(0점) 혹은 부정행위 처리됩니다.

    1) 답안파일을 저장하지 않았거나, 저장한 파일이 손상되었을 경우
    2) 답안파일을 지정된 폴더(바탕화면 "KAIT" 폴더)에 저장하지 않았을 경우
       ※ 답안 전송 프로그램 로그인 시 바탕화면에 자동 생성됨
    3) 답안파일을 다른 보조 기억장치(USB) 혹은 네트워크(메신저, 게시판 등)로 전송할 경우
    4) 휴대용 전화기 등 통신기기를 사용할 경우

7. 슬라이드는 반드시 순서대로 작성해야 하며, 순서가 다를 경우 "0"점 처리 됩니다.

8. 시험지에 제시된 글꼴이 응시 프로그램에 없는 경우, 반드시 감독위원에게 해당 내용을 통보한 뒤 조치를 받아야 합니다.

9. 슬라이드 작성 시 도형의 그룹설정을 사용하는 경우, 채점에서 감점처리 됩니다.

10. 시험의 완료는 작성이 완료된 답안을 저장하고, 답안 전송이 완료된 상태를 확인한 것으로 합니다. 답안 전송 확인 후 문제지는 감독위원에게 제출한 후 퇴실하여야 합니다.

11. 답안전송이 완료된 경우에는 수정 또는 정정이 불가능합니다.

12. 시험시행 후 합격자 발표는 홈페이지(www.ihd.or.kr)에서 확인하시기 바랍니다.

    1) 문제 및 모범답안 공개 : 20XX. XX. XX(X)
    2) 합격자 발표 : 20XX. XX. XX(X)

식별CODE
프

Korea Association for ICT promotion
한국정보통신진흥협회 **KAIT**

슬라이드 **3** 아래의 작성조건 및 출력형태에 알맞게 세 번째 슬라이드에 작업하시오.   60점

작성조건

(1) 제목

▶ 도형 1 ⇒ 기본 도형 : 빗면, 도형 채우기('주황, 강조 2, 25% 더 어둡게'),
        도형 윤곽선(실선, 색 : 연한 녹색, 너비 : 1pt, 겹선 종류 : 단순형),
        도형 효과(그림자 – 바깥쪽 – 오프셋 가운데, 반사 – '근접 반사, 8 pt 오프셋),
        글꼴(굴림, 36pt, 굵게, 노랑)

(2) 본문

▶ 텍스트 상자 1([단위 : 건]) ⇒ 글꼴(돋움, 20pt, 굵게, 밑줄)

▶ 표 ⇒ 표 스타일(보통 스타일 2 – 강조 4), 가장 위의 행 : 글꼴(바탕체, 24pt, 굵게, 텍스트 그림자, 가운데 맞춤),
      나머지 행 : 글꼴(바탕체, 20pt, 굵게, 기울임꼴, 가운데 맞춤)

▶ 텍스트 상자 2([출처 : 환경부]) ⇒ 글꼴(돋움, 20pt, 굵게, 밑줄)

▶ 차트 ⇒ 세로 막대형 : 묶은 세로 막대형, 차트 스타일(색 변경 – '색상형 – 색 4', 스타일 7),
      축 서식/데이터 레이블 : 글꼴(굴림, 16pt, 굵게),
      범례 서식 : 글꼴(궁서, 18pt, 굵게, 기울임꼴, 텍스트 그림자), 데이터는 표 참고

▶ 배경 ⇒ 배경 서식(채우기 – 그림 또는 질감 채우기)에서 그림 2 삽입(현재 슬라이드만 적용)

▶ 애니메이션 지정 ⇒ 차트 : 나타내기 – 올라오기

▶ 지시사항이 없는 부분은《 출력형태 》와 동일하게 작성하시오.

유의사항
- 《작성조건》을 준수하여 반드시 프리젠테이션 슬라이드로 작업합니다.
- 글꼴 및 기타 사항에 대해 별도의 지시사항이 없는 경우, 슬라이드 크기와 전체적인 균형을 고려하여 임의로 작성하되, 도형은 그룹으로 설정하지 않습니다.
- 모든 슬라이드 크기(A4), 방향(가로), 디자인 테마(Office 테마)로 지정합니다.
  ▶ 슬라이드, 크기, 방향 조정 시 '맞춤 확인'으로 지정하여야 합니다.
- 공통적용사항(슬라이드 마스터)
  ▶ 도형 ⇒ 순서도 : 수동 입력, 도형 스타일('미세 효과 - 파랑, 강조 5'), 글꼴(궁서체, 24pt, 굵게)
- 그림 삽입 시 다운로드 한 그림 파일을 반드시 사용하여야 합니다.
- ⟨⟩➔ 은 지시사항이므로 작성하지 않습니다.
- 슬라이드에 제시된 글자 및 숫자 오타는 감점처리 됩니다.

슬라이드 1　**아래의 작성조건 및 출력형태에 알맞게 첫 번째 슬라이드에 작업하시오.**　30점

출력형태

작성조건

▶ 도형 1 ⇒ 순서도 : 다중 문서, 도형 채우기(그라데이션 : 미리 설정 - '방사형 그라데이션 - 강조 1', 종류 - 방사형, 방향 - 가운데에서), 도형 윤곽선(실선, 색 : 자주, 너비 : 2pt, 겹선 종류 : 단순형), 도형 효과(그림자 - 바깥쪽 - 오프셋 대각선 오른쪽 아래), 글꼴(돋움체, 44pt, 텍스트 그림자)
▶ 도형 2 ⇒ 기본 도형 : 도넛, 도형 채우기(노랑, 그라데이션 - 선형 왼쪽), 선 없음, 도형 효과(그림자 - 바깥쪽 - 오프셋 가운데, 입체 효과 - 둥글게)
▶ 도형 3 ⇒ 수식 도형 : 덧셈 기호, 도형 스타일('강한 효과 - 황금색, 강조 4')
▶ 그림 삽입 ⇒ 그림 1 삽입, 크기(높이 : 7cm, 너비 : 6cm)
▶ 텍스트 상자(도시에서 먹을거리를 가꾼다) ⇒ 글꼴(굴림체, 24pt, 굵게, 밑줄, 빨강)
▶ 애니메이션 지정 ⇒ 도형 1 : 나타내기 - 올라오기
▶ 지시사항이 없는 부분은 《 출력형태 》와 동일하게 작성하시오.

슬라이드 **2** 아래의 작성조건 및 출력형태에 알맞게 두 번째 슬라이드에 작업하시오. 50점

출력형태

작성조건

(1) 제목

▶ 도형 1 ⇒ 기본 도형 : 빗면, 도형 채우기('주황, 강조 2, 25% 더 어둡게'),
　　　　　　도형 윤곽선(실선, 색 : 연한 녹색, 너비 : 1pt, 겹선 종류 : 단순형),
　　　　　　도형 효과(그림자 – 바깥쪽 – 오프셋 가운데, 반사 – '근접 반사, 8 pt 오프셋),
　　　　　　글꼴(굴림, 36pt, 굵게, 노랑)

(2) 본문

▶ 도형 2 ⇒ 블록 화살표 : 오각형, 도형 채우기('녹색, 강조 6', 그라데이션 – 선형 오른쪽),
　　　　　　도형 윤곽선(실선, 색 : 노랑, 너비 : 6pt, 겹선 종류 : 이중),
　　　　　　글꼴(궁서체, 32pt, 기울임꼴, 텍스트 그림자, 빨강)

▶ 도형 3~6 ⇒ 사각형 : 한쪽 모서리가 잘린 사각형, 도형 채우기('주황, 강조 2', 그라데이션 – 선형 왼쪽), 선 없음,
　　　　　　도형 효과(입체 효과 – 각지게), 글꼴(돋움, 28pt, 굵게, 텍스트 그림자, 주황)

▶ 실행 단추 ⇒ 실행 단추 : 끝, 하이퍼링크 : 마지막 슬라이드, 도형 스타일('미세 효과 – 파랑, 강조 5')

▶ SmartArt 삽입 ⇒ 행렬형 : 제목 있는 행렬형, 글꼴(돋움체, 20pt, 굵게, 가운데 맞춤),
　　　　　　SmartArt 스타일(색 변경 – '색상형 범위 – 강조색 3 또는 4', 3차원 – 광택 처리),
　　　　　　(반드시 SmartArt 기능을 이용하여 작성할 것)

▶ 애니메이션 지정 ⇒ SmartArt : 나타내기 – 날아오기

▶ 지시사항이 없는 부분은《 출력형태 》와 동일하게 작성하시오.

슬라이드 **2** 　아래의 작성조건 및 출력형태에 알맞게 두 번째 슬라이드에 작업하시오.　　50점

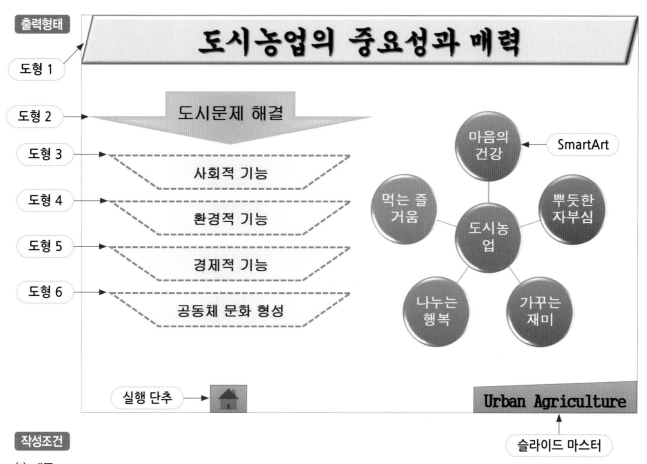

작성조건

(1) 제목

▶ 도형 1 ⇒ 기본 도형 : 평행 사변형, 도형 채우기('청회색, 텍스트 2, 80% 더 밝게'),
　　　　　　도형 윤곽선(실선, 색 : 녹색, 너비 : 1pt, 겹선 종류 : 단순형),
　　　　　　도형 효과(그림자 – 바깥쪽 – 오프셋 오른쪽 , 입체 효과 – 둥글게),
　　　　　　글꼴(궁서, 40pt, 굵게, 텍스트 그림자, 진한 파랑)

(2) 본문

▶ 도형 2 ⇒ 블록 화살표 : 아래쪽 화살표, 도형 채우기('주황, 강조 2', 그라데이션 – 가운데에서),
　　　　　　도형 윤곽선(실선, 색 : 주황, 너비 : 5pt, 겹선 종류 : 굵고 얇음), 글꼴(굴림, 24pt, 굵게, '검정, 텍스트 1')

▶ 도형 3~6 ⇒ 순서도 : 수동 연산, 도형 채우기(노랑, 그라데이션 – 가운데에서),
　　　　　　　도형 윤곽선(실선, 색 : 녹색, 너비 : 2.5pt, 겹선 종류 : 단순형, 대시 종류 : 사각 점선),
　　　　　　글꼴(굴림, 20pt, 굵게, '검정, 텍스트 1')

▶ 실행 단추 → 실행 단추 : 홈, 하이퍼링크 : 첫째 슬라이드, 도형 스타일('미세 효과 – 파랑, 강조 5')

▶ SmartArt 삽입 ⇒ 주기형 : 기본 방사형, 글꼴(돋움, 20pt, 굵게, 가운데 맞춤),
　　　　　　　　SmartArt 스타일(색 변경 – '색상형 범위 – 강조색 2 또는 3', 3차원 – 광택 처리),
　　　　　　　(반드시 SmartArt 기능을 이용하여 작성할 것)

▶ 애니메이션 지정 ⇒ SmartArt : 나타내기 – 날아오기

▶ 지시사항이 없는 부분은《 출력형태 》와 동일하게 작성하시오.

유의사항
● 《작성조건》을 준수하여 반드시 프리젠테이션 슬라이드로 작업합니다.
● 글꼴 및 기타 사항에 대해 별도의 지시사항이 없는 경우, 슬라이드 크기와 전체적인 균형을 고려하여 임의로 작성하되, 도형은 그룹으로 설정하지 않습니다.
● 모든 슬라이드 크기(A4), 방향(가로), 디자인 테마(Office 테마)로 지정합니다.
　▶ 슬라이드, 크기, 방향 조정 시 '맞춤 확인'으로 지정하여야 합니다.
● 공통적용사항(슬라이드 마스터)
　▶ 도형 ⇒ 순서도 : 수동 입력, 도형 스타일('보통 효과 – 파랑, 강조 1'), 글꼴(굴림, 20pt, 굵게, 밑줄)
● 그림 삽입 시 다운로드 한 그림 파일을 반드시 사용하여야 합니다.
● ⌒━━▶ 은 지시사항이므로 작성하지 않습니다.
● 슬라이드에 제시된 글자 및 숫자 오타는 감점처리 됩니다.

슬라이드 **1** 　**아래의 작성조건 및 출력형태에 알맞게 첫 번째 슬라이드에 작업하시오.**　　30점

출력형태

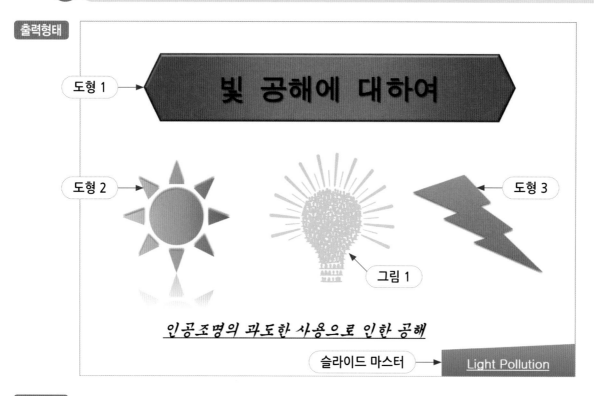

작성조건

▶ 도형 1 ⇒ 기본 도형 : 육각형, 도형 채우기(그라데이션 : 미리 설정 – '방사형 그라데이션 – 강조 2', 종류 – 방사형, 방향 – 가운데에서), 도형 윤곽선(실선, 색 : 자주, 너비 : 2pt, 겹선 종류 : 단순형), 도형 효과(입체 효과 – 둥글게), 글꼴(돋움체, 44pt, 굵게, 텍스트 그림자, '검정, 텍스트 1')
▶ 도형 2 ⇒ 기본 도형 : 해, 도형 채우기(주황, 그라데이션 – 선형 왼쪽), 선 없음, 도형 효과(그림자 – 바깥쪽 – 오프셋 위쪽, 반사 –'근접 반사, 터치')
▶ 도형 3 ⇒ 기본 도형 : 번개, 도형 스타일('강한 효과 – 주황, 강조 2')
▶ 그림 삽입 ⇒ 그림 1 삽입, 크기(높이 : 7cm, 너비 : 7cm)
▶ 텍스트 상자(인공조명의 과도한 사용으로 인한 공해) ⇒ 글꼴(궁서, 24pt, 기울임꼴, 밑줄)
▶ 애니메이션 지정 ⇒ 도형 1 : 나타내기 – 밝기 변화
▶ 지시사항이 없는 부분은《 출력형태 》와 동일하게 작성하시오.

슬라이드 **3** 　아래의 작성조건 및 출력형태에 알맞게 세 번째 슬라이드에 작업하시오.　　60점

출력형태

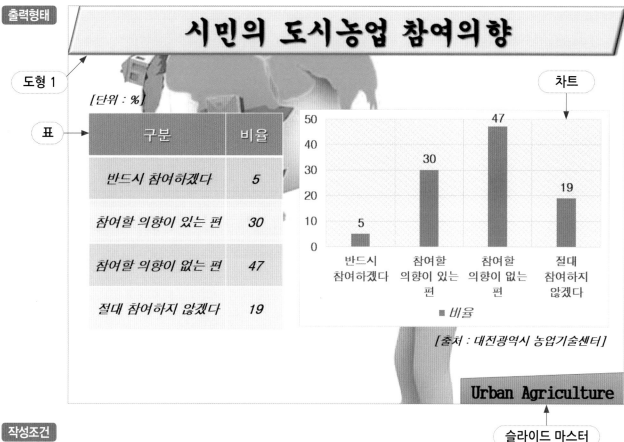

도형 1

표

차트

슬라이드 마스터

작성조건

(1) 제목

▶ 도형 1 ⇒ 기본 도형 : 평행 사변형, 도형 채우기('청회색, 텍스트 2, 80% 더 밝게'),
　　　　　도형 윤곽선(실선, 색 : 녹색, 너비 : 1pt, 겹선 종류 : 단순형),
　　　　　도형 효과(그림자 – 바깥쪽 – 오프셋 오른쪽 , 입체 효과 – 둥글게),
　　　　　글꼴(궁서, 40pt, 굵게, 텍스트 그림자, 진한 파랑)

(2) 본문

▶ 텍스트 상자 1([단위 : %]) ⇒ 글꼴(돋움, 16pt, 굵게, 기울임꼴)

▶ 표 ⇒ 표 스타일(보통 스타일 2 – 강조 3), 가장 위의 행 : 글꼴(돋움체, 20pt, 굵게, 텍스트 그림자, 가운데 맞춤),
　　　나머지 행 : 글꼴(돋움, 18pt, 굵게, 기울임꼴, 가운데 맞춤)

▶ 텍스트 상자 2([출처 : 대전광역시 농업기술센터]) ⇒ 글꼴(돋움, 16pt, 굵게, 기울임꼴)

▶ 차트 ⇒ 세로 막대형 : 묶은 세로 막대형, 차트 스타일(색 변경 – '색상형 – 색 4', 스타일 8),
　　　축 서식/데이터 레이블 : 글꼴(돋움, 16pt, 굵게), 범례 서식 : 글꼴(굴림, 18pt, 굵게, 기울임꼴),
　　　데이터는 표 참고

▶ 배경 ⇒ 배경 서식(채우기 – 그림 또는 질감 채우기)에서 그림 2 삽입(현재 슬라이드만 적용)

▶ 애니메이션 지정 ⇒ 차트 : 나타내기 – 나누기

▶ 지시사항이 없는 부분은 《 출력형태 》와 동일하게 작성하시오.

- 시험과목 : 프리젠테이션
- 시험일자 : 20XX. XX. XX(X)
- 응시자 기재사항 및 감독위원 확인

수 검 번 호	DIP - XXXX -	감독위원 확인
성 명		

응시자 유의사항

1. 응시자는 신분증을 지참하여야 시험에 응시할 수 있으며, 시험이 종료될 때까지 신분증을 제시하지 못 할 경우 해당 시험은 0점 처리됩니다.

2. 시스템(PC작동여부, 네트워크 상태 등)의 이상여부를 반드시 확인하여야 하며, 시스템 이상이 있을시 감독위원에게 조치를 받으셔야 합니다.

3. 시험 중 부주의 또는 고의로 시스템을 파손한 경우는 응시자 부담으로 합니다.

4. 답안 전송 프로그램을 통해 다운로드 받은 파일을 이용하여 답안파일을 작성하시기 바랍니다.

5. 작성한 답안 파일은 답안 전송 프로그램을 통하여 전송됩니다. 감독위원의 지시에 따라 주시기 바랍니다.

6. 다음사항의 경우 실격(0점) 혹은 부정행위 처리됩니다.

   1) 답안파일을 저장하지 않았거나, 저장한 파일이 손상되었을 경우

   2) 답안파일을 지정된 폴더(바탕화면 "KAIT" 폴더)에 저장하지 않았을 경우

      ※ 답안 전송 프로그램 로그인 시 바탕화면에 자동 생성됨

   3) 답안파일을 다른 보조 기억장치(USB) 혹은 네트워크(메신저, 게시판 등)로 전송할 경우

   4) 휴대용 전화기 등 통신기기를 사용할 경우

7. 슬라이드는 반드시 순서대로 작성해야 하며, 순서가 다를 경우 "0"점 처리 됩니다.

8. 시험지에 제시된 글꼴이 응시 프로그램에 없는 경우, 반드시 감독위원에게 해당 내용을 통보한 뒤 조치를 받아야 합니다.

9. 슬라이드 작성 시 도형의 그룹설정을 사용하는 경우, 채점에서 감점처리 됩니다.

10. 시험의 완료는 작성이 완료된 답안을 저장하고, 답안 전송이 완료된 상태를 확인한 것으로 합니다. 답안 전송 확인 후 문제지는 감독위원에게 제출한 후 퇴실하여야 합니다.

11. 답안전송이 완료된 경우에는 수정 또는 정정이 불가능합니다.

12. 시험시행 후 합격자 발표는 홈페이지(www.ihd.or.kr)에서 확인하시기 바랍니다.

    1) 문제 및 모범답안 공개 : 20XX. XX. XX(X)

    2) 합격자 발표 : 20XX. XX. XX(X)

식별CODE

Korea Association for ICT promotion
한국정보통신진흥협회 **KAIT**

슬라이드 4　아래의 작성조건 및 출력형태에 알맞게 네 번째 슬라이드에 작업하시오.　　60점

출력형태

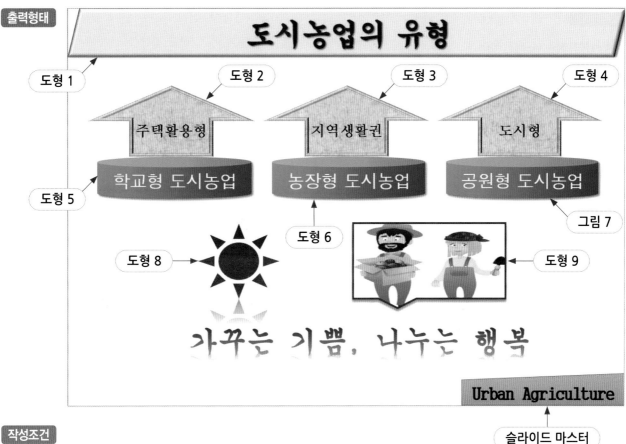

작성조건

(1) 제목

▶ 도형 1 ⇒ 기본 도형 : 평행 사변형, 도형 채우기('청회색, 텍스트 2, 80% 더 밝게'),
　　　　　도형 윤곽선(실선, 색 : 녹색, 너비 : 1pt, 겹선 종류 : 단순형),
　　　　　도형 효과(그림자 – 바깥쪽 – 오프셋 오른쪽 , 입체 효과 – 둥글게),
　　　　　글꼴(궁서, 40pt, 굵게, 텍스트 그림자, 진한 파랑)

(2) 본문

▶ 도형 2~4 ⇒ 블록 화살표 : 위쪽 화살표, 도형 채우기(질감 : 분홍 박엽지), 선 없음,
　　　　　　도형 효과(입체 효과 – 급경사), 글꼴(바탕체, 20pt, 굵게, '검정, 텍스트 1')

▶ 도형 5~7 ⇒ 기본 도형 : 원통, 도형 채우기(녹색, 그라데이션 – 선형 왼쪽), 선 없음,
　　　　　　도형 효과(그림자 – 바깥쪽 – 오프셋 대각선 오른쪽 아래), 글꼴(돋움, 24pt, 굵게)

▶ 도형 8 ⇒ 기본 도형 : 해, 도형 채우기(빨강, 그라데이션 – 선형 아래쪽), 선 없음, 도형 효과(반사 – '근접 반사, 터치')

▶ 도형 9 ⇒ 설명선 : 사각형 설명선, 도형 채우기(그림 또는 질감 채우기) 기능을 사용하여 그림 3 삽입,
　　　　　선 색(실선, 색 : 자주), 선 스타일(너비 : 2.5pt, 겹선 종류 : 단순형),
　　　　　도형 효과(그림자 – 바깥쪽 – 오프셋 아래쪽)

▶ WordArt 삽입(가꾸는 기쁨, 나누는 행복)
　⇒ WordArt 스타일('그라데이션 채우기 – 파랑, 강조 1, 반사'), 글꼴(궁서체, 40pt, 굵게)

▶ 지시사항이 없는 부분은《 출력형태 》와 동일하게 작성하시오.

슬라이드 4 아래의 작성조건 및 출력형태에 알맞게 네 번째 슬라이드에 작업하시오. 60점

출력형태

도형 1 →

사회복지 정책과 제도

도형 2 → 사회복지정책론 사회복지정책에 대한 개괄적 이해 ← 도형 5

도형 3 → 사회복지행정론 사회복지행정의 개념과 역사 ← 도형 6

도형 4 → 사회복지법제론 판례 및 사례 ← 도형 7

← 도형 9

도형 8 → grade social worker

보건복지부

슬라이드 마스터

작성조건

(1) 제목

▶ 도형 1 ⇒ 기본 도형 : 십자형, 도형 채우기('주황, 강조 2, 40% 더 밝게'),
　　　　　　도형 윤곽선(실선, 색 : 주황, 너비 : 2pt, 겹선 종류 : 단순형),
　　　　　　도형 효과(그림자 - 안쪽 대각선 오른쪽 위, 입체 효과 - 아트 데코),
　　　　　　글꼴(돋움체, 40pt, 굵게, 텍스트 그림자, 빨강)

(2) 본문

▶ 도형 2~4 ⇒ 기본 도형 : 육각형, 도형 채우기(질감 : 파피루스), 선 없음, 도형 효과(그림자 - 안쪽 가운데),
　　　　　　　글꼴(굴림, 20pt, 굵게, 파랑)

▶ 도형 5~7 ⇒ 기본 도형 : 빗면, 도형 채우기('녹색, 강조 6', 그라데이션 - 가운데에서), 선 없음,
　　　　　　　도형 효과(그림자 - 원근감 대각선 오른쪽 위), 글꼴(돋움, 24pt, 굵게, 기울임꼴, '검정, 텍스트 1')

▶ 도형 8 ⇒ 블록 화살표 : 위쪽 화살표 설명선, 도형 채우기(연한 녹색, 그라데이션 - 선형 왼쪽), 선 없음,
　　　　　　도형 효과(반사 - '1/2 반사, 4 pt 오프셋')

▶ 도형 9 ⇒ 기본 도형 : 정육면체, 도형 채우기(그림 또는 질감 채우기) 기능을 사용하여 그림 3 삽입,
　　　　　　도형 윤곽선(실선, 색 : 노랑, 너비 : 3pt, 겹선 종류 : 단순형, 대시 종류 : 둥근 점선),
　　　　　　도형 효과(반사 - '근접 반사, 터치')

▶ WordArt 삽입(grade social worker)
　⇒ WordArt 스타일('채우기 - 주황, 강조 2, 윤곽선 - 강조 2'), 글꼴(궁서, 36pt, 굵게)

▶ 지시사항이 없는 부분은《 출력형태 》와 동일하게 작성하시오.

실전모의고사

제03회 MS Office 2016 버전용

- 시험과목 : 프리젠테이션
- 시험일자 : 20XX. XX. XX(X)
- 응시자 기재사항 및 감독위원 확인

C

수 검 번 호	DIP - XXXX -	감독위원 확인
성 명		

응시자 유의사항

1. 응시자는 신분증을 지참하여야 시험에 응시할 수 있으며, 시험이 종료될 때까지 신분증을 제시하지 못 할 경우 해당 시험은 0점 처리됩니다.

2. 시스템(PC작동여부, 네트워크 상태 등)의 이상여부를 반드시 확인하여야 하며, 시스템 이상이 있을시 감독위원에게 조치를 받으셔야 합니다.

3. 시험 중 부주의 또는 고의로 시스템을 파손한 경우는 응시자 부담으로 합니다.

4. 답안 전송 프로그램을 통해 다운로드 받은 파일을 이용하여 답안파일을 작성하시기 바랍니다.

5. 작성한 답안 파일은 답안 전송 프로그램을 통하여 전송됩니다. 감독위원의 지시에 따라 주시기 바랍니다.

6. 다음사항의 경우 실격(0점) 혹은 부정행위 처리됩니다.

   1) 답안파일을 저장하지 않았거나, 저장한 파일이 손상되었을 경우
   2) 답안파일을 지정된 폴더(바탕화면 "KAIT" 폴더)에 저장하지 않았을 경우
      ※ 답안 전송 프로그램 로그인 시 바탕화면에 자동 생성됨
   3) 답안파일을 다른 보조 기억장치(USB) 혹은 네트워크(메신저, 게시판 등)로 전송할 경우
   4) 휴대용 전화기 등 통신기기를 사용할 경우

7. 슬라이드는 반드시 순서대로 작성해야 하며, 순서가 다를 경우 "0"점 처리 됩니다.

8. 시험지에 제시된 글꼴이 응시 프로그램에 없는 경우, 반드시 감독위원에게 해당 내용을 통보한 뒤 조치를 받아야 합니다.

9. 슬라이드 작성 시 도형의 그룹설정을 사용하는 경우, 채점에서 감점처리 됩니다.

10. 시험의 완료는 작성이 완료된 답안을 저장하고, 답안 전송이 완료된 상태를 확인한 것으로 합니다. 답안 전송 확인 후 문제지는 감독위원에게 제출한 후 퇴실하여야 합니다.

11. 답안전송이 완료된 경우에는 수정 또는 정정이 불가능합니다.

12. 시험시행 후 합격자 발표는 홈페이지(www.ihd.or.kr)에서 확인하시기 바랍니다.

    1) 문제 및 모범답안 공개 : 20XX. XX. XX(X)
    2) 합격자 발표 : 20XX. XX. XX(X)

식별CODE

Korea Association for ICT promotion
한국정보통신진흥협회 **KAIT**

슬라이드 **3** 아래의 작성조건 및 출력형태에 알맞게 세 번째 슬라이드에 작업하시오. 60점

출력형태

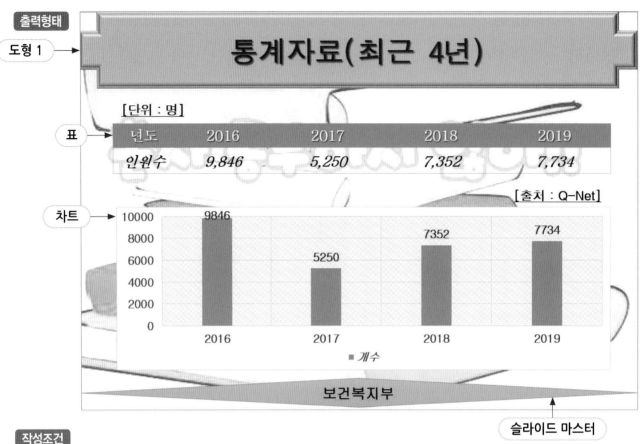

작성조건

(1) 제목

▶ 도형 1 ⇒ 기본 도형 : 십자형, 도형 채우기('주황, 강조 2, 40% 더 밝게'),
　　　　　도형 윤곽선(실선, 색 : 주황, 너비 : 2pt, 겹선 종류 : 단순형),
　　　　　도형 효과(그림자 - 안쪽 대각선 오른쪽 위, 입체 효과 - 아트 데코),
　　　　　글꼴(돋움체, 40pt, 굵게, 텍스트 그림자, 빨강)

(2) 본문

▶ 텍스트 상자 1([단위 : 명]) ⇒ 글꼴(돋움, 18pt, 굵게, 밑줄)

▶ 표 ⇒ 표 스타일(밝은 스타일 2 - 강조 3), 가장 위의 행 : 글꼴(바탕, 20pt, 굵게, 텍스트 그림자, 가운데 맞춤),
　　　나머지 행 : 글꼴(바탕, 20pt, 굵게, 기울임꼴, 가운데 맞춤)

▶ 텍스트 상자 2([출처 : Q-Net]) ⇒ 글꼴(돋움, 18pt, 굵게, 밑줄)

▶ 차트 ⇒ 세로 막대형 : 묶은 세로 막대형, 차트 스타일(색 변경 - '단색형 - 색 7', 스타일 8),
　　　축 서식/데이터 레이블 : 글꼴(굴림, 16pt, 굵게), 범례 서식 : 글꼴(굴림, 16pt, 굵게, 기울임꼴),
　　　데이터는 표 참고

▶ 배경 ⇒ 배경 서식(채우기 - 그림 또는 질감 채우기)에서 그림 2 삽입(현재 슬라이드만 적용)

▶ 애니메이션 지정 ⇒ 차트 : 나타내기 - 도형

▶ 지시사항이 없는 부분은《 출력형태 》와 동일하게 작성하시오.

슬라이드 1 아래의 작성조건 및 출력형태에 알맞게 첫 번째 슬라이드에 작업하시오. 30점

출력형태

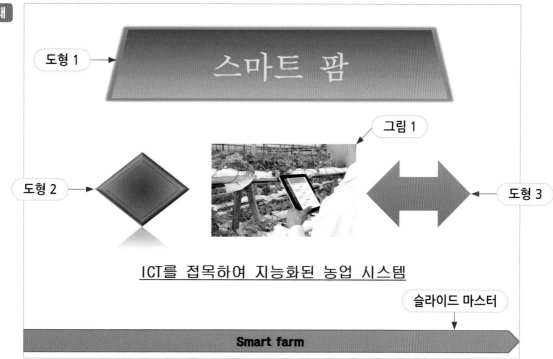

작성조건

▶ 도형 1 ⇒ 기본 도형 : 사다리꼴, 도형 채우기(그라데이션 : 미리 설정 – '가운데 그라데이션 – 강조 1', 종류 – 선형, 방향 – 선형 아래쪽), 도형 윤곽선(실선, 색 : 녹색, 너비 : 3pt, 겹선 종류 : 단순형), 도형 효과(그림자 – 바깥쪽 – 오프셋 가운데), 글꼴(바탕체, 48pt, 굵게, 노랑)
▶ 도형 2 ⇒ 순서도 : 판단, 도형 채우기(녹색, 그라데이션 – 가운데에서), 선 없음, 도형 효과(반사 – '근접 반사, 터치', 입체 효과 – 디벗)
▶ 도형 3 ⇒ 블록 화살표 : 왼쪽/오른쪽 화살표, 도형 스타일('보통 효과 – 파랑, 강조 1')
▶ 그림 삽입 ⇒ 그림 1 삽입, 크기(높이 : 5cm, 너비 : 8cm)
▶ 텍스트 상자(ICT를 접목하여 지능화된 농업 시스템) ⇒ 글꼴(굴림체, 24pt, 굵게, 밑줄)
▶ 애니메이션 지정 ⇒ 도형 1 : 나타내기 – 닦아내기
▶ 지시사항이 없는 부분은《 출력형태 》와 동일하게 작성하시오.

슬라이드 **2**   **아래의 작성조건 및 출력형태에 알맞게 두 번째 슬라이드에 작업하시오.**   50점

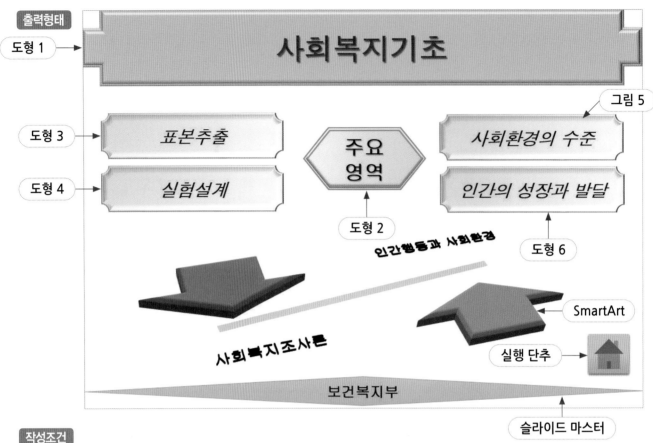

작성조건

(1) 제목

▶ 도형 1 ⇒ 기본 도형 : 십자형, 도형 채우기('주황, 강조 2, 40% 더 밝게'),
　　　　　　　도형 윤곽선(실선, 색 : 주황, 너비 : 2pt, 겹선 종류 : 단순형),
　　　　　　　도형 효과(그림자 – 안쪽 대각선 오른쪽 위, 입체 효과 – 아트 데코),
　　　　　　　글꼴(돋움체, 40pt, 굵게, 텍스트 그림자, 빨강)

(2) 본문

▶ 도형 2 ⇒ 순서도 : 준비, 도형 채우기(녹색, 그라데이션 – 선형 왼쪽),
　　　　　　　도형 윤곽선(실선, 색 : 녹색, 너비 : 6pt, 겹선 종류 : 이중),
　　　　　　　글꼴(굴림체, 28pt, 굵게, 텍스트 그림자, '검정, 텍스트 1')

▶ 도형 3~6 ⇒ 기본 도형 : 배지, 도형 채우기(연한 파랑, 그라데이션 – 왼쪽 위 모서리에서), 선 없음,
　　　　　　　　도형 효과(입체 효과 – 부드럽게 둥글리기), 글꼴(돋움, 24pt, 굵게, 기울임꼴, 진한 파랑)

▶ 실행 단추 ⇒ 실행 단추 : 홈, 하이퍼링크 : 첫째 슬라이드, 도형 스타일('강한 효과 – 황금색, 강조 4')

▶ SmartArt 삽입 ⇒ 관계형 : 평형 화살표형, 글꼴(굴림, 22pt, 굵게, 가운데 맞춤),
　　　　　　　　　SmartArt 스타일(색 변경 – '색상형 – 강조색', 3차원 – 조감도),
　　　　　　　　　(반드시 SmartArt 기능을 이용하여 작성할 것)

▶ 애니메이션 지정 ⇒ SmartArt : 나타내기 – 실선 무늬

▶ 지시사항이 없는 부분은《 출력형태 》와 동일하게 작성하시오.

슬라이드 **2** 　아래의 작성조건 및 출력형태에 알맞게 두 번째 슬라이드에 작업하시오.　　50점

출력형태

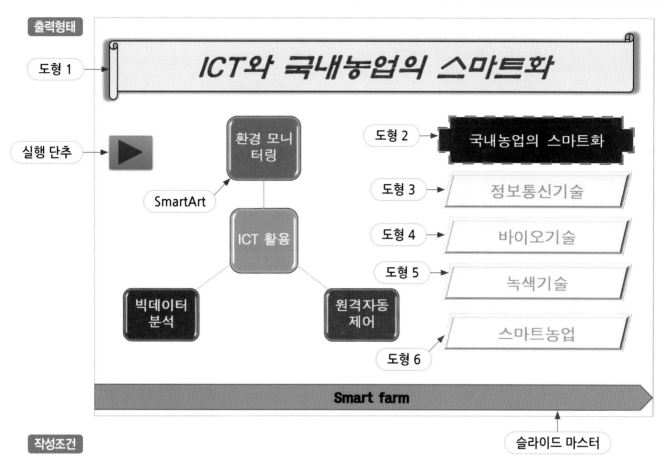

작성조건

(1) 제목

▶ 도형 1 ⇒ 별 및 현수막 : 가로로 말린 두루마리 모양, 도형 채우기('파랑, 강조 1, 80% 더 밝게'),
　　　　　도형 윤곽선(실선, 색 : 진한 파랑, 너비 : 1pt, 겹선 종류 : 단순형),
　　　　　도형 효과(그림자 – 바깥쪽 – 오프셋 가운데, 네온 – '파랑, 5 pt 네온 강조색 1'),
　　　　　글꼴(휴먼옛체, 40pt, 기울임꼴, 빨강)

(2) 본문

▶ 도형 2 ⇒ 기본 도형 : 십자형, 도형 채우기(자주, 그라데이션 – 가운데에서),
　　　　　도형 윤곽선(실선, 색 : 빨강, 너비 : 4pt, 겹선 종류 : 이중, 대시 종류 : 파선),
　　　　　글꼴(돋움체, 20pt, 굵게, 텍스트 그림자)

▶ 도형 3~6 ⇒ 기본 도형 : 평행사변형, 도형 채우기(노랑, 그라데이션 – 선형 아래쪽), 선 없음,
　　　　　도형 효과(입체 효과 – 볼록하게), 글꼴(돋움체, 22pt, 굵게, 녹색)

▶ 실행 단추 ⇒ 실행 단추 : 앞으로 또는 다음, 하이퍼링크 : 다음 슬라이드, 도형 스타일('강한 효과 – 파랑, 강조 1')

▶ SmartArt 삽입 ⇒ 주기형 : 방사형 클러스터형, 글꼴(돋움, 19pt, 굵게, 가운데 맞춤),
　　　　　SmartArt 스타일(색 변경 – '색상형 범위 – 강조색 3 또는 4', 3차원 – 만화),
　　　　　(반드시 SmartArt 기능을 이용하여 작성할 것)

▶ 애니메이션 지정 ⇒ SmartArt : 나타내기 – 바운드

▶ 지시사항이 없는 부분은 《 출력형태 》와 동일하게 작성하시오.

유의사항
- 《작성조건》을 준수하여 반드시 프리젠테이션 슬라이드로 작업합니다.
- 글꼴 및 기타 사항에 대해 별도의 지시사항이 없는 경우, 슬라이드 크기와 전체적인 균형을 고려하여 임의로 작성하되, 도형은 그룹으로 설정하지 않습니다.
- 모든 슬라이드 크기(A4), 방향(가로), 디자인 테마(Office 테마)로 지정합니다.
  - ▶ 슬라이드, 크기, 방향 조정 시 '맞춤 확인'으로 지정하여야 합니다.
- 공통적용사항(슬라이드 마스터)
  - ▶ 도형 ⇒ 순서도 : 판단, 도형 스타일('미세 효과 – 주황, 강조 2'), 글꼴(굴림체, 20pt, 굵게)
- 그림 삽입 시 다운로드 한 그림 파일을 반드시 사용하여야 합니다.
- ⟨⟨⟨⟨⟩⟩⟩⟩▶ 은 지시사항이므로 작성하지 않습니다.
- 슬라이드에 제시된 글자 및 숫자 오타는 감점처리 됩니다.

슬라이드 1 **아래의 작성조건 및 출력형태에 알맞게 첫 번째 슬라이드에 작업하시오.** 30점

출력형태

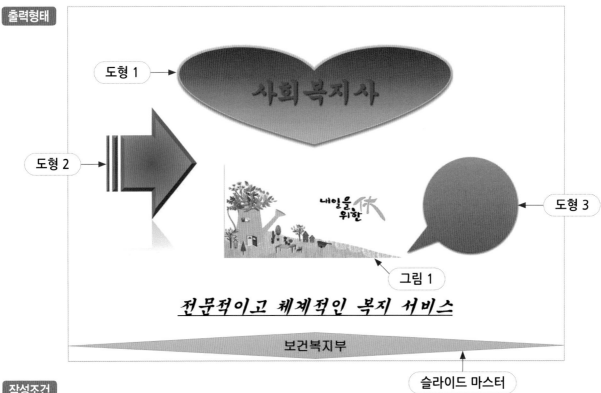

작성조건

▶ 도형 1 ⇒ 기본 도형 : 하트, 도형 채우기(그라데이션 : 미리 설정 – '가운데 그라데이션 – 강조 2', 종류 – 선형, 방향 – 선형 아래쪽), 도형 윤곽선(실선, 색 : 주황, 너비 : 1pt, 겹선 종류 : 단순형), 도형 효과(그림자 – 바깥쪽 – 오프셋 아래쪽, 네온 – '주황, 5 pt 네온, 강조색 2'), 글꼴(궁서체, 40pt, 굵게, 텍스트 그림자, 파랑)
▶ 도형 2 ⇒ 블록 화살표 : 줄무늬가 있는 오른쪽 화살표, 도형 채우기(연한 파랑, 그라데이션 – 가운데에서), 선 없음, 도형 효과(반사 – '근접 반사, 터치', 입체 효과 – 각지게)
▶ 도형 3 ⇒ 설명선 : 타원형 설명선, 도형 스타일('강한 효과 – 주황, 강조 2')
▶ 그림 삽입 ⇒ 그림 1 삽입, 크기(높이 : 5cm, 너비 : 10cm)
▶ 텍스트 상자(전문적이고 체계적인 복지 서비스) ⇒ 글꼴(궁서체, 28pt, 굵게, 기울임꼴, 밑줄)
▶ 애니메이션 지정 ⇒ 도형 1 : 나타내기 – 시계 방향 회전
▶ 지시사항이 없는 부분은 《 출력형태 》와 동일하게 작성하시오.

슬라이드 3 아래의 작성조건 및 출력형태에 알맞게 세 번째 슬라이드에 작업하시오.   60점

출력형태

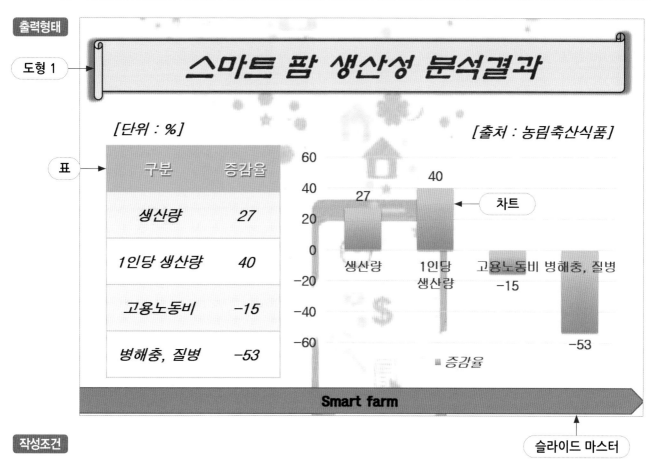

도형 1

표

차트

슬라이드 마스터

작성조건

(1) 제목

▶ 도형 1 ⇒ 별 및 현수막 : 가로로 말린 두루마리 모양, 도형 채우기('파랑, 강조 1, 80% 더 밝게'),
          도형 윤곽선(실선, 색 : 진한 파랑, 너비 : 1pt, 겹선 종류 : 단순형),
          도형 효과(그림자 – 바깥쪽 – 오프셋 가운데, 네온 – '파랑, 5 pt 네온 강조색 1'),
          글꼴(휴먼옛체, 40pt, 기울임꼴, 빨강)

(2) 본문

▶ 텍스트 상자 1([단위 : %]) ⇒ 글꼴(돋움, 20pt, 굵게, 기울임꼴)

▶ 표 ⇒ 표 스타일(보통 스타일 1 – 강조 4), 가장 위의 행 : 글꼴(돋움, 20pt, 굵게, 텍스트 그림자, 가운데 맞춤),
      나머지 행 : 글꼴(돋움, 20pt, 굵게, 기울임꼴, 가운데 맞춤)

▶ 텍스트 상자 2([출처 : 농림축산식품]) ⇒ 글꼴(돋움, 20pt, 굵게, 기울임꼴)

▶ 차트 ⇒ 세로 막대형 : 묶은 세로 막대형, 차트 스타일(색 변경 – '단색형 – 색 8', 스타일 7),
      축 서식/데이터 레이블 : 글꼴(굴림, 18pt, 굵게), 범례 시식 : 글꼴(굴림, 18pt, 굵게, 기울임쏠),
      데이터는 표 참고

▶ 배경 ⇒ 배경 서식(채우기 – 그림 또는 질감 채우기)에서 그림 2 삽입(현재 슬라이드만 적용)

▶ 애니메이션 지정 ⇒ 차트 : 나타내기 – 날아오기

▶ 지시사항이 없는 부분은 《 출력형태 》와 동일하게 작성하시오.

제07회 실전모의고사

MS Office 2016 버전용

- 시험과목 : 프리젠테이션
- 시험일자 : 20XX. XX. XX(X)
- 응시자 기재사항 및 감독위원 확인

B

수 검 번 호	DIP – XXXX –	감독위원 확인
성 명		

응시자 유의사항

1. 응시자는 신분증을 지참하여야 시험에 응시할 수 있으며, 시험이 종료될 때까지 신분증을 제시하지 못 할 경우 해당 시험은 0점 처리됩니다.
2. 시스템(PC작동여부, 네트워크 상태 등)의 이상여부를 반드시 확인하여야 하며, 시스템 이상이 있을시 감독위원에게 조치를 받으셔야 합니다.
3. 시험 중 부주의 또는 고의로 시스템을 파손한 경우는 응시자 부담으로 합니다.
4. 답안 전송 프로그램을 통해 다운로드 받은 파일을 이용하여 답안파일을 작성하시기 바랍니다.
5. 작성한 답안 파일은 답안 전송 프로그램을 통하여 전송됩니다. 감독위원의 지시에 따라 주시기 바랍니다.
6. 다음사항의 경우 실격(0점) 혹은 부정행위 처리됩니다.
    1) 답안파일을 저장하지 않았거나, 저장한 파일이 손상되었을 경우
    2) 답안파일을 지정된 폴더(바탕화면 "KAIT" 폴더)에 저장하지 않았을 경우
        ※ 답안 전송 프로그램 로그인 시 바탕화면에 자동 생성됨
    3) 답안파일을 다른 보조 기억장치(USB) 혹은 네트워크(메신저, 게시판 등)로 전송할 경우
    4) 휴대용 전화기 등 통신기기를 사용할 경우
7. 슬라이드는 반드시 순서대로 작성해야 하며, 순서가 다를 경우 "0"점 처리 됩니다.
8. 시험지에 제시된 글꼴이 응시 프로그램에 없는 경우, 반드시 감독위원에게 해당 내용을 통보한 뒤 조치를 받아야 합니다.
9. 슬라이드 작성 시 도형의 그룹설정을 사용하는 경우, 채점에서 감점처리 됩니다.
10. 시험의 완료는 작성이 완료된 답안을 저장하고, 답안 전송이 완료된 상태를 확인한 것으로 합니다. 답안 전송 확인 후 문제지는 감독위원에게 제출한 후 퇴실하여야 합니다.
11. 답안전송이 완료된 경우에는 수정 또는 정정이 불가능합니다.
12. 시험시행 후 합격자 발표는 홈페이지(www.ihd.or.kr)에서 확인하시기 바랍니다.
    1) 문제 및 모범답안 공개 : 20XX. XX. XX(X)
    2) 합격자 발표 : 20XX. XX. XX(X)

식별CODE

Korea Association for ICT promotion
한국정보통신진흥협회 **KAIT**

슬라이드 4 아래의 작성조건 및 출력형태에 알맞게 네 번째 슬라이드에 작업하시오.   60점

출력형태

작성조건

(1) 제목

▶ 도형 1 ⇒ 별 및 현수막 : 가로로 말린 두루마리 모양, 도형 채우기('파랑, 강조 1, 80% 더 밝게'),
　　　　　도형 윤곽선(실선, 색 : 진한 파랑, 너비 : 1pt, 겹선 종류 : 단순형),
　　　　　도형 효과(그림자 – 바깥쪽 – 오프셋 가운데, 네온 – '파랑, 5 pt 네온 강조색 1'),
　　　　　글꼴(휴먼옛체, 40pt, 기울임꼴, 빨강)

(2) 본문

▶ 도형 2~4 ⇒ 기본 도형 : 액자, 도형 채우기(질감 : 모래), 선 없음, 도형 효과(그림자 – 안쪽 가운데),
　　　　　　글꼴(굴림체, 24pt, 굵게)

▶ 도형 5~7 ⇒ 별 및 현수막 : 물결, 도형 채우기(파랑, 그라데이션 – 선형 왼쪽), 선 없음,
　　　　　　도형 효과(그림자 – 바깥쪽 – 오프셋 아래쪽), 글꼴(궁서, 22pt, 기울임꼴, 텍스트 그림자)

▶ 도형 8 ⇒ 기본 도형 : 하트, 도형 채우기(빨강, 그라데이션 – 가운데에서), 선 없음,
　　　　　도형 효과(반사 – '1/2 반사, 4 pt 오프셋')

▶ 도형 9 ⇒ 설명선 : 설명선 3, 도형 채우기(그림 또는 질감 채우기) 기능을 사용하여 그림 3 삽입,
　　　　　도형 윤곽선(실선, 색 : 녹색, 너비 : 3pt, 겹선 종류 : 단순형, 대시 종류 : 사각 점선),
　　　　　도형 효과(그림자 – 바깥쪽 – 오프셋 오른쪽)

▶ WordArt 삽입(스마트하게 농사 짓자)
　⇒ WordArt 스타일('채우기 – 황금색, 강조 4, 부드러운 입체'), 글꼴(돋움, 35pt, 굵게)

▶ 지시사항이 없는 부분은《 출력형태 》와 동일하게 작성하시오.

슬라이드 4   아래의 작성조건 및 출력형태에 알맞게 네 번째 슬라이드에 작업하시오.   60점

출력형태

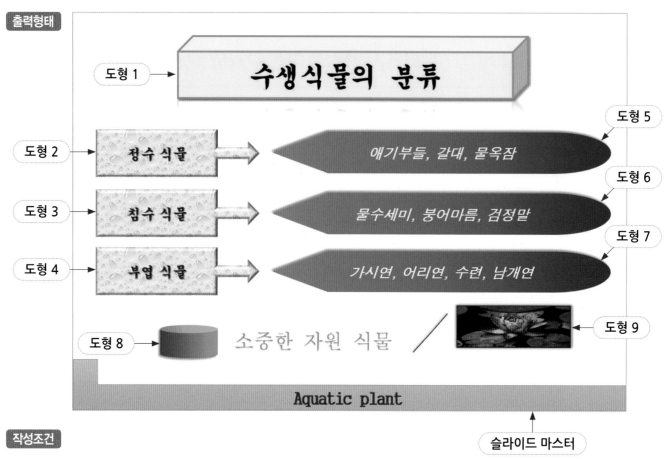

작성조건

(1) 제목
▶ 도형 1 ⇒ 기본 도형 : 정육면체, 도형 채우기('녹색, 강조 6, 80% 더 밝게'),
　　　　　　 도형 윤곽선(실선, 색 : 녹색, 너비 : 2.5 pt, 겹선 종류 : 단순형),
　　　　　　 도형 효과(그림자 – 바깥쪽 – 오프셋 대각선 오른쪽 아래, 반사 – '근접 반사, 터치'),
　　　　　　 글꼴(궁서체, 36pt, 굵게, 진한 파랑)

(2) 본문
▶ 도형 2~4 ⇒ 블록 화살표 : 오른쪽 화살표 설명선, 도형 채우기(질감 : 작은 물방울), 선 없음,
　　　　　　 도형 효과(입체 효과 – 둥글게), 글꼴(궁서, 20pt, 굵게, 텍스트 그림자, 자주)
▶ 도형 5~7 ⇒ 순서도 : 화면 표시, 도형 채우기('파랑, 강조 1', 그라데이션 – 선형 왼쪽), 선 없음,
　　　　　　 도형 효과(그림자 – 바깥쪽 – 오프셋 대각선 왼쪽 위), 글꼴(돋움, 20pt, 굵게, 기울임꼴)
▶ 도형 8 ⇒ 기본 도형 : 원통, 도형 채우기(녹색, 그라데이션 – 선형 오른쪽), 선 없음,
　　　　　　 도형 효과(그림자 – 바깥쪽 – 오프셋 대각선 왼쪽 아래)
▶ 도형 9 ⇒ 설명선 : 설명선 1, 도형 채우기(그림 또는 질감 채우기) 기능을 사용하여 그림 3 삽입,
　　　　　　 도형 윤곽선(실선, 색 : 자주, 너비 : 1pt, 겹선 종류 : 단순형), 도형 효과(그림자 – 바깥쪽 – 오프셋 가운데)
▶ WordArt 삽입(소중한 자원 식물)
　 ⇒ WordArt 스타일('채우기 – 파랑, 강조 1, 그림자'), 글꼴(바탕체, 28pt, 텍스트 그림자)
▶ 지시사항이 없는 부분은《 출력형태 》와 동일하게 작성하시오.

제04회 실전모의고사

MS Office 2016 버전용

- 시험과목 : 프리젠테이션
- 시험일자 : 20XX. XX. XX(X)
- 응시자 기재사항 및 감독위원 확인

D

수 검 번 호	DIP − XXXX −	감독위원 확인
성 명		

응시자 유의사항

1. 응시자는 신분증을 지참하여야 시험에 응시할 수 있으며, 시험이 종료될 때까지 신분증을 제시하지 못 할 경우 해당 시험은 0점 처리됩니다.
2. 시스템(PC작동여부, 네트워크 상태 등)의 이상여부를 반드시 확인하여야 하며, 시스템 이상이 있을시 감독위원에게 조치를 받으셔야 합니다.
3. 시험 중 부주의 또는 고의로 시스템을 파손한 경우는 응시자 부담으로 합니다.
4. 답안 전송 프로그램을 통해 다운로드 받은 파일을 이용하여 답안파일을 작성하시기 바랍니다.
5. 작성한 답안 파일은 답안 전송 프로그램을 통하여 전송됩니다. 감독위원의 지시에 따라 주시기 바랍니다.
6. 다음사항의 경우 실격(0점) 혹은 부정행위 처리됩니다.
    1) 답안파일을 저장하지 않았거나, 저장한 파일이 손상되었을 경우
    2) 답안파일을 지정된 폴더(바탕화면 "KAIT" 폴더)에 저장하지 않았을 경우
        ※ 답안 전송 프로그램 로그인 시 바탕화면에 자동 생성됨
    3) 답안파일을 다른 보조 기억장치(USB) 혹은 네트워크(메신저, 게시판 등)로 전송할 경우
    4) 휴대용 전화기 등 통신기기를 사용할 경우
7. 슬라이드는 반드시 순서대로 작성해야 하며, 순서가 다를 경우 "0"점 처리 됩니다.
8. 시험지에 제시된 글꼴이 응시 프로그램에 없는 경우, 반드시 감독위원에게 해당 내용을 통보한 뒤 조치를 받아야 합니다.
9. 슬라이드 작성 시 도형의 그룹설정을 사용하는 경우, 채점에서 감점처리 됩니다.
10. 시험의 완료는 작성이 완료된 답안을 저장하고, 답안 전송이 완료된 상태를 확인한 것으로 합니다. 답안 전송 확인 후 문제지는 감독위원에게 제출한 후 퇴실하여야 합니다.
11. 답안전송이 완료된 경우에는 수정 또는 정정이 불가능합니다.
12. 시험시행 후 합격자 발표는 홈페이지(www.ihd.or.kr)에서 확인하시기 바랍니다.
    1) 문제 및 모범답안 공개 : 20XX. XX. XX(X)
    2) 합격자 발표 : 20XX. XX. XX(X)

식별CODE
프

Korea Association for ICT promotion
한국정보통신진흥협회 KAIT

슬라이드 3 **아래의 작성조건 및 출력형태에 알맞게 세 번째 슬라이드에 작업하시오.**   60점

출력형태

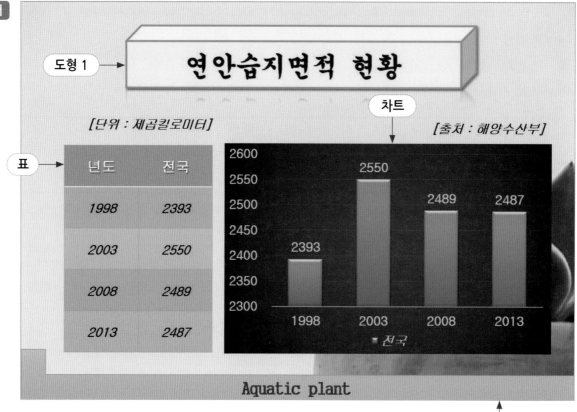

도형 1

차트

[단위 : 제곱킬로미터]

[출처 : 해양수산부]

표

년도	전국
1998	2393
2003	2550
2008	2489
2013	2487

Aquatic plant

슬라이드 마스터

작성조건

(1) 제목

▶ 도형 1 ⇒ 기본 도형 : 정육면체, 도형 채우기('녹색, 강조 6, 80% 더 밝게'),

         도형 윤곽선(실선, 색 : 녹색, 너비 : 2.5 pt, 겹선 종류 : 단순형),

         도형 효과(그림자 – 바깥쪽 – 오프셋 대각선 오른쪽 아래, 반사 – '근접 반사, 터치'),

         글꼴(궁서체, 36pt, 굵게, 진한 파랑)

(2) 본문

▶ 텍스트 상자 1([단위 : 제곱킬로미터]) ⇒ 글꼴(굴림, 18pt, 굵게, 기울임꼴)

▶ 표 ⇒ 표 스타일(테마 스타일 1 – 강조 3), 가장 위의 행 : 글꼴(굴림체, 20pt, 굵게, 텍스트 그림자, 가운데 맞춤),

     나머지 행 : 글꼴(굴림, 18pt, 굵게, 기울임꼴, 가운데 맞춤)

▶ 텍스트 상자 2([출처 : 해양수산부]) ⇒ 글꼴(굴림, 18pt, 굵게, 기울임꼴)

▶ 차트 ⇒ 세로 막대형 : 묶은 세로 막대형, 차트 스타일(색 변경 – '단색형 – 색 5', 스타일 9),

     축 서식/데이터 레이블 : 글꼴(굴림, 18pt, 굵게), 범례 서식 : 글꼴(굴림, 18pt, 굵게, 기울임꼴),

     데이터는 표 참고

▶ 배경 ⇒ 배경 서식(채우기 – 그림 또는 질감 채우기)에서 그림 2 삽입(현재 슬라이드만 적용)

▶ 애니메이션 지정 ⇒ 차트 : 나타내기 – 닦아내기

▶ 지시사항이 없는 부분은《 출력형태 》와 동일하게 작성하시오.

유의사항
- 《작성조건》을 준수하여 반드시 프리젠테이션 슬라이드로 작업합니다.
- 글꼴 및 기타 사항에 대해 별도의 지시사항이 없는 경우, 슬라이드 크기와 전체적인 균형을 고려하여 임의로 작성하되, 도형은 그룹으로 설정하지 않습니다.
- 모든 슬라이드 크기(A4), 방향(가로), 디자인 테마(Office 테마)로 지정합니다.
  ▶ 슬라이드, 크기, 방향 조정 시 '맞춤 확인'으로 지정하여야 합니다.
- 공통적용사항(슬라이드 마스터)
  ▶ 도형 ⇒ 기본 도형 : 배지, 도형 스타일('미세 효과 – 녹색, 강조 6'), 글꼴(바탕, 18pt, 굵게)
- 그림 삽입 시 다운로드 한 그림 파일을 반드시 사용하여야 합니다.
- ◯━━▶ 은 지시사항이므로 작성하지 않습니다.
- 슬라이드에 제시된 글자 및 숫자 오타는 감점처리 됩니다.

슬라이드 **1** **아래의 작성조건 및 출력형태에 알맞게 첫 번째 슬라이드에 작업하시오.** 30점

출력형태

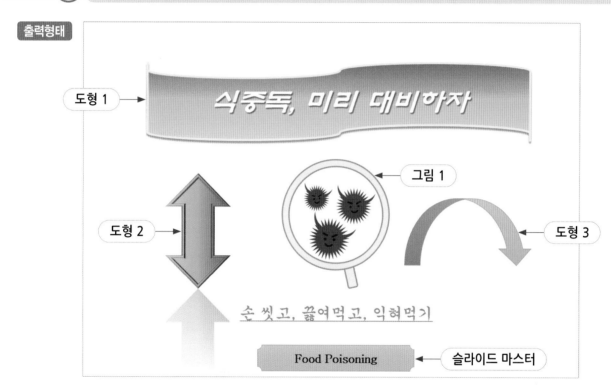

작성조건

▶ 도형 1 ⇒ 순서도 : 천공 테이프, 도형 채우기(그라데이션 : 미리 설정 – '가운데 그라데이션 – 강조 4', 종류 – 선형, 방향 – 선형 아래쪽), 도형 윤곽선(실선, 색 : 노랑, 너비 : 3pt, 겹선 종류 : 단순형), 도형 효과(그림자 – 바깥쪽 – 오프셋 아래쪽), 글꼴(휴먼옛체, 40pt, 기울임꼴, 텍스트 그림자)

▶ 도형 2 ⇒ 블록 화살표 : 위쪽/아래쪽 화살표, 도형 채우기(연한 녹색, 그라데이션 – 선형 인쪽), 선 없음, 도형 효과(반사 – '전체 반사, 터치', 입체 효과 – 급경사)

▶ 도형 3 ⇒ 블록 화살표 : 아래로 구부러진 화살표, 도형 스타일('미세 효과 – 주황, 강조 2')

▶ 그림 삽입 ⇒ 그림 1 삽입, 크기(높이 : 7cm, 너비 : 6cm)

▶ 텍스트 상자(손 씻고, 끓여먹고, 익혀먹기) ⇒ 글꼴(궁서, 24pt, 밑줄, '파랑, 강조 1')

▶ 애니메이션 지정 ⇒ 도형 1 : 나타내기 – 실선 무늬

▶ 지시사항이 없는 부분은《 출력형태 》와 동일하게 작성하시오.

출력형태

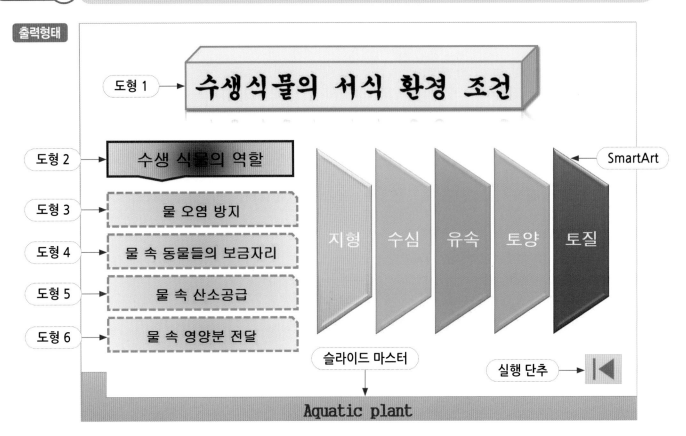

작성조건

(1) 제목

▶ 도형 1 ⇒ 기본 도형 : 정육면체, 도형 채우기('녹색, 강조 6, 80% 더 밝게'),
　　　　　 도형 윤곽선(실선, 색 : 녹색, 너비 : 2.5 pt, 겹선 종류 : 단순형),
　　　　　 도형 효과(그림자 – 바깥쪽 – 오프셋 대각선 오른쪽 아래, 반사 – '근접 반사, 터치'),
　　　　　 글꼴(궁서체, 36pt, 굵게, 진한 파랑)

(2) 본문

▶ 도형 2 ⇒ 설명선 : 사각형 설명선, 도형 채우기(자주, 그라데이션 – 가운데에서),
　　　　　 도형 윤곽선(실선, 색 : 자주, 너비 : 3pt, 겹선 종류 : 단순형), 글꼴(굴림, 24pt, 굵게, '검정, 텍스트 1')

▶ 도형 3~6 ⇒ 사각형 : 한쪽 모서리가 잘린 사각형, 도형 채우기(녹색, 그라데이션 – 가운데에서),
　　　　　 도형 윤곽선(실선, 색 : 녹색, 너비 : 3pt, 겹선 종류 : 단순형, 대시 종류 : 사각 점선),
　　　　　 글꼴(굴림, 20pt, 굵게, '검정, 텍스트 1')

▶ 실행 단추 ⇒ 실행 단추 : 시작, 하이퍼링크 : 첫째 슬라이드, 도형 스타일('미세 효과 – 황금색, 강조 4')

▶ SmartArt 삽입 ⇒ 목록형 : 사다리꼴 목록형, 글꼴(돋움, 24pt, 굵게, 가운데 맞춤),
　　　　　 SmartArt 스타일(색 변경 – '색상형 범위 – 강조색 4 또는 5', 3차원 – 경사),
　　　　　 (반드시 SmartArt 기능을 이용하여 작성할 것)

▶ 애니메이션 지정 ⇒ SmartArt : 나타내기 – 날아오기

▶ 지시사항이 없는 부분은《 출력형태 》와 동일하게 작성하시오.

슬라이드 2 아래의 작성조건 및 출력형태에 알맞게 두 번째 슬라이드에 작업하시오.　50점

출력형태

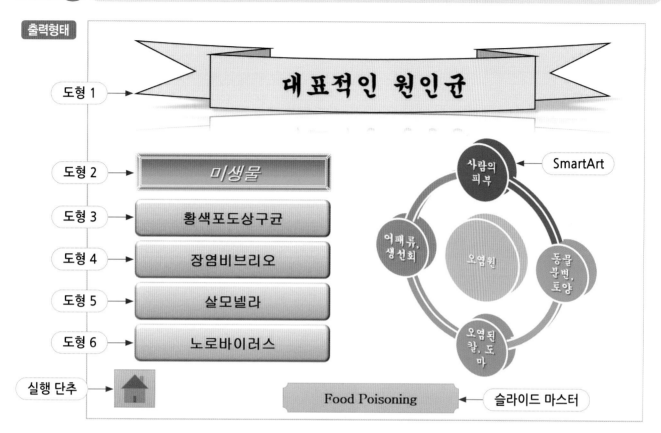

작성조건

(1) 제목

▶ 도형 1 ⇒ 별 및 현수막 : 아래로 구부러진 리본, 도형 채우기('파랑, 강조 5, 80% 더 밝게'),
　　　　　도형 윤곽선(실선, 색 : '검정, 텍스트 1', 너비 : 1pt, 겹선 종류 : 단순형),
　　　　　도형 효과(그림자 – 원근감 대각선 오른쪽 위, 반사 – '근접 반사, 터치'),
　　　　　글꼴(궁서체, 35pt, 굵게, 진한 파랑)

(2) 본문

▶ 도형 2 ⇒ 기본 도형 : 빗면, 도형 채우기(연한 녹색, 그라데이션 – 선형 아래쪽),
　　　　　도형 윤곽선(실선, 색 : '흰색, 배경 1', 너비 : 3pt, 겹선 종류 : 이중),
　　　　　글꼴(돋움, 24pt, 굵게, 기울임꼴, 텍스트 그림자)

▶ 도형 3~6 ⇒ 사각형 : 모서리가 둥근 직사각형, 도형 채우기(자주, 그라데이션 – 선형 위쪽), 선 없음,
　　　　　도형 효과(입체 효과 – 둥글게), 글꼴(굴림체, 20pt, 굵게, '검정, 텍스트 1')

▶ 실행 단추 ⇒ 실행 단추 : 홈, 하이퍼링크 : 첫째 슬라이드, 도형 스타일('미세 효과 – 파랑, 강조 1')

▶ SmartArt 삽입 ⇒ 주기형 : 방사 주기형, 글꼴(궁서, 18pt, 굵게, 텍스트 그림자, 가운데 맞춤),
　　　　　SmartArt 스타일(색 변경 – '색상형 범위 – 강조색 5 또는 6', 3차원 – 벽돌),
　　　　　(반드시 SmartArt 기능을 이용하여 작성할 것)

▶ 애니메이션 지정 ⇒ SmartArt : 나타내기 – 회전하며 밝기 변화

▶ 지시사항이 없는 부분은《 출력형태 》와 동일하게 작성하시오.

유의사항

- 《작성조건》을 준수하여 반드시 프리젠테이션 슬라이드로 작업합니다.
- 글꼴 및 기타 사항에 대해 별도의 지시사항이 없는 경우, 슬라이드 크기와 전체적인 균형을 고려하여 임의로 작성하되, 도형은 그룹으로 설정하지 않습니다.
- 모든 슬라이드 크기(A4), 방향(가로), 디자인 테마(Office 테마)로 지정합니다.
  - ▶ 슬라이드, 크기, 방향 조정 시 '맞춤 확인'으로 지정하여야 합니다.
- 공통적용사항(슬라이드 마스터)
  - ▶ 도형 ⇒ 기본 도형 : L 도형, 도형 스타일('미세 효과 – 파랑, 강조 1'), 글꼴(궁서체, 24pt, 굵게, 빨강)
- 그림 삽입 시 다운로드 한 그림 파일을 반드시 사용하여야 합니다.
- ⟶ 은 지시사항이므로 작성하지 않습니다.
- 슬라이드에 제시된 글자 및 숫자 오타는 감점처리 됩니다.

슬라이드 1 ● **아래의 작성조건 및 출력형태에 알맞게 첫 번째 슬라이드에 작업하시오.** 30점

출력형태

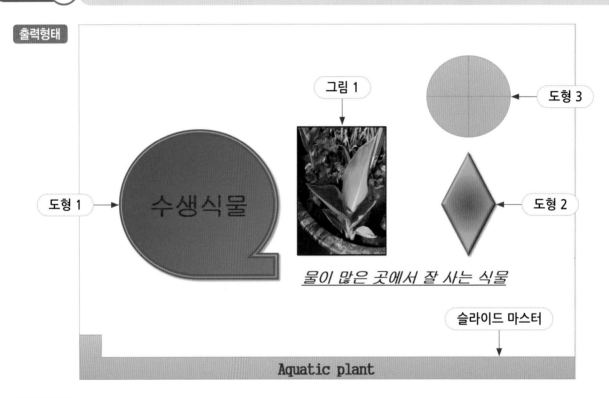

작성조건

▶ 도형 1 ⇒ 순서도 : 순차적 액세스 저장소, 도형 채우기(그라데이션 : 미리 설정 – '방사형 그라데이션 – 강조 1', 종류 – 방사형, 방향 – 오른쪽 아래 모서리에서), 도형 윤곽선(실선, 색 : 파랑, 너비 : 8pt, 겹선 종류 : 이중), 도형 효과(그림자 – 바깥쪽 – 오프셋 대각선 오른쪽 아래), 글꼴(굴림, 40pt, 굵게, 빨강)
▶ 도형 2 ⇒ 순서도 : 분류, 도형 채우기(연한 녹색, 그라데이션 – 가운데에서), 선 없음, 도형 효과(그림자 – 바깥쪽 – 오프셋 대각선 오른쪽 아래, 입체 효과 – 둥글게)
▶ 도형 3 ⇒ 순서도 : 논리합 , 도형 스타일('미세 효과 – 주황, 강조 2')
▶ 그림 삽입 ⇒ 그림 1 삽입, 크기(높이 : 7cm, 너비 : 5cm)
▶ 텍스트 상자(물이 많은 곳에서 잘 사는 식물) ⇒ 글꼴(굴림, 24pt, 굵게, 기울임꼴, 밑줄, 진한 파랑)
▶ 애니메이션 지정 ⇒ 도형 1 : 나타내기 – 시계 방향 회전
▶ 지시사항이 없는 부분은《 출력형태 》와 동일하게 작성하시오.

슬라이드 **3** 아래의 작성조건 및 출력형태에 알맞게 세 번째 슬라이드에 작업하시오.   60점

출력형태

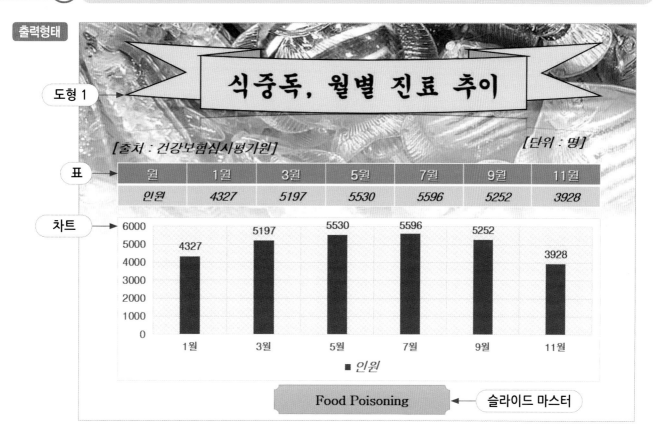

작성조건

(1) 제목

▶ 도형 1 ⇒ 별 및 현수막 : 아래로 구부러진 리본, 도형 채우기('파랑, 강조 5, 80% 더 밝게'),
　　　　　도형 윤곽선(실선, 색 : '검정, 텍스트 1', 너비 : 1pt, 겹선 종류 : 단순형),
　　　　　도형 효과(그림자 – 원근감 대각선 오른쪽 위, 반사 – '근접 반사, 터치'),
　　　　　글꼴(궁서체, 35pt, 굵게, 진한 파랑)

(2) 본문

▶ 텍스트 상자 1([출처 : 건강보험심사평가원]) ⇒ 글꼴(돋움, 18pt, 굵게, 기울임꼴)

▶ 표 ⇒ 표 스타일(보통 스타일 2 – 강조 6), 가장 위의 행 : 글꼴(굴림, 18pt, 굵게, 텍스트 그림자, 가운데 맞춤),
　　나머지 행 : 글꼴(굴림, 16pt, 굵게, 기울임꼴, 가운데 맞춤)

▶ 텍스트 상자 2([단위 : 명]) ⇒ 글꼴(돋움, 18pt, 굵게, 기울임꼴)

▶ 차트 ⇒ 세로 막대형 : 묶은 세로 막대형, 차트 스타일(색 변경 – '단색형 – 색 11', 스타일 8),
　　축 서식/데이터 레이블 : 글꼴(돋움, 14pt, 굵게), 범례 서식 : 글꼴(돋움, 18pt, 굵게, 기울임꼴),
　　데이터는 표 참고

▶ 배경 ⇒ 배경 서식(채우기 – 그림 또는 질감 채우기)에서 그림 2 삽입(현재 슬라이드만 적용)

▶ 애니메이션 지정 ⇒ 차트 : 나타내기 – 밝기 변화

▶ 지시사항이 없는 부분은《 출력형태 》와 동일하게 작성하시오.

제**06**회 **실전모의고사**   MS Office 2016 버전용

- 시험과목 : 프리젠테이션
- 시험일자 : 20XX. XX. XX(X)
- 응시자 기재사항 및 감독위원 확인

수 검 번 호	DIP – XXXX –	감독위원 확인
성 명		

응시자 유의사항

1. 응시자는 신분증을 지참하여야 시험에 응시할 수 있으며, 시험이 종료될 때까지 신분증을 제시하지 못 할 경우 해당 시험은 0점 처리됩니다.

2. 시스템(PC작동여부, 네트워크 상태 등)의 이상여부를 반드시 확인하여야 하며, 시스템 이상이 있을시 감독위원에게 조치를 받으셔야 합니다.

3. 시험 중 부주의 또는 고의로 시스템을 파손한 경우는 응시자 부담으로 합니다.

4. 답안 전송 프로그램을 통해 다운로드 받은 파일을 이용하여 답안파일을 작성하시기 바랍니다.

5. 작성한 답안 파일은 답안 전송 프로그램을 통하여 전송됩니다. 감독위원의 지시에 따라 주시기 바랍니다.

6. 다음사항의 경우 실격(0점) 혹은 부정행위 처리됩니다.

   1) 답안파일을 저장하지 않았거나, 저장한 파일이 손상되었을 경우

   2) 답안파일을 지정된 폴더(바탕화면 "KAIT" 폴더)에 저장하지 않았을 경우

     ※ 답안 전송 프로그램 로그인 시 바탕화면에 자동 생성됨

   3) 답안파일을 다른 보조 기억장치(USB) 혹은 네트워크(메신저, 게시판 등)로 전송할 경우

   4) 휴대용 전화기 등 통신기기를 사용할 경우

7. 슬라이드는 반드시 순서대로 작성해야 하며, 순서가 다를 경우 "0"점 처리 됩니다.

8. 시험지에 제시된 글꼴이 응시 프로그램에 없는 경우, 반드시 감독위원에게 해당 내용을 통보한 뒤 조치를 받아야 합니다.

9. 슬라이드 작성 시 도형의 그룹설정을 사용하는 경우, 채점에서 감점처리 됩니다.

10. 시험의 완료는 작성이 완료된 답안을 저장하고, 답안 전송이 완료된 상태를 확인한 것으로 합니다. 답안 전송 확인 후 문제지는 감독위원에게 제출한 후 퇴실하여야 합니다.

11. 답안전송이 완료된 경우에는 수정 또는 정정이 불가능합니다.

12. 시험시행 후 합격자 발표는 홈페이지(www.ihd.or.kr)에서 확인하시기 바랍니다.

   1) 문제 및 모범답안 공개 : 20XX. XX. XX(X)

   2) 합격자 발표 : 20XX. XX. XX(X)

식별CODE
프

Korea Association for ICT promotion
한국정보통신진흥협회 **KAIT**

슬라이드 4 아래의 작성조건 및 출력형태에 알맞게 네 번째 슬라이드에 작업하시오.   60점

출력형태

작성조건

(1) 제목

▶ 도형 1 ⇒ 별 및 현수막 : 아래로 구부러진 리본, 도형 채우기('파랑, 강조 5, 80% 더 밝게'),
도형 윤곽선(실선, 색 : '검정, 텍스트 1', 너비 : 1pt, 겹선 종류 : 단순형),
도형 효과(그림자 – 원근감 대각선 오른쪽 위, 반사 – '근접 반사, 터치'),
글꼴(궁서체, 35pt, 굵게, 진한 파랑)

(2) 본문

▶ 도형 2~4 ⇒ 순서도 : 저장 데이터, 도형 채우기(질감 : 녹색 대리석), 선 없음,
도형 효과(반사 – '근접 반사, 4 pt 오프셋'), 글꼴(굴림, 20pt, 굵게)

▶ 도형 5~7 ⇒ 기본 도형 : 정육면체, 도형 채우기(노랑, 그라데이션 – 선형 왼쪽), 선 없음,
도형 효과(그림자 – 안쪽 가운데), 글꼴(굴림, 20pt, 굵게, 기울임꼴, 자주)

▶ 도형 8 ⇒ 수식 도형 : 부등호, 도형 채우기(파랑, 그라데이션 – 선형 오른쪽), 선 없음, 도형 효과(입체 효과 – 둥글게)

▶ 도형 9 ⇒ 설명선 : 구름 모양 설명선, 도형 채우기(그림 또는 질감 채우기) 기능을 사용하여 그림 3 삽입,
도형 윤곽선(실선, 색 : 빨강, 너비 : 3pt, 겹선 종류 : 단순형, 대시 종류 : 둥근 점선),
도형 효과(그림자 – 안쪽 가운데)

▶ WordArt 삽입(식중독을 예방하자.)
⇒ WordArt 스타일('채우기 – 주황, 강조 2, 윤곽선 – 강조 2'), 글꼴(궁서체, 30pt, 굵게)

▶ 지시사항이 없는 부분은《 출력형태 》와 동일하게 작성하시오.

슬라이드 4　아래의 작성조건 및 출력형태에 알맞게 네 번째 슬라이드에 작업하시오.　60점

출력형태

도형 1 → **면역력 높이는 슈퍼푸드**

도형 2 → **버섯**

도형 5 ← **기운을 돋우고 위장을 튼튼하게**

도형 8

도형 3 → **사과**

도형 6 ← **혈액순환 왕성, 피부에도 GOOD**

도형 4 → **고등어**

도형 7 ← **단백질, DHA성분, 오메가-3 창고**

도형 9 → **맛 좋고 건강에도 좋은 슈퍼푸드**

슬라이드 마스터

SuperFood

작성조건

(1) 제목

▶ 도형 1 ⇒ 기본 도형 : 팔각형, 도형 채우기('황금색, 강조 4, 40% 더 밝게'),
　　　　　 도형 윤곽선(실선, 색 : 노랑, 너비 : 5pt, 겹선 종류 : 단순형),
　　　　　 도형 효과(그림자 – 바깥쪽 – 오프셋 대각선 오른쪽 아래, 입체 효과 – 부드럽게 둥글리기),
　　　　　 글꼴(휴먼옛체, 36pt, 굵게, 텍스트 그림자, 파랑)

(2) 본문

▶ 도형 2~4 ⇒ 별 및 현수막 : 포인트가 6개인 별, 도형 채우기('주황, 강조 2', 그라데이션 – 선형 오른쪽), 선 없음,
　　　　　　 도형 효과(입체 효과 – 둥글게), 글꼴(휴먼옛체, 20pt, 굵게)

▶ 도형 5~7 ⇒ 기본 도형 : 정육면체, 도형 채우기(질감 : 편지지), 선 없음, 도형 효과(그림자 – 바깥쪽 – 오프셋 대각선
　　　　　　 오른쪽 아래), 글꼴(굴림, 20pt, 굵게, 기울임꼴, '검정, 텍스트 1')

▶ 도형 8 ⇒ 블록 화살표 : 아래쪽 화살표, 도형 채우기('파랑, 강조 1', 그라데이션 – 가운데에서), 선 없음,
　　　　　 도형 효과(그림자 – 바깥쪽 – 오프셋 대각선 오른쪽 아래)

▶ 도형 9 ⇒ 블록 화살표 : 오각형, 도형 채우기(그림 또는 질감 채우기) 기능을 사용하여 그림 3 삽입,
　　　　　 도형 윤곽선(실선, 색 : 빨강, 너비 : 1.5pt, 겹선 종류 : 단순형, 대시 종류 : 파선),
　　　　　 도형 효과(그림자 – 바깥쪽 – 오프셋 오른쪽)

▶ WordArt 삽입(맛 좋고 건강에도 좋은 슈퍼푸드)
　 ⇒ WordArt 스타일('채우기 – 황금색, 강조 4, 부드러운 입체'), 글꼴(휴먼옛체, 28pt, 굵게)

▶ 지시사항이 없는 부분은 《 출력형태 》와 동일하게 작성하시오.

- 시험과목 : 프리젠테이션
- 시험일자 : 20XX. XX. XX(X)
- 응시자 기재사항 및 감독위원 확인

수 검 번 호	DIP – XXXX –	감독위원 확인
성 명		

응시자 유의사항

1. 응시자는 신분증을 지참하여야 시험에 응시할 수 있으며, 시험이 종료될 때까지 신분증을 제시하지 못 할 경우 해당 시험은 0점 처리됩니다.

2. 시스템(PC작동여부, 네트워크 상태 등)의 이상여부를 반드시 확인하여야 하며, 시스템 이상이 있을시 감독위원에게 조치를 받으셔야 합니다.

3. 시험 중 부주의 또는 고의로 시스템을 파손한 경우는 응시자 부담으로 합니다.

4. 답안 전송 프로그램을 통해 다운로드 받은 파일을 이용하여 답안파일을 작성하시기 바랍니다.

5. 작성한 답안 파일은 답안 전송 프로그램을 통하여 전송됩니다. 감독위원의 지시에 따라 주시기 바랍니다.

6. 다음사항의 경우 실격(0점) 혹은 부정행위 처리됩니다.

    1) 답안파일을 저장하지 않았거나, 저장한 파일이 손상되었을 경우

    2) 답안파일을 지정된 폴더(바탕화면 "KAIT" 폴더)에 저장하지 않았을 경우

        ※ 답안 전송 프로그램 로그인 시 바탕화면에 자동 생성됨

    3) 답안파일을 다른 보조 기억장치(USB) 혹은 네트워크(메신저, 게시판 등)로 전송할 경우

    4) 휴대용 전화기 등 통신기기를 사용할 경우

7. 슬라이드는 반드시 순서대로 작성해야 하며, 순서가 다를 경우 "0"점 처리 됩니다.

8. 시험지에 제시된 글꼴이 응시 프로그램에 없는 경우, 반드시 감독위원에게 해당 내용을 통보한 뒤 조치를 받아야 합니다.

9. 슬라이드 작성 시 도형의 그룹설정을 사용하는 경우, 채점에서 감점처리 됩니다.

10. 시험의 완료는 작성이 완료된 답안을 저장하고, 답안 전송이 완료된 상태를 확인한 것으로 합니다. 답안 전송 확인 후 문제지는 감독위원에게 제출한 후 퇴실하여야 합니다.

11. 답안전송이 완료된 경우에는 수정 또는 정정이 불가능합니다.

12. 시험시행 후 합격자 발표는 홈페이지(www.ihd.or.kr)에서 확인하시기 바랍니다.

    1) 문제 및 모범답안 공개 : 20XX. XX. XX(X)

    2) 합격자 발표 : 20XX. XX. XX(X)

식별CODE

Korea Association for ICT promotion
한국정보통신진흥협회 **KAIT**

슬라이드 3 아래의 작성조건 및 출력형태에 알맞게 세 번째 슬라이드에 작업하시오.   60점

출력형태

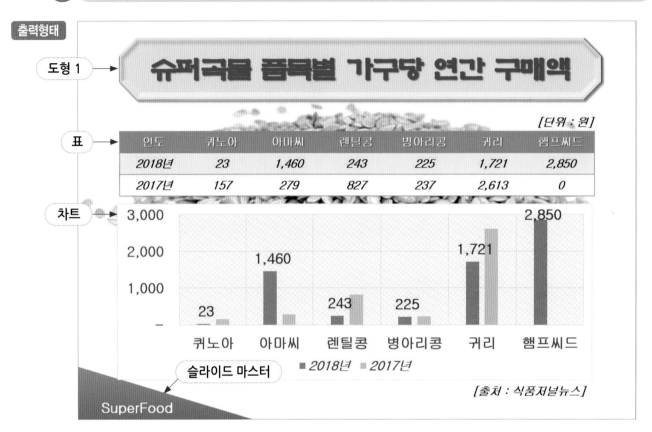

작성조건

(1) 제목

▶ 도형 1 ⇒ 기본 도형 : 팔각형, 도형 채우기('황금색, 강조 4, 40% 더 밝게'),

도형 윤곽선(실선, 색 : 노랑, 너비 : 5pt, 겹선 종류 : 단순형),

도형 효과(그림자 – 바깥쪽 – 오프셋 대각선 오른쪽 아래, 입체 효과 – 부드럽게 둥글리기),

글꼴(휴먼옛체, 36pt, 굵게, 텍스트 그림자, 파랑)

(2) 본문

▶ 텍스트 상자 1([단위 : 원]) ⇒ 글꼴(굴림, 16pt, 굵게, 기울임꼴)

▶ 표 ⇒ 표 스타일(보통 스타일 1 – 강조 6), 가장 위의 행 : 글꼴(굴림, 16pt, 굵게, 텍스트 그림자, 가운데 맞춤),

나머지 행 : 글꼴(굴림, 16pt, 굵게, 기울임꼴, 가운데 맞춤)

▶ 텍스트 상자 2([출처 : 식품저널뉴스]) ⇒ 글꼴(굴림, 16pt, 굵게, 기울임꼴)

▶ 차트 ⇒ 세로 막대형 : 묶은 세로 막대형, 차트 스타일(색 변경 – '색상형 – 색 3', 스타일 7),

축 서식/데이터 레이블 : 글꼴(굴림, 20pt, 굵게), 범례 서식 : 글꼴(굴림, 18pt, 굵게, 기울임꼴),

데이터는 표 참고

▶ 배경 ⇒ 배경 서식(채우기 – 그림 또는 질감 채우기)에서 그림 2 삽입(현재 슬라이드만 적용)

▶ 애니메이션 지정 ⇒ 차트 : 나타내기 – 닦아내기

▶ 지시사항이 없는 부분은《 출력형태 》와 동일하게 작성하시오.

유의사항
- 《작성조건》을 준수하여 반드시 프리젠테이션 슬라이드로 작업합니다.
- 글꼴 및 기타 사항에 대해 별도의 지시사항이 없는 경우, 슬라이드 크기와 전체적인 균형을 고려하여 임의로 작성하되, 도형은 그룹으로 설정하지 않습니다.
- 모든 슬라이드 크기(A4), 방향(가로), 디자인 테마(Office 테마)로 지정합니다.
  - ▶ 슬라이드, 크기, 방향 조정 시 '맞춤 확인'으로 지정하여야 합니다.
- 공통적용사항(슬라이드 마스터)
  - ▶ 도형 ⇒ 기본 도형 : 직각 삼각형, 도형 스타일('보통 효과 – 파랑, 강조 1'), 글꼴(굴림, 20pt, 굵게)
- 그림 삽입 시 다운로드 한 그림 파일을 반드시 사용하여야 합니다.
- ⬭────▶ 은 지시사항이므로 작성하지 않습니다.
- 슬라이드에 제시된 글자 및 숫자 오타는 감점처리 됩니다.

슬라이드 1 아래의 작성조건 및 출력형태에 알맞게 첫 번째 슬라이드에 작업하시오. 30점

출력형태

작성조건

▶ 도형 1 ⇒ 블록 화살표 : 아래쪽 화살표 설명선, 도형 채우기(그라데이션 : 미리 설정 – '방사형 그라데이션 – 강조 6', 종류 – 방사형, 방향 – 왼쪽 위 모서리에서), 도형 윤곽선(실선, 색 : 빨강, 너비 : 3pt, 겹선 종류 : 단순형, 대시종류: 둥근 점선), 도형 효과(그림자 – 바깥쪽 – 오프셋 대각선 오른쪽 아래), 글꼴(휴먼옛체, 40pt, 굵게, '검정, 텍스트 1')

▶ 도형 2 ⇒ 기본 도형 : 원통, 도형 채우기(녹색, 그라데이션 – 선형 아래쪽), 선 없음, 도형 효과(그림자 – 바깥쪽 – 오프셋 대각선 오른쪽 아래, 반사 – '1/2 반사, 4 pt 오프셋')

▶ 도형 3 ⇒ 기본 도형 : 도넛, 도형 스타일('강한 효과 – 주황, 강조 2')

▶ 그림 삽입 ⇒ 그림 1 삽입, 크기(높이 : 6cm, 너비 : 7cm)

▶ 텍스트 상자(영양소를 많이 함유하고 있는 웰빙식품) ⇒ 글꼴(궁서, 24pt, 굵게, 기울임꼴, 파랑)

▶ 애니메이션 지정 ⇒ 도형 1 : 나타내기 – 나누기

▶ 지시사항이 없는 부분은 《 출력형태 》와 동일하게 작성하시오.

슬라이드 2 아래의 작성조건 및 출력형태에 알맞게 두 번째 슬라이드에 작업하시오. 50점

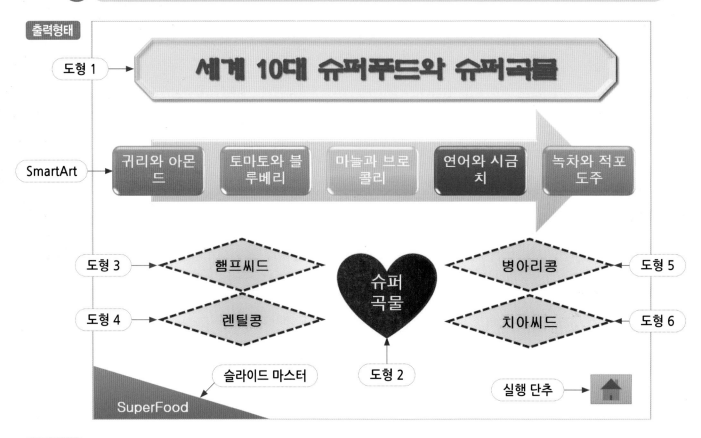

작성조건

(1) 제목

▶ 도형 1 ⇒ 기본 도형 : 팔각형, 도형 채우기('황금색, 강조 4, 40% 더 밝게'),
　　　　도형 윤곽선(실선, 색 : 노랑, 너비 : 5pt, 겹선 종류 : 단순형),
　　　　도형 효과(그림자 – 바깥쪽 – 오프셋 대각선 오른쪽 아래, 입체 효과 – 부드럽게 둥글리기),
　　　　글꼴(휴먼옛체, 36pt, 굵게, 텍스트 그림자, 파랑)

(2) 본문

▶ 도형 2 ⇒ 기본 도형 : 하트, 도형 채우기(빨강, 그라데이션 – 선형 왼쪽),
　　　　도형 윤곽선(실선, 색 : 빨강, 너비 : 3pt, 겹선 종류 : 단순형), 글꼴(돋움, 24pt, 굵게)

▶ 도형 3~6 ⇒ 기본 도형 : 다이아몬드, 도형 채우기(연한 녹색, 그라데이션 – 가운데에서),
　　　　도형 윤곽선(실선, 색 : 자주, 너비 : 3pt, 겹선 종류 : 단순형, 대시 종류 : 사각 점선),
　　　　글꼴(굴림, 20pt, 굵게, '검정, 텍스트 1')

▶ 실행 단추 ⇒ 실행 단추 : 홈, 하이퍼링크 : 첫째 슬라이드, 도형 스타일('미세 효과 – 파랑, 강조 1')

▶ SmartArt 삽입 ⇒ 프로세스형 : 연속 블록 프로세스형, 글꼴(돋움, 20pt, 굵게, 가운데 맞춤),
　　　　SmartArt 스타일(색 변경 – '색상형 – 강조색', 3차원 – 광택 처리),
　　　　(반드시 SmartArt 기능을 이용하여 작성할 것)

▶ 애니메이션 지정 ⇒ SmartArt : 나타내기 – 올라오기

▶ 지시사항이 없는 부분은《 출력형태 》와 동일하게 작성하시오.